LA VISÉE HÉGÉMONIQUE
DE LA CHINE

© L'Harmattan, 2011
5-7, rue de l'École-polytechnique ; 75005 Paris

http://www.librairieharmattan.com
diffusion.harmattan@wanadoo.fr
harmattan1@wanadoo.fr

ISBN : 978-2-296-13916-9
EAN : 9782296139169

Antoine BRUNET
Jean-Paul GUICHARD

LA VISÉE HÉGÉMONIQUE DE LA CHINE

L'impérialisme économique

Questions Contemporaines
Collection dirigée par J.P. Chagnollaud,
B. Péquignot et D. Rolland

Chômage, exclusion, globalisation... Jamais les « questions contemporaines » n'ont été aussi nombreuses et aussi complexes à appréhender. Le pari de la collection « Questions Contemporaines » est d'offrir un espace de réflexion et de débat à tous ceux, chercheurs, militants ou praticiens, qui osent penser autrement, exprimer des idées neuves et ouvrir de nouvelles pistes à la réflexion collective.

Derniers ouvrages parus

Louis R. OMERT, *Le Sursaut. Essai critique, social et philosophique*, 2011.
Jean-Pierre DARRÉ, *De l'ère des révolutions à l'émancipation des intelligences*, 2011.
Jean-Pierre LEFEBVRE, *Pour une sortie de crise positive, Articuler la construction autogestionnaire avec le dépérissement de l'État*, 2011.
Jean-René FONTAINE et Jean LEVAIN, *Logement aidé en France, Comprendre pour décider*, 2011.
Marc WIEL, *Le Grand Paris*, 2010.
Theuriet Direny, *Idéologie de construction du territoire*, 2010.
Carlos Antonio AGUIRRE ROJAS, *Les leçons politiques du néozapatisme mexicain, Commander en obéissant*, 2010.
Florence SAMSON, *Le Jungle du chômage*, 2010.
Frédéric MAZIERES, *Les contextes et les domaines d'interventions de l'Attaché de Coopération pour le Français*, 2010.
Noël NEL, *Pour un nouveau socialisme*, 2010.
Jean-Louis MATHARAN, *Histoire du sentiment d'appartenance en France. Du XIIe siècle à nos jours*, 2010.
Denis DESPREAUX, *Avez-vous dit performance des universités ?*, 2010.
Vincent TROVATO, *Marie Madeleine. Des écrits canoniques au Da Vinci Code*, 2010.
Ricciarda BELGIOJOSO, *Construire l'espace urbain avec les sons*, 2010.
Collectif des médecins du travail de Bourg-en-Bresse, *La santé au travail en France : un immense gâchis humain*, 2010.
Cyril LE TALLEC, *Petit dictionnaire des cultes politiques en France*, 2010.
Steven E. Stoft, *Dépasser Copenhague : Apprendre à coopérer. Proposition de politique mondiale post-Kyoto*, 2010.
Bernard OLLAGNIER, *Communiquer, un défi français. De l'illusion du tout com' à la communication réelle*, 2010.
Jean-Pierre CASTEL, *Le déni de la violence monothéiste*, 2010.

SOMMAIRE

Introduction 9

Chapitre 1 :
La Chine, une superpuissance capitaliste et totalitaire 17

Chapitre 2 :
Comment l'Angleterre puis les Etats-Unis devinrent hégémoniques 39

Chapitre 3 :
La Stratégie mercantiliste des excédents extérieurs et ses avantages 63

Chapitre 4 :
Le Japon, modèle de la Chine 73

Chapitre 5 :
La stratégie mercantiliste de la Chine 87

Chapitre 6 :
L'excédent commercial chinois déstabilise le monde 111

Chapitre 7 :
Une guerre économique non dissimulée 135

Chapitre 8 :
L'affrontement devient désormais généralisé 155

Chapitre 9 :
L'étrange passivité des pays développés face à la Chine......................177

Chapitre 10 :
Faire échec à la Chine 195

INTRODUCTION

« Quand la Chine s'éveillera, le monde tremblera. »
Napoléon Bonaparte
Sainte-Hélène, 1816

1789, 1989... Il est des dates que l'on retient ! 1789 : la prise de la Bastille constitue un symbole de liberté, pour l'humanité toute entière ; 1989 : le monde célèbre de diverses façons le bicentenaire de cet événement ; on retient principalement cet immense espoir que suscitèrent la chute du mur de Berlin, la « Révolution de velours », l'écroulement de l'empire totalitaire soviétique, les peuples qui retrouvent leur liberté paisiblement. On oublie un peu vite que, cette année-là, il y eut le « printemps de Pékin » et que le 30 mai, les étudiants installèrent même sur la place Tiananmen une statue, une allégorie de la démocratie... en face du portrait de Mao ! Le pouvoir était divisé, il hésitait, mais il ne tarda pas à répondre à cette exigence de liberté et de démocratie : le 4 juin, la statue fut écrasée par un char et les étudiants furent massacrés par la glorieuse armée populaire de Chine. Une nouvelle fois avait été fait le choix du totalitarisme, d'une façon très spectaculaire.

On oublie ces évènements, la mémoire est sélective. On ne retient de l'œuvre de M. Deng Xiaoping que la restauration du capitalisme en Chine et on occulte la guerre qu'il fit contre le Vietnam, en 1979, le soutien qu'il accorda aux Khmers rouges, la répression impitoyable en Chine en 1989 et surtout, la nature même du capitalisme totalitaire qu'il aura promu en Chine et que l'Europe avait trop bien connu sous Mussolini et Hitler ! On oublie cela car on ne veut voir dans la Chine d'aujourd'hui que le partenaire incontournable avec lequel le monde fait de « bonnes affaires ». On ne veut pas voir, ou pas croire, que le projet de la Chine consiste rien moins qu'en la domination du monde et la généralisation du mode d'organisation totalitaire qui prévaut déjà chez elle.

Pas réjouissant, certes ; perspective invraisemblable ? Ce qui suit est destiné à montrer que, si le monde ne réagit pas, tel est bien le sort qui l'attend. Il faut rompre une bonne fois avec cette affirmation, répétée mais jamais démontrée, selon laquelle le capitalisme, pour pouvoir s'épanouir pleinement, aurait besoin de la démocratie, et qui suppose que la Chine, parce que capitaliste, serait inévitablement sur la voie de la démocratie...

Sur ce point, Deng Xiaoping et les dirigeants du Parti communiste chinois ont pourtant donné en 1989 une réponse très nette : ils entendent bien empêcher l'instauration de la démocratie en Chine. Maintenant, ils entendent bien démontrer qu'en pratique, le capitalisme totalitaire est le modèle « gagnant » face au capitalisme démocratique.

Depuis un peu plus de deux siècles, le monde a été successivement dominé par deux grandes puissances : la Grande-Bretagne, puis les Etats-Unis ; le destin impérial de l'une et de l'autre s'est accompagné de l'exportation de normes et de valeurs « démocratiques », héritage de l'Europe des Lumières du XVIIIe siècle, franco-anglais pour l'essentiel. Le monde a vécu ainsi sous la domination de puissances qui développèrent un capitalisme « démocratique ».

Les enjeux essentiels se situaient déjà au niveau du commerce extérieur, ce qui a donné lieu à bien des oppositions, parfois très violentes. Chaque grande nation percevait l'avantage majeur que pouvait constituer un excédent extérieur renouvelé. Mais le commerce mondial étant à somme nulle, seule une grande nation pouvait accéder à un tel résultat.

L'Angleterre fut la première nation à mener durablement et de façon efficace une stratégie mercantiliste, c'est-à-dire une stratégie visant à lui assurer des excédents extérieurs renouvelés. Son atout essentiel résidait dans la maîtrise des mers de sa marine. Il lui fallut toutefois surmonter d'abord la résistance de la France (de Louis XIV jusqu'à Napoléon), puis celle de l'Allemagne impériale de 1870 à 1918.

Les Etats-Unis, grâce à une main-d'œuvre bon marché et à des ressources naturelles très abondantes, accédèrent à leur tour au statut de champion mondial de l'excédent extérieur au début du XXe siècle, et plus encore, après la première guerre mondiale. A partir de 1940, cette performance permit aux Etats-Unis de succéder à l'Empire Britannique en tant que puissance hégémonique. Il leur fallut surmonter toutefois, entre 1942 et 1945, le défi que leur adressaient les puissances capitalistes totalitaires (Allemagne nazie, Italie fasciste, Japon militariste). Il leur fallut ensuite, en 1989, vaincre (sans affrontement militaire direct toutefois) l'Union Soviétique qui proposait au monde un modèle alternatif au capitalisme, la bureaucratie totalitaire. Dans le même temps, les Etats-Unis mirent fin à la rivalité insupportable du Japon, qui mettait en œuvre une stratégie mercantiliste appuyée sur un protectionnisme monétaire.

Le Japon d'abord, entre 1960 et 1989, puis la Chine qui l'imite depuis 1989, ont en effet en commun d'avoir développé un modèle de développement capitaliste basé sur des excédents commerciaux considérables, eux-mêmes liés à une sous-évaluation non moins considérable de leurs monnaies respectives. Ces deux cas de « protectionnismes monétaires » suscitèrent toutefois, dans les pays occidentaux, des réactions fort différentes.

Alors que l'industrie du Japon propose au monde des produits finis en concurrence directe avec ceux issus de l'industrie des pays occidentaux, la Chine capte tout ce qui relève de la fabrication, en sous-traitance. Les entreprises américaines subissaient la rivalité japonaise, alors qu'elles bénéficiaient d'une forte hausse de leurs marges grâce à un approvisionnement très bon marché en Chine. De ce fait l'oligarchie américaine des affaires s'opposa activement au Japon mais resta complaisante face à la Chine.

En 1989, quand s'écroule le système soviétique, miné par la bureaucratie, et que le rival japonais plonge dans la crise, « poussé à la faute » par les Etats-Unis, commence alors à émerger une puissance capitaliste doublement singulière : à la fois totalitaire quant à son régime politique et mercantiliste quant à sa stratégie économique. Cette puissance, n'est autre que la Chine.

De l'expérience soviétique, Deng Xiao Ping avait retenu que l'on ne peut s'emparer de l'hégémonie mondiale par la seule confrontation diplomatique et militaire. Il réalisa qu'il était indispensable d'obtenir d'abord l'hégémonie économique ; conscient qu'un système bureaucratique ne permettrait jamais de l'atteindre, il se résolut à ce que la Chine renonce en 1978 à la bureaucratie et opte définitivement pour le capitalisme, ce qui impliquait la restauration de l'entreprise privée et une organisation économique décentralisée. Le grave contresens commis par les Occidentaux fut de penser que la Chine venait d'opter à la fois pour le capitalisme et pour la démocratie. Après onze ans d'ambiguïté, entre 1978 et 1989, le Parti Communiste Chinois (PCC) leva le masque et affirma son option irréversible : le capitalisme totalitaire en lieu et place du capitalisme démocratique. Et depuis lors, malheureusement pour les démocrates de notre planète, le PCC s'est attaché à redémontrer que le capitalisme n'est absolument pas incompatible avec une organisation totalitaire de la société, une société dans laquelle tout individu doit se soumettre à l'État et au Parti qui le dirige[1] tout en vénérant les symboles qui sont les leurs[2].

De l'expérience japonaise, M. Deng avait retenu que, sur la voie de l'hégémonie économique, il est un instrument d'une efficacité redoutable : le protectionnisme monétaire.

Au total, on le verra, la Chine, par la stratégie économique qu'elle met en œuvre, déstabilise les pays développés afin de leur ravir l'hégémonie mondiale en même temps que cela lui permet de renforcer encore son régime

---

[1] « Souhaitons dix mille ans de vie au grand parti communiste chinois qui a toujours raison » : banderole déployée sur la façade de l'hôtel Beijing, à Pékin, près de la place Tiananmen, le 5 juin 1989 ; Adrien Gombeaud, *L'homme de la place Tiananmen*, Seuil, 2009, p. 62.

[2] « Tous les citoyens doivent adorer et protéger la place Tiananmen comme on doit adorer et protéger la mère patrie. La place est sacrée » : extrait d'un éditorial du *Quotidien du peuple* daté du lendemain de l'installation de la « déesse de la démocratie », place Tiananmen ; A. Gombeaud, op. cit., p. 48.

politique et d'exporter ultérieurement celui-ci à de nombreux pays de la planète.

Les facteurs du déclenchement de la crise très grave qui secoue le monde depuis 2007 se situent bien entendu au niveau des risques, excessifs et trop peu contrôlés, pris par les systèmes bancaires américain, britannique et européen ; ce ne sont là toutefois que des facteurs « immédiats ».

La crise actuelle a, en réalité, une cause bien plus profonde : les excédents commerciaux récurrents, énormes et croissants réalisés par la Chine depuis son admission à l'Organisation Mondiale du Commerce (OMC) en 2001, qui résultent pour l'essentiel d'un taux de change de la monnaie chinoise manipulé et largement sous-évalué. Cette sous-évaluation peut perdurer grâce aux énormes interventions de change effectuées par la Chine ; celle-ci vend quotidiennement des yuans contre des dollars et contre des euros ; elle accumule ainsi des réserves de dollars et d'euros qui constituent aussi des positions créancières considérables sur les Etats-Unis et sur l'Europe. Dans un même mouvement, par ses interventions répétées, la Chine augmente à la fois sa part du marché mondial des biens et des services et sa position créancière sur les Etats-Unis et sur l'Europe. Le tricheur gagne donc deux fois, une première fois sur le plan commercial et une deuxième fois sur le plan financier ; de plus, il affaiblit ses rivaux.

Le déficit extérieur colossal que la Chine inflige aux pays du G7 affaiblit considérablement la croissance de leurs économies ; ces pays, pour éviter la récession prolongée qui les menace, sont alors contraints de pratiquer des politiques aventureuses de stimulation renouvelée de leur demande intérieure. Pour cela, ils pratiquent des politiques monétaires et budgétaires toujours plus audacieuses ; ils maintiennent des taux d'intérêt à des niveaux exceptionnellement bas, ce qui décourage l'épargne et encourage l'endettement ; ils tolèrent enfin des déficits publics croissants. De la sorte, le miracle peut survenir : les pays du G7, malgré l'impact récessif considérable du déficit extérieur colossal que leur impose la Chine, ont pu réussir longtemps à maintenir une croissance significative de leur PIB.

C'est une telle politique de gribouille que les banques centrales du G7, emmenées par la Fed, mirent en œuvre avec un succès apparent jusqu'en 2007. Les dirigeants chinois y apportèrent d'ailleurs leur propre contribution en plaçant leurs énormes réserves de dollars en obligations longues du Trésor américain et leurs énormes réserves d'euros en obligations longues des Etats européens : ils savaient qu'ils tiraient les taux longs occidentaux vers le bas alors même que les taux courts étaient déjà tirés vers le bas par les banques centrales du G7.

Pendant quatre années consécutives (2003-2007), les économies du G7 donnèrent donc l'impression de pouvoir surmonter le handicap constitué par les déficits renouvelés de leur de commerce extérieur que leur infligeait la Chine. Dirigeants occidentaux et dirigeants chinois se félicitaient même d'avoir réussi à rendre compatibles la croissance mondiale et l'énorme déséquilibre du commerce extérieur qui se creusait encore entre la Chine et les pays du G7.

Mais l'histoire vint rappeler aux dirigeants occidentaux que si l'artifice sur lequel tout reposait avait pu être reconduit pendant quatre ans, il n'était pas indéfiniment reconductible. En 2007, ils redécouvrirent brusquement que les processus d'endettement ne peuvent pas se poursuivre indéfiniment : les emprunteurs fixent des limites à leur endettement, les créanciers n'ont pas un appétit illimité à prêter alors que, par ailleurs, leurs capacités financières sont normalement contraintes. Quant à la gymnastique financière déployée après 2003, loin de réaliser les merveilles promises, elle s'avéra catastrophique, comme chacun le sait maintenant.

L'année 2007 est celle du retour aux dures réalités : les artifices perdent tout à coup leur magie supposée, le haut niveau atteint par les prix immobiliers conduit à un retournement des ventes, puis des prix. Il en résulte sans délai une crise bancaire et financière très profonde qui interrompt durablement le processus d'endettement qui alimentait la croissance économique : surgit alors une récession marquée. En dépit des illusions véhiculées par les apprentis sorciers (MM. Greenspan et Bernanke notamment), il y avait bel et bien incompatibilité absolue entre l'excédent extérieur colossal qu'entend maintenir la Chine et la poursuite d'une croissance du PIB significative et durable dans les pays du G7.

Alors que la Chine a sans doute déjà rejoint les Etats-Unis par la taille de son PIB (environ 20 % du PIB mondial chacun[3]), la différence entre les taux de croissance des économies chinoise et nord-américaine demeure de l'ordre de 8 % l'an depuis une dizaine d'années : si cet écart devait se prolonger, et même s'accentuer, la puissance économique américaine serait alors rapidement distancée par celle de la Chine avec toutes les conséquences que l'on peut imaginer.

Compte tenu de l'objectif, inavoué mais bien réel, de domination qui est celui de la Chine, celle-ci n'a nullement intérêt à « jouer coopératif », ce qu'elle se garde bien de faire ainsi qu'on peut le vérifier jour après jour, à tout le moins si on refuse de mettre la tête dans le sable comme le font les autruches.

Face à l'agression chinoise qui se poursuit, les nations du monde devraient se protéger : à la fois par des actions de sauvegarde à court terme et par la mise en place, il en est encore temps mais cela presse, d'un système de relations économiques internationales construit autour de l'objectif d'équilibre des échanges commerciaux. La tâche est difficile mais pas impossible. Alors qu'il faudrait faire preuve de fermeté, les nations occidentales, au contraire, apparaissent comme faibles.

---

[3] Les « PIB » (Produits intérieurs bruts) sont calculés ici sur la base des « parités de pouvoir d'achat ».

Une première raison tient au fait que les pays démocratiques, du fait même de leur organisation démocratique, sont moins réactifs et moins aptes à soutenir une confrontation avec un pays totalitaire puissant comme la Chine[4].

Il est une seconde raison encore plus préoccupante que la précédente ; de nombreuses firmes occidentales peuvent obtenir des profits extrêmement élevés grâce à leurs opérations massives d'approvisionnement en Chine ; de ce fait elles ont un intérêt direct à ce que celle-ci maintienne son taux de change au niveau de combat qui est le sien aujourd'hui : d'une certaine façon, ces firmes constituent un « ennemi intérieur » au sein même des nations dont elles sont issues !

Il existe ainsi aux Etats-Unis un puissant lobby prochinois comportant de grandes firmes, des hommes politiques d'influence, des universitaires de renom et des journalistes ; ce phénomène est en train de gagner l'Europe. Dans la guerre économique en cours, la bataille des idées pourrait bien avoir une influence décisive : les nations agressées vont-elles continuer à tergiverser et à battre en retraite pour finalement capituler, ou bien vont-elles enfin se décider à faire front pour stopper la désindustrialisation et la perte de substance économique qui les affectent ? Il faut bien se rendre compte que la désindustrialisation est déjà très avancée et qu'il n'y aura pas de « relais » pris par les nouvelles technologies, la recherche-développement, les activités *high tech* : le thème de la société « post industrielle » n'est qu'un leurre
idéologique[5]... Les futures jeunes générations d'Europe et d'Amérique seront-elles obligées d'aller quémander du travail en Asie, aux niveaux de salaires qui sont pratiqués là-bas ou bien seront-elles condamnées à végéter dans la pauvreté au sein de leurs pays respectifs ?

Les enjeux économiques, politiques et sociaux qui, aujourd'hui, sont au centre des oppositions entre les nations, signalent, au-delà des questions « matérielles » touchant à la richesse, au bien-être ou à la croissance, une opposition fondamentale entre des valeurs de liberté portées par des pays se réclamant de la démocratie et des valeurs d'assujettissement des individus à l'Etat portées par des pays dont la Chine est le champion.

Dans ce qui suit, on précisera tout d'abord les caractéristiques essentielles de la Chine aujourd'hui : une superpuissance, à la fois capitaliste et totalitaire, dont le succès repose sur une stratégie mercantiliste très efficace d'excédents commerciaux. Un retour en arrière historique permettra de constater qu'il y eut des précédents à cette stratégie. L'Angleterre puis les

---

[4] On peut se souvenir combien les « démocraties », France et Grande-Bretagne, firent preuve de faiblesse face à la montée du danger de l'Allemagne nazie dans les années 1930.
[5] Dans le même ordre d'idée, le « concept » de monde multipolaire constitue objectivement une façon de dissimuler le dessein hégémonique de la Chine.

Etats-Unis ont gravi la voie menant à l'hégémonie en parvenant, eux aussi, à renouveler des excédents commerciaux majeurs.

Les mercantilismes asiatiques contemporains seront successivement examinés : celui du Japon tout d'abord, le précurseur, celui de la Chine ensuite dont le capitalisme totalitaire triomphe en s'emparant à son tour de l'arme du protectionnisme monétaire. On verra alors comment la Chine, à travers l'énorme déséquilibre commercial qu'elle impose aux Etats-Unis et aux autres pays développés, a engendré une crise économique et financière très grave dans ces pays.

Les dirigeants chinois se réjouissent secrètement des difficultés qui sont celles des pays du G7 ; par les décisions qu'ils prennent, ils n'hésitent pas à les aggraver ; leur attitude de plus en plus arrogante indique clairement leur volonté de voir leur pays ravir l'hégémonie mondiale aux Etats-Unis. Cela est confirmé par la multiplication d'initiatives offensives dans de tout autres domaines que celui de l'économie (développement des programmes militaires, revendications territoriales, intimidation de certains pays, etc.). Face à l'agression chinoise, la passivité des pays développés fait problème. Il n'est pourtant pas encore trop tard pour faire échec à la Chine ! Une voie reste possible pour cela mais la volonté politique pour l'instant fait défaut.

$$* \atop * \quad *$$

On n'aime pas beaucoup les porteurs de « mauvaises nouvelles », Cassandre ne fait jamais recette : les thèmes qui sont envisagés ici et la façon de les traiter pourront surprendre, peut-être même heurter. Pourtant, dès 1997, un livre remarquable, *The coming conflict with China*[6], décrivait bien la nature de la Chine en même temps qu'il annonçait ce qui allait arriver : « And yet China seems moving toward some of the characteristics that were important in early-twentieth-century fascism. There is a cult of the state as the highest form of human organization… ». « Et pourtant la Chine semble partager toujours plus les caractéristiques des pays fascistes du début du XXe siècle. Il y a en particulier chez elle un culte de l'État comme forme suprême de l'organisation sociale…».

Le conflit avec la Chine totalitaire n'est plus à venir, il est présent !

Comme souvent dans le passé, il s'agit d'un conflit qui oppose un impérialisme montant, aspirant à une domination mondiale, à un impérialisme dominant encore la scène mondiale mais sur le déclin.

---

[6] Richard Bernstein, Ross H. Munro, *The coming conflict with China*, Alfred A. Knopf inc., New York, 1997. Vintage édition, 1998, p.61.

L'arme essentielle qu'utilise la Chine dans cette lutte est une arme économique, la manipulation de son taux de change, expression de sa politique typiquement mercantiliste qui lui procure de gigantesques excédents commerciaux, base de son pouvoir.

Son impérialisme, qui vise l'hégémonie mondiale et qui est tout à la fois politique, militaire, économique, culturel et idéologique, peut être désigné comme un impérialisme « économique » du fait du mode d'action qui est le sien.

Chapitre 1

LA CHINE, UNE SUPERPUISSANCE CAPITALISTE ET TOTALITAIRE

Le monde développé connaît une crise dont la gravité s'avère au fil du temps comparable à celle de 1929. Les pays qui le composent voient leurs industries disparaître progressivement[7]. Le chômage et le sous-emploi s'y installent durablement à un niveau extrême avec leur cortège de pathologies sociales. Les finances publiques y deviennent catastrophiques, obligeant leurs Etats, les uns après les autres, à précipiter des plans draconiens de restriction budgétaire sous la contrainte de leurs créanciers extérieurs.

Mais qui sont donc ces créanciers extérieurs qui très souvent se cachent sous le vocable « les marchés » ? Secret d'Etat[8]. Le secret peut être en partie levé par qui est opiniâtre : l'Etat américain reconnaît une dette de 850 Mds $ à l'égard de l'Etat chinois et le Financial Times a proposé sans être démenti le chiffre de 630 Mds € pour la dette totale des Etats souverains de la Zone Euro à l'égard de l'Etat chinois.

Comment donc la Chine, supposée être « pauvre », a pu en arriver à cette position dominante[9] ? On le verra, grâce à des excédents commerciaux gigantesques qui sont aussi les déficits des pays développés et qui sont issus de la formidable sous-évaluation de sa monnaie, le yuan. Un dumping commercial contre lequel l'Organisation Mondiale du Commerce, l'OMC, ne peut rien. Mais cela, les analystes ne le disent pas, le grand public ne le sait pas.

La Chine, nous explique-t-on, est un pays très pauvre, qui se développe grâce à une gestion sérieuse et responsable, un pays qui reste émergent mais qui est plein d'avenir, un pays pacifique, facteur d'équilibre dans le monde.

---

[7] En 2009, conséquence directe de la crise en France, 256 000 emplois du secteur marchand ont disparu au total, dont 168 000 emplois salariés de l'industrie (*Le Monde*, 07/08/2010).

[8] L'Agence France Trésor gère la dette publique en France, où 68% de cette dette est détenue par des « non-résidents » au 31/12/2009. « On aimerait y voir plus clair mais l'AFT refuse obstinément de donner le détail par pays et par type de détenteur des non-résidents ». « Contacté par nos soins, le directeur général a refusé de nous transmettre cette information » (Philippe Herlin, *France, la faillite ?*, Eyrolles, 2010 ; page 67).

[9] Sous le titre *Aide à la Grèce, la Chine voit toujours grand* le journal satirique *le canard enchaîné* du 6/10/2010 fait dire à un dirigeant chinois : « nous ne voulons pas acheter la Grèce, nous voulons acheter l'Europe ».

La sous-évaluation du yuan ne serait qu'une fable inventée par ceux-là mêmes qui, en Occident et spécialement aux Etats-Unis, conduisent des politiques irresponsables de création monétaire exagérée ou bien mettent en œuvre des réglementations bancaires insuffisantes … Nous sommes au bord du gouffre, mais il suffirait, nous dit-on, d'un retour à l'orthodoxie budgétaire, de réglementations adéquates des banques, et aussi d'un effort dans le domaine de la recherche-développement, pour que nous puissions renouer avec une croissance saine et robuste !

Il s'agit là d'un déni de la réalité qui est largement partagé, en dépit des quelques voix qui avaient essayé d'alerter l'opinion. Ainsi, dès 1999, Maurice Allais ne disait-il pas que « l'ouverture mondialiste à tous les vents (…) est la cause essentielle d'une crise profonde qui peu à peu nous conduit à l'abîme. »[10] ? Il avait parfaitement compris le grand danger qui menaçait les sociétés occidentales ; on ne l'écouta pas. A la même époque, en 1997, fut par ailleurs publié aux Etats-Unis un ouvrage anticipant remarquablement ce qui allait advenir, « The coming conflict with China »[11] : il eut un certain succès mais on l'oublia vite.

En nous répétant que nos difficultés viennent d'un laxisme monétaire et d'une irresponsabilité du secteur bancaire, les médias nous désignent l'arbre qui cache la forêt. Nous verrons dans ce qui suit les fondements de cet aveuglement de l'Occident face à la véritable guerre économique que lui inflige une Chine qui a désormais l'économie la plus puissante du monde et qui entend exercer à l'avenir une hégémonie mondiale.

1. La Chine, égale des Etats-Unis

a) La première des ressources économiques : la population

Cet immense pays qu'est la Chine, l'Empire du milieu, comprend une population d'environ 1340 millions d'habitants, 20% de la population mondiale, davantage que la population de l'Inde ou que celle de n'importe quel autre pays. Cette population est distribuée très inégalement sur son territoire de 9.6 millions de kilomètres carrés car de très vastes espaces sont des déserts arides ou des zones de montagne quasiment vides de toute présence humaine, de sorte que le centre de la Chine et les régions côtières de celle-ci sont très densément occupées. A cette énorme population, il faut

---

[10] Maurice Allais, *La mondialisation, la destruction des emplois et de la croissance, l'évidence empirique*, Paris, 1999. La mort récente de ce « prix Nobel » donna lieu à de nombreux articles, notamment celui du *Financial Times* qui, reprenant une personnalité française, déclare : « One can say that Maurice Allais predicted everything that is going on now, everything » (*FT*, 13/10/2010).

[11] Richard Bernstein et Ross H. Munro, *The coming conflict with China*, Alfred A. Knopf inc., New York, 1997 ; Vintage édition, 1998.

ajouter celle de Hong-Kong[12] (7 millions d'habitants) ainsi que celle d'une diaspora présente, non seulement en Asie du Sud-Est, mais aussi dans les pays développés, Etats-Unis en tête ; les données chiffrées sont incertaines mais on peut avancer un ordre de grandeur de 50 millions d'habitants à travers le monde[13].

Malgré l'exigüité de son territoire utile relativement à sa population, le pays réussit à être globalement presque auto-suffisant sur le plan alimentaire ; enfin, l'immensité même de son territoire permet à la Chine de bénéficier de nombreuses ressources minérales (charbon, métaux[14]) à l'exception toutefois du pétrole et du gaz dont les gisements sont assez limités.

b) La première puissance commerciale du monde

La Chine est la première puissance commerciale du monde ; en 2009, ses exportations ont, pour la première fois, dépassé celles de l'Allemagne, distançant davantage encore celles du Japon et des Etats-Unis ; en fait, cette performance avait été réalisée bien avant cette date car les statistiques chinoises relatives aux exportations sont fortement sous-évaluées du fait qu'elles ne prennent en compte ni les exportations des sociétés étrangères établies en Chine ni celles des « joint-ventures » (filiales conjointes entre capitaux étrangers et capitaux chinois), alors même qu'elles en comptabilisent les importations.

Par ailleurs, la Chine est le pays qui réalise le plus fort excédent commercial au monde, autour de 250 milliards de dollars par an selon les chiffres du gouvernement chinois, mais autour de 600 milliards de dollars par an si on compile les soldes commerciaux de chacun des pays de la planète avec la Chine. La différence tient en bonne part à la raison déjà évoquée ci-dessus[15].

---

[12] « Un seul pays, deux systèmes ! » dit le slogan du PCC.
[13] La prise en compte de cette diaspora se justifie par le fort sentiment d'appartenance des différentes composantes de celle-ci à une communauté chinoise, universelle en quelque sorte, et par le rôle économique très important que joue cette diaspora en Chine même ou, là où elle se trouve, pour la Chine.
[14] Le sous-sol chinois recèle certains métaux rares actuellement très convoités parce qu'ils sont indispensables pour l'électronique de pointe, l'aéronautique et le spatial. Ces « terres rares » donnent lieu à un chantage politique de Pékin vis-à-vis du japon et des Etats-Unis en Octobre 2010 : la Chine qui assure 90% de la production mondiale est ainsi en position de force, et l'OMC ne peut pas grand-chose contre ces ruptures de contrats de fait de la partie chinoise !
[15] Cela traduit une volonté délibérée du Gouvernement chinois de minimiser l'ampleur de l'excédent commercial du pays comme on le verra par la suite.

c) Un « PIB » du même ordre que celui des Etats-Unis

Même si la Chine est encore un pays « pauvre », son produit intérieur brut (PIB) est, on va le voir, équivalent à celui des Etats-Unis. Cela est loin d'être admis par tout le monde. Les statistiques macroéconomiques de « PIB », pour l'année 2009, sont de 14 500 millions de dollars pour les Etats-Unis et de 33 500 milliards de yuans pour la Chine[16]. Comment rendre ces mesures comparables ? En utilisant le taux de change entre les deux monnaies, celui qui préside aux échanges économiques entre la Chine et le reste du monde et qui est fixé non pas par « le marché » mais par l'Etat chinois !

En 2009, ce cours de change était de 6.83 yuan pour 1 dollar ; sur cette base, le PIB de la Chine serait de 4.900 milliards de dollars, 34% seulement du PIB américain, 96% du PIB du Japon ; pour qui a visité la Chine, cela parait vraiment très faible !

Cela parait encore plus faible si on se réfère à des données statistiques sectorielles ; ainsi, la Chine est le premier consommateur d'énergie du monde[17] et, loin devant les Etats-Unis[18], le premier consommateur d'acier, de cuivre raffiné, d'aluminium ; c'est le premier consommateur de ciment, ce qui atteste l'importance de son secteur de la construction et du génie civil ; le nombre des automobiles vendues sur son marché intérieur excède largement celui des Etats-Unis, même s'il s'agit pour l'instant de voitures plus modestes en moyenne. Bref, au vu de ces chiffres, il est difficile de croire que le PIB de la Chine serait à peine le double de celui de la France…

Il vaut mieux procéder à une évaluation sur la base de la méthode des parités de pouvoir d'achat qu'utilisent les grands organismes internationaux, qui reconnaissent implicitement, de ce fait, la sous-évaluation de la monnaie chinoise ; cette parité était de 1.96 yuan pour un dollar jusqu'à la modification, fin 2007, qui la porte désormais à 3.40 yuan pour un dollar[19].

Sur de telles bases, on obtient alors un PIB de la Chine pour 2009, en dollars, respectivement de 17 100 milliards de dollars (120% du PIB américain) et de 9 800 milliards de dollars (69% de ce PIB). L'écart est

---

[16] Données du Fonds Monétaire International.
[17] Cette consommation d'énergie concerne le charbon, le pétrole, le gaz naturel, le nucléaire et les énergies renouvelables ; à noter que la Chine produit et consomme annuellement plus de 1200 millions de tonnes de charbon. On comprend, à la lecture d'une telle donnée, pourquoi la Chine ne souhaite pas signer le protocole de Kyoto.
[18] La Chine consomme 46% de l'acier vendu dans le monde contre 6% pour les USA, 41% de l'aluminium contre 11% pour les USA, 39% du cuivre raffiné contre 9% pour les USA.
[19] Cette modification intervient sans véritable explication ni justification. On peut suspecter la Banque Mondiale et le FMI d'avoir cédé à un lobbying intense de la Chine qui est d'autant plus embarrassée pour justifier sa politique de change que l'écart entre le taux qu'elle impose et la parité de pouvoir d'achat est élevé.

important ; on peut retenir un ordre de grandeur : en 2010, le PIB chinois serait l'égal du PIB américain, environ 20% du PIB mondial[20].

d) La première puissance financière du monde

A la fin de l'année 2010, la Chine détiendrait des réserves de change d'une valeur globale d'environ 4 000 milliards de dollars, soit environ 80% du PIB nominal « officiel » estimé de 2009, à comparer au montant total des fonds que gère l'ensemble des hedge funds de la planète, 2 700 milliards de dollars « seulement »[21]. Ces réserves sont logées dans différents « tiroirs » : réserves officielles de change de la Chine et de Hong Kong, environ 2 900 milliards, Fonds souverains de la Chine et de Hong Kong, environ 1 100 milliards de dollars.

La Chine détient ainsi, en comptant Hong Kong, 30 à 40% des réserves de change de la planète[22] : le privilège américain du dollar-monnaie de réserve est ainsi sérieusement entamé. En effet, tant que les Etats-Unis émettaient des dollars, au-delà de leurs frontières, qui se dispersaient entre les mains de nombreuses banques étrangères, ils pouvaient continuer à dépenser, et même à prêter, au-delà de leurs moyens, sans encourir la moindre sanction ; toutefois dès lors que la Chine, par ailleurs leur rival, voit se concentrer entre ses mains les dollars au fur et à mesure que les Etats-Unis les émettent, le jeu change de nature ; les Etats-Unis s'enferment dangereusement dans une relation débiteur-créancier : l'émission massive de dollars vers l'étranger[23] ne fait alors que conforter et accentuer la vassalité financière vis-à-vis de la Chine.

L'Etat chinois est désormais l'acteur le plus influent sur les marchés des changes des pays développés : il peut à sa guise orienter le dollar à la hausse ou à la baisse contre euro[24], ou contre yen. De plus, la Chine domine très nettement le marché des titres des Etats occidentaux ; elle détient en effet de très loin le plus gros portefeuille obligataire du monde : à la fin avril 2010, elle détiendrait 850 à 900 milliards de dollars d'obligations de l'Etat américain[25] et 630 milliards d'euros d'obligations d'Etats de la zone Euro[26].

---

[20] Cela est conforme aux données physiques qui ont été évoquées précédemment ; mais quel crédit peut-on accorder aux estimations de Goldman Sachs qui annonce « audacieusement » que le PIB chinois aura rejoint le PIB américain « dès 2025 » ?
[21] Source : Financial Times du 27/05/2010.
[22] L'incertitude provient du montant des avoirs de change des pays du Golfe persique qui maintiennent avec succès une opacité totale sur ces avoirs.
[23] Cette émission massive de dollars vers l'étranger résulte, faut-il le rappeler, du déséquilibre, massif lui aussi, de la balance commerciale américaine.
[24] Une campagne chinoise de dénigrement du dollar a fait monter l'euro contre dollar (de 1.30$ à 1.50) entre mars et novembre 2009 ; puis la Chine avait publiquement réclamé un redressement du dollar : celui-ci s'apprécie par rapport à l'euro qui revient à 1.30$ de novembre 2009 à juin 2010, mouvement qui s'était accéléré au printemps à la suite de la crise des finances publiques d'Europe du Sud.
[25] Source : US Treasury.

Sachant qu'environ 75% des réserves totales de change de la Chine sont placées en obligations des pays occidentaux, cela signifie que l'Etat chinois concentrerait entre ses mains un portefeuille d'obligations occidentales de l'ordre de 3 000 milliards de dollars, 12 fois plus que le plus gros portefeuille obligataire occidental (255 milliards) géré par le groupe financier PIMCO.

La Chine, étant créancière du monde, a des finances publiques très saines : la dette publique ne représente que 20% du PIB nominal « officiel » de 2009 et est donc couverte à 400% par les seuls avoirs de change (80% du PIB) ; le contraste est énorme avec les pays développés dont les dettes publiques se situent en général entre 80% et 120% du PIB et qui, à l'exception du Japon, ont des réserves de change très modestes. Cette solidité financière permit à la Chine, en 2008-2009, à la grande surprise des experts occidentaux, de pratiquer sans difficulté une relance budgétaire massive : cela lui permit de maintenir une croissance forte de son PIB, en dépit d'un ralentissement momentané de ses exportations vers les pays développés[27].

Au printemps 2010, l'alerte fut chaude pour certains Etats européens fortement endettés : la crise de confiance des créanciers risquait alors de déboucher sur la faillite de certains de ces Etats, notamment de la Grèce pour laquelle il fallu que le FMI et la BCE mettent sur pied un plan d'urgence comportant, en particulier, un prêt de 120 milliards d'euros sur trois ans à ce pays. En réalité le créancier qu'est la Chine n'est pas resté neutre puisqu'il fut le premier à déclarer publiquement, en mars 2010, que la Grèce n'était que la partie émergée de l'iceberg, activant redoutablement la propagation de la crise grecque à d'autres pays européens. C'est seulement après que le plan de soutien à la Grèce eut été mis en place que la Chine, de façon ostentatoire, acheta de nouveaux titres publics espagnols ; il s'agit là d'une pratique qui ressemble fort à celle d'un « pompier pyromane ». Comme on le sait, l'incendie qui menace l'Europe n'est nullement maîtrisé à l'automne 2010 comme en témoigne le rebond significatif de la crise, en Irlande cette fois-ci. Retenons ici la redoutable capacité de l'Etat chinois à exploiter sa position créancière pour affaiblir et éventuellement déstabiliser les pays qui sont imprudemment devenus ses débiteurs.

e) Une grande puissance technologique et militaire

La Chine progresse très vite dans la maîtrise des technologies les plus modernes. Il est fini le temps où, aveuglés par leur ethnocentrisme, les

---

[26] Source : Financial Times.
[27] Durant la même période, les pays occidentaux pratiquèrent, eux aussi, des relances budgétaires, moins intenses, il est vrai, que celle de la Chine : elles contribuèrent néanmoins à gonfler encore davantage les dettes publiques dont la conséquence fut, au printemps 2010, une crise de confiance dans la signature de certains Etats.

dirigeants occidentaux s'imaginaient encore que la Chine était juste bonne à fabriquer des jouets en bois ou des ustensiles en matière plastique et qu'elle resterait cantonnée à de telles fabrications. La Chine, effectivement, a commencé dans les années 1980 par produire et exporter de tels produits.

Aujourd'hui, ce pays a pris pied dans tous les secteurs de la production industrielle, aidé puissamment par la stratégie des firmes multinationales consistant à se débarrasser des opérations de fabrication[28] ; dès lors, certaines entreprises chinoises, après avoir été d'abord de simples sous-traitants puis de simples fournisseurs pour les firmes étrangères, surgissent brusquement comme des producteurs de produits finis sur les marchés mondiaux.

La Chine est désormais en mesure d'exporter des ordinateurs[29] et des trains à grande vitesse ; demain, nul doute que les firmes chinoises pourront exporter des voitures, des avions, des centrales nucléaires. Un domaine très significatif de cette percée technologique est celui de l'espace et des programmes militaires : la Chine est actuellement le seul pays à avoir réussi, à la suite des Etats-Unis, à faire exploser un satellite déjà en orbite à l'aide d'un missile sol-air[30]. Au moment où ceux-ci décident de renoncer à leur programme spatial de station lunaire pour des raisons budgétaires, la Chine, au contraire, annonce son intention d'être la première à établir une telle station.

Elle a désormais un potentiel militaire impressionnant : le troisième au monde pour le nombre des missiles nucléaires après les Etats-Unis et la Russie, le deuxième pour le nombre de sous-marins nucléaires, devant la Russie. Parallèlement, elle a lancé un programme ambitieux de porte-avions qui devrait accroître sensiblement ses capacités opérationnelles dans le monde alors même qu'elle développe un programme de missiles sol/mer devant à terme rendre beaucoup plus vulnérable qu'elle n'est aujourd'hui la flotte des porte-avions US. Enfin, elle s'est dotée d'un ouvrage unique au monde : un immense tunnel de 5 500 kilomètres de longueur pour « l'artillerie de la deuxième frappe » en cas de guerre nucléaire[31], qui confère à la Chine une sorte d'invulnérabilité stratégique supérieure même à celle dont disposent les Etats-Unis eux-mêmes.

---

[28] Une stratégie « fabless » selon le mot d'un ancien dirigeant d'Alcatel, c'est-à-dire « fabrication less » : sans fabrication !
[29] La Chine a présenté récemment un ordinateur scientifique reconnu comme celui qui a la deuxième puissance de calcul du monde.
[30] L'URSS, on s'en souvient, avait dû renoncer à poursuivre son programme beaucoup trop coûteux de « guerre des étoiles ».
[31] Dans ce tunnel sont maintenus des lance-missiles rétractables chargés de têtes nucléaires qui sont répartis sur toute la longueur, des approvisionnements (eau, alimentation, énergie, munitions) et une partie de l'état-major de l'Armée (avec un roulement). Un tel ouvrage, qui est par endroits à plus de 1 000 mètres sous terre, fait davantage penser à la Grande muraille de Chine qu'à la ligne Maginot !

f) Une grande puissance diplomatique

La puissance chinoise s'exprime de façon éclatante dans les relations que la Chine entretient avec un large réseau de pays alliés, clients ou obligés.

En 2010, conformément à un traité antérieurement signé, la Chine réalise une union douanière avec l'Association des Nations d'Asie du Sud-Est (ASEAN), qui compte 550 millions d'habitants répartis dans 10 pays. La Chine obtient ainsi une relation privilégiée avec l'ASEAN que lui envient ses concurrents que sont le Japon, la Corée du Sud, Taïwan et l'Inde.

La Chine a mis sur pied, depuis 1996, une sorte de relation privilégiée avec la Russie s'exprimant, d'une part, par la constitution du réseau « BRIC »[32] des quatre grands pays émergents qui se consultent de façon régulière, notamment à l'approche des sommets du G20, d'autre part, par la mise en place de l'Organisation de Coopération de Shanghaï (OCS) qui associe quatre pays d'Asie Centrale à la Chine et à la Russie[33].

La Chine est omniprésente sur le continent africain à tel point qu'on a pu dire « la Chine achète l'Afrique ! » ; sur le plan politique, cela donne lieu à des sommets réguliers Chine/Afrique[34].

La plupart des pays exportateurs nets de matières premières, notamment de produits pétroliers, s'estiment redevables à l'égard de la Chine pour la hausse prolongée du prix des matières premières (en dollars) dont elle les fait indirectement bénéficier grâce à sa croissance très forte[35] ; ainsi, la croissance du PIB mondial se renforça de façon spectaculaire jusqu'à dépasser 5% l'an de 2003 à 2008, faisant s'envoler le prix des matières premières. C'est seulement à partir de 1998 et, plus encore, après la fin de 2001 et l'entrée de la Chine à l'OMC que l'OPEP retrouve progressivement sa puissance antérieure[36].

Enfin, c'est particulièrement inquiétant, la Chine a constitué un réseau de pays qui sont ses obligés et qui sont par ailleurs dotés des dictatures les plus décriées de la planète (Corée du Nord, Birmanie, Iran, Soudan, Zimbabwe, Biélorussie, Turkménistan) ; elle les soutient à l'ONU et les fédère : en toutes circonstances elle sait pouvoir compter sur eux.

---

[32] BRIC : Brésil, Russie, Inde, Chine
[33] Les quatre pays concernés d'Asie Centrale sont le Kazakstan, le Kirghizstan, le Tadjikistan et l'Ouzbékistan. L'orientation de la coopération de ces pays, de la Russie et de la Chine est très axée sur les questions énergétiques, notamment l'acheminement vers la Chine des ressources de Russie et d'Asie Centrale.
[34] Depuis l'année 2000, se sont tenus des sommets Chine/Afrique tous les trois ans ; le troisième, fin 2006, réunissait, à Pékin, 40 pays africains ; le quatrième, mi octobre 2009, en réunissait 49 à Charm-El-Cheikh, en Egypte.
[35] Sur la base d'un PIB égal à 20% du PIB mondial et d'une croissance de ce PIB de 10% par an, la croissance chinoise expliquerait à elle seule une croissance mondiale à 2% par an.
[36] Malgré les efforts déployés par le Venezuela de M. Chavez, l'OPEP avait eu beaucoup de difficultés, dans les années 1990, à restaurer la puissance qui était la sienne dans les années 1970. L'avènement d'un énorme pôle de croissance en Chine sera « pain béni » pour l'OPEP dont les exportations sont ainsi revalorisés.

g) La Chine est une grande puissance et le monde le reconnait

La Chine est devenue une puissance tellement incontournable que depuis 2006, les Etats-Unis ont été contraints d'établir un cadre de concertation avec elle. Ils avaient été obligés de le faire avec l'URSS entre 1961 (l'affaire des fusées russes à Cuba) et 1989 (la chute du Mur de Berlin). Dans ces années-là, ils s'étaient résignés à formaliser un premier « G2 » entre l'URSS et eux. Cela s'était déjà traduit par des sommets successifs entre les deux plus grandes puissances sur des ordres du jour de plus en plus chargés.

Depuis décembre 2006, les Etats-Unis ont dû se résoudre à instituer un deuxième « G2 », cette fois entre la Chine et eux, qui a pour objet le « Dialogue stratégique et économique entre Etats-Unis et Chine »[37] ; il donne lieu à des rencontres semestrielles à haut niveau[38]. Les Etats-Unis reconnaissent ainsi implicitement que la Chine est la deuxième puissance du monde, peut-être bientôt leur égale.

Un retournement de situation quand on pense au dépeçage de la Chine, au 19e siècle, par les puissances impérialistes !

2. La Chine, totalitaire et capitaliste

L'histoire de la Chine moderne est indissociable de celle du parti qui la dirige depuis soixante ans, le Parti Communiste Chinois (PCC). Celui-ci voit le jour en 1921, dans la concession française de Shanghaï. C'est une époque où le monde, au sortir de la première guerre mondiale, voit le surgissement d'un dispositif inédit de contrôle social, le totalitarisme, qui doit conduire à une restriction drastique de la sphère de la vie privée afin que les activités individuelles ou collectives puissent être, dans leur totalité, soumises à l'Etat[39].

Ce contrôle social nouveau s'incarnera durant la période de l'entre deux guerres, dans deux variantes principales : celle de l'Ouest (Italie, Allemagne) s'accommodant très bien d'une organisation économique capitaliste, celle de l'Est (Union Soviétique), issue de la Révolution russe, qui sera collectiviste et bureaucratique.[40]

---

[37] US-China Strategic and Economic Dialogue (SED).
[38] Sous l'Administration Bush, cinq rencontres semestrielles ont eu lieu entre M. Paulson, Secrétaire au Trésor, et son homologue chinois ; sous l'Administration Obama, déjà trois rencontres semestrielles ont eu lieu entre M. Geithner, Secrétaire au Trésor, et Mme Clinton, Secrétaire d'Etat, d'une part, leurs homologues chinois, d'autre part. L'ordre du jour de ces rencontres est de plus en plus multidimensionnel : il se consacre, non plus seulement aux questions commerciales et économiques, mais aussi aux questions financières, diplomatiques et militaires.
[39] L'origine du mot « totalitarisme » est italienne : totalitario ; les « fascites » se définissent comme « totalitaires » ; dès 1924, Benito Mussolini résume très bien ses redoutables conceptions par la formule : « Tout dans l'Etat, rien hors de l'Etat, rien contre l'Etat ».
[40] Lorsqu'il prendra le pouvoir, en janvier 1933, avec son « Parti national-socialiste des

a) Prise du pouvoir et période « collectiviste »

Au début des années 1920, le PCC s'allie au KuoMinTang (KMT), le grand parti nationaliste fondé par Sun-Yat-Sen.

En 1927, deux ans après la mort de Sun-Yat-Sen, le nouveau leader du KMT, Tchang Kaï-chek, se retourne contre son ancien allié : c'est le début d'une première guerre civile. Le PCC établit alors en 1931 une éphémère « République soviétique de Chine ». Elle est balayée par l'armée de Tchang Kaï-chek. Mao Zedong, le dirigeant du PCC, est alors contraint à une longue retraite (la «longue marche») pour contrôler momentanément une petite région montagneuse de la Chine (150.000 km^2 environ). L'invasion de la Chine par le Japon en 1937 conduit à une deuxième alliance tactique entre le PCC et le Kuomintang.

Dès qu'en 1945, le Japon est défait, la lutte armée reprend entre les deux grands partis chinois. En 1949, le PCC, soutenu par l'URSS, l'emporte et proclame la « République Populaire de Chine », présidée par Mao pendant que le Kuomintang et Tchang Kai Tchek se réfugient à Taïwan.

Les éléments caractéristiques de l'Union Soviétique sont alors étendus à la société chinoise. La propriété des moyens de production est abolie en sorte que la vie économique est le fait d'entités appartenant ou obéissant à l'Etat. Cette organisation collectiviste et bureaucratique de l'économie s'était montrée relativement efficace durant la deuxième guerre mondiale : elle avait permis à Staline de résister victorieusement à l'offensive lancée par Hitler. Toutefois, en période de paix, ce genre d'organisation s'est avéré être totalement inefficace et déstabilisateur[41].

En Chine, le règne de Mao Tse Toung (1949-1976) fut marqué par de grands désordres économiques et par des phases très graves de répression et de terreur. Le « Grand bond en avant » provoqua des famines se soldant par des millions des morts ; la « Grande Révolution Culturelle » déchaina les passions jusqu'à des niveaux paroxystiques. On ne saura probablement jamais le nombre exact des victimes de la faim et de la folie meurtrière ;

---

travailleurs allemands » (NSDAP), Adolphe Hitler prendra modèle, dans une large mesure, sur Mussolini, en poussant toutefois l'entreprise totalitaire bien plus loin que lui.

Dans l'Allemagne nazie, dans l'Italie fasciste comme aussi dans le Japon impérial, règne une idéologie officielle qui affirme délibérément l'inégalité fondamentale des hommes et des peuples, qui interdit toute vie démocratique (et qui s'accommode très bien d'une organisation capitaliste de l'économie).

De son côté, la Révolution Russe de 1917 proclame l'égalité des hommes et des peuples et annonce au monde qu'une classe sociale particulière, la classe ouvrière, va mettre fin à l'injustice du monde capitaliste en imposant à la fois une organisation collectiviste de l'économie et « la dictature du prolétariat ».

[41] On peut considérer que l'URSS s'est considérablement affaiblie sur le plan économique en ne mettant pas fin à son organisation collectiviste sclérosée ; elle était de ce fait très vulnérable lorsque, en 1982, les Etats-Unis lancèrent contre elle une véritable guerre économique aboutissant en 1989 à l'implosion du Pacte de Varsovie puis à celle de l'URSS elle-même un peu plus tard.

toutefois l'ordre de grandeur le plus souvent évoqué est de 30 à 50 millions de morts. Pire que Staline !

A la mort de Mao, en 1976, la Chine était « exsangue», tant sur le plan économique que sur le plan politique. Le Parti Communiste Chinois qui avait présidé à cette catastrophe voyait son pouvoir politique menacé soit par une agression extérieure, soit par une possible rébellion de la population chinoise en réaction aux privations dont elle était l'objet.

b) M. Deng et la restauration du capitalisme

Lorsqu'il revient aux affaires, M. Deng Tsiao Ping fait admettre au PCC que la condition du maintien de son hégémonie sur la société chinoise réside dans l'abandon de l'organisation collectiviste de l'économie qui prévalait depuis trente ans.

Même s'il ne l'avoua jamais publiquement, il opta alors délibérément et définitivement pour un retour au capitalisme. Rompant avec le dogme communiste de « la propriété collective des moyens de production », il privatise de nombreuses entreprises publiques, il institue la décentralisation des décisions dans les entreprises qui restent publiques, il autorise et même encourage la création d'entreprises privées, petites ou grandes, dans tous les secteurs d'activité. La restauration du capitalisme commence dans les campagnes : on y remplace progressivement les « communes populaires » par des exploitations familiales et le développement très progressif du marché.

Ensuite, en relation avec la Foire de Canton dont l'importance est considérable pour le développement des activités de sous-traitance réalisées par les PME, on crée des « zones spéciales » dont le meilleur exemple est la ville de Shenzhen, près de Hong-Kong. La Chine commence à devenir « l'atelier du monde ».

Le remplacement du collectivisme par le capitalisme a alors donné à penser à nombre d'observateurs occidentaux que cela conduirait nécessairement à l'avènement d'une forme de démocratie. Cette conception naïve, outre le fait qu'elle ignorait l'histoire, allait recevoir un démenti cinglant : la répression spectaculaire et sanglante de la place Tiananmen, au printemps de 1989, où les étudiants avaient installé, face au portrait de Mao, une statue, une allégorie de la démocratie ! Il fallait que la société chinoise reste dans le prolongement de son organisation politique et sociale antérieure. Après la mort de Mao Zedong, en 1976, le culte de celui-ci est resté très présent : son immense portrait continue de dominer la place Tiananmen à Pékin, d'autres portraits immenses ornaient les stades lors des JO et lors des cérémonies du soixantième anniversaire de la Révolution. Ce sont là des symboles lourds de signification, d'autant plus qu'aujourd'hui comme hier le PCC maintient un silence absolu sur les millions de victimes des années 1949-1976.

Le PCC et l'Etat chinois entendent bien ne pas donner dans le « révisionnisme »[42] : il ne saurait être question de tolérer quelque mise en question que ce soit de l'œuvre de Mao, son culte doit continuer. Ce refus d'opérer une rupture entre la « période Mao » et la « période post Mao » n'est pas un hasard : le régime politique ne doit jamais être contesté, quel que soit le prétexte ou les circonstances. Pour que la population chinoise continue à obéir, il est bon qu'elle se souvienne avec frayeur de la « période Mao » et continue à craindre un retour possible d'une vague de répression massive et brutale de la part de l'Etat et du PCC.

c) La Chine est bien restée totalitaire

On l'aura compris, la Chine était totalitaire avant 1979, elle l'est restée après. Son régime de parti unique n'admet aucune opposition organisée ; le Parti communiste s'emploie à ce que la population reste atomisée face à un Etat tout-puissant.

Tous les spécialistes occidentaux de la Chine s'accordent à considérer que, sous le règne de Mao, ce pays était bien totalitaire. Toutefois certains politologues prétendent qu'après 1979, avec « l'ouverture économique », le régime chinois aurait opéré une mutation : il ne s'agirait plus désormais que d'une simple dictature. D'autres politologues, au contraire, aux côté desquels nous nous rangeons, soulignent la continuité de la domination du pays par le PCC et par son bras armé, l'Armée Nationale Populaire (ANP). Au reste, si le PCC lui-même revendique une continuité totale du régime depuis 1949, c'est bien que l'Etat chinois, réputé totalitaire sous Mao, l'est resté ensuite.

---

[42] Une comparaison avec l'URSS est instructive ; dans ce pays, dès 1956, soit trois ans seulement après la mort de Staline, Nikita Khrouchtchev avait prononcé au XXème Congrès du PCUS un rapport accablant sur les crimes commis par Staline, rapport qui déjugeait totalement la conduite de l'URSS par Staline dans toute la période 1934-1953. Le fait que Nikita Khrouchtchev ait ainsi publiquement déjugé son prédécesseur Staline a joué un rôle important dans la suite des évènements en URSS. Dès lors qu'il reconnaissait publiquement que son dirigeant suprême avait commis des erreurs et des crimes, le Parti communiste de l'Union Soviétique, le PCUS, se résignait à voir partiellement contestées la légitimité et l'infaillibilité qu'il avait antérieurement cherché à faire admettre à la population russe. Un dogme s'effondrait, ce qui par la suite contribua beaucoup à affaiblir le prestige du PCUS dans la population russe.

Il est bon de rappeler à ce propos un certain nombre de faits.[43]

1. Aucune élection n'a eu lieu en Chine depuis que le PCC s'y est emparé du pouvoir en 1949.

2. Depuis cette date, tout autre parti politique que le PCC est interdit. Toute association reste interdite.

Le seul syndicat est un syndicat officiel qui ne se donne même pas la peine d'être présent au niveau des entreprises.

La religion Falun-Gong qui avait surgi et avait recruté jusqu'à 60 millions de personnes a tout de suite été identifiée par le PCC comme susceptible de nuire à son hégémonie politique. A compter de 1999, elle a soudainement fait l'objet de dénonciations et de persécutions considérables par le PCC : aujourd'hui elle semble avoir perdu toute existence significative.

Le tremblement de terre du Sichuan a donné lieu à un nombre de victimes très important. Un grand nombre de ces victimes furent des écoliers qui périrent sous des bâtiments scolaires qui n'étaient pas aux normes antisismiques. Des associations de parents des victimes avaient cherché à se constituer pour exiger des autorités des explications relatives à la construction des bâtiments scolaires. En dépit même du contexte tragique, ces associations furent durement réprimées.

3. La presse et les médias sont entre les mains du PCC.

Certes, les internautes chinois ont eu longtemps accès aux réseaux internationaux d'informations grâce à Google. Mais la récréation est finie : récemment, les autorités chinoises ont réussi à provoquer le départ de Google si bien qu'en Chine continentale, désormais seule l'agence Baïdu contrôlée par le PCC gère l'Internet de Chine continentale.

---

[43] Tous les régimes totalitaires partagent d'ailleurs quelques dispositifs qui leur sont essentiels et qui finissent par en constituer une sorte de signature : 1. L'interdiction de toute élection démocratique qu'elle soit générale ou professionnelle, qu'elle soit nationale ou locale ; 2. L'interdiction de tout parti politique concurrent du parti unique au pouvoir et plus généralement une interdiction de toute association, qu'elle soit syndicale, religieuse ou associative, qu'elle soit nationale ou locale ; 3. Un système judiciaire totalement inféodé au pouvoir exécutif (et au parti unique qui le dirige) ; 4. Un dispositif de répression policier et militaire qui n'hésite pas, dans certaines périodes au moins, à terroriser la population ; 5. Le contrôle étatique de l'information ; les informations diffusées par les organes officiels doivent être conformes aux normes officielles et à l'idéologie du parti unique (dont l'un des points essentiels est que celui-ci a toujours raison) ; 6. Le contrôle étatique de la communication entre les personnes ;
Enfin, le régime totalitaire est plus qu'une dictature : il entend rayer définitivement toute vie démocratique ; il entend institutionnaliser et pérenniser sa domination par une transformation, profonde et en sa faveur, des structures sociales et de la gouvernance politique du pays considéré.
La thèse selon laquelle le régime chinois ne serait qu'une simple dictature n'est pas très éloignée de la thèse, pour le moins « optimiste », de la longue marche vers la démocratie !

4. Le PCC cherche à brider aussi toutes les formes de communication qui naissent à travers Internet. Que des réseaux interpersonnels se forment sur Internet, cela contournerait l'interdiction générique de toute association.

Le PCC vient d'interdire l'usage des pseudonymes sur Internet pour rendre plus efficace son espionnage discret mais permanent.

Et surtout il a pris récemment un décret qui constitue une agression pour tous les démocrates de cette planète : ce décret stipule que désormais seuls les ordinateurs personnels équipés d'un mouchard sont disponibles à la vente en Chine continentale.

On imagine la pratique : le flicage à domicile généralisé (l'ordinateur personnel sous contrôle policier et le mouchard, une fois introduit à domicile, pourrait aussi, pourquoi pas, vidéo-enregistrer la famille dans sa vie quotidienne). En 1949, le grand écrivain britannique, George Orwell, avait écrit un roman prémonitoire de politique-fiction intitulé *1984* ; la fiction ne s'est pas concrétisée en 1984 mais en 2010 en Chine !

Actuellement, le décret est certes suspendu mais uniquement parce que les pays occidentaux ont fait un recours suspensif auprès de l'OMC, arguant que le décret projeté les écartait du marché chinois des ordinateurs personnels.

5. Le système judiciaire est totalement inféodé à l'exécutif et indirectement au PCC.

La population en pâtit amèrement au quotidien.

Il n'y a en réalité pas de véritable état de droit. Les entreprises occidentales qui sont présentes en Chine s'en plaignent d'ailleurs amèrement.

6. L'appareil de répression est considérable.

La pratique de l'enlèvement des opposants est une pratique courante : on apprend, seulement longtemps après, qu'ils ont été officiellement incarcérés, très souvent après avoir été torturés.

Philippe Cohen explique dans son livre *le Vampire du Milieu* : « Tous les Chinois connaissent le dang'an, ces grandes archives qui fichent la totalité des 1,3 milliards d'habitants. Chaque dossier est constitué pendant la scolarité de l'intéressé et le suit toute sa vie, sans qu'il y ait jamais accès. Y sont consignés ses résultats scolaires, sa carrière professionnelle, mais aussi sa religion et ses opinions politiques. »

Pour la seule police d'Internet, il semble que soient mobilisés 30.000 agents.

7. En Chine, comme dans les autres Etats totalitaires, le pouvoir en place organise toute une idéologie qui vise à dévaloriser définitivement, dans l'esprit de la population chinoise, les notions de démocratie et de droits de l'homme.

Il entreprend de démontrer que ces deux valeurs ne sont des valeurs ni universelles ni déterminantes. Il les caractérise comme occidentales. Il les déforme et les dénigre : la démocratie ne serait pas réellement exercée et ne serait de toute façon pas efficace ; la revendication des droits de l'homme est assimilée à un culte de l'individualisme…

Et le pouvoir rappelle que, en tout état de cause, ces valeurs sont absentes de la pensée de Confucius. « Vos valeurs ne sont pas les nôtres » entend-on répéter de plus en plus souvent par les responsables de l'Etat chinois et du PCC en réponse aux intellectuels occidentaux….

De plus, le régime politique chinois se singularise sinistrement par des traits spécifiques que l'on ne retrouve pas nécessairement dans chacun des pays ayant été totalitaires mais qui justifient davantage encore la caractérisation de la Chine comme pays totalitaire.

1. Les populations d'origine au Tibet et au Sinkiang ont été submergées par l'envoi programmé d'une population d'origine Han (93% environ de la population de la Chine) afin qu'elles renoncent à leurs spécificités et qu'elles s'assimilent complètement dans l'Etat chinois. Mussolini avait eu une politique analogue pour le Val d'Aoste et le haut Adige.

2. L'Etat chinois s'est permis depuis 1979 une atteinte majeure aux droits élémentaires des familles en instituant la règle de l'enfant unique et en réprimant très sévèrement les contournements à cette règle. Récemment, dans des provinces où le PCC avait observé que trop de familles avaient fait deux enfants au lieu d'un seul, on a pratiqué contre leur gré la stérilisation de milliers d'hommes et de femmes[44]. Par ailleurs, le deuxième enfant n'est pas reconnu par l'Etat chinois. Les « deuxièmes enfants » deviennent des personnes sans existence légale, sans droit, et en particulier sans droit à la scolarisation…

3. Depuis 1949, la Chine, dans le droit fil de l'héritage soviétique, a instauré puis maintenu le principe d'interdiction de la mobilité des personnes au sein du territoire national. L'interdiction n'est toutefois pas absolue et, « par dérogation », les autorités locales peuvent délivrer un passeport intérieur temporaire, le « hukou ».

Cela s'articule avec deux réalités. D'une part, il s'agit pour le PCC de contrôler et de maintenir là où elles sont les populations les plus pauvres des provinces de l'intérieur ; d'autre part, cela permet de procurer aux entreprises des régions côtières une main d'œuvre

---

[44] Cela fait irrésistiblement penser à certaines pratiques de l'Allemagne nazie.

particulièrement docile et bon marché parce que particulièrement vulnérable.

En effet, le nombre global de hukous délivrés est contingenté et leurs bénéficiaires, les « minyongs », n'ont aucun droit là où ils arrivent : ils ne peuvent être accompagnés ni de leur conjoint ni de leur enfant ; ceux qui y contreviennent ne peuvent scolariser l'enfant qui les accompagne. Les minyongs ne peuvent obtenir un permis de séjour définitif que s'ils deviennent propriétaires d'un logement sur place (ce qui le plus souvent leur est financièrement inaccessible).

Au total, l'Etat chinois a constitué toute une population d'hommes et de femmes (120 millions environ) vivant en célibataires loin de leurs familles et vivant dans l'exclusion prolongée. Ces personnes, on l'imagine, se trouvent complètement atomisées face à l'Etat chinois et face aux employeurs de la zone côtière.

4. La constitution d'une minorité de privilégiés autour du PCC (76 millions environ d'adhérents, soit 5% environ de la population totale).

    a. Le Parti a beaucoup d'adhérents mais il est très sélectif.

    b. Son mode de recrutement est la cooptation.

    c. Les critères de cooptation sont la conformité politique et la réussite professionnelle.

    d. Il tend à aspirer la partie la plus conformiste de l'élite professionnelle dans une sorte de club de dirigeants mutuellement motivés à ce que le système social en place se maintienne.

    e. D'après ce que l'on peut savoir, il semble que, même à l'intérieur du PCC, il n'y a pas de fonctionnement démocratique. Ainsi, la décision de répression à Tian An Men en 1989 a été prise lors d'une réunion, très restreinte et non statutaire, de hauts dirigeants du PCC.

On l'aura compris. C'est seulement dans les textes officiels que la Chine est une société « harmonieuse ». Le régime politique de la Chine reste totalitaire.

3. L'efficacité du cocktail « capitalisme + totalitarisme »

On l'a vu, l'organisation capitaliste de la production est tout à fait compatible avec un Etat totalitaire[45]. Il faut remarquer que les Etats capitalistes totalitaires n'ont jamais vraiment fait l'objet d'un mouvement massif de rejet par leurs populations. Pourquoi ? A cause d'un système répressif qui terrorisait la population mais aussi parce que les régimes en place, en même temps qu'ils privaient la population de liberté, réussissaient à lui accorder une certaine prospérité. Il est, de ce point de vue, très aléatoire d'attendre, comme trop de politologues occidentaux nous le proposent, que la prospérité accrue de la population chinoise aboutisse à une revendication massive en faveur de la démocratie.

Une autre assertion fallacieuse, consiste à prétendre que la démocratie serait la forme « supérieure » d'une société capitaliste. Il n'en est rien. Au cours des trente dernières années et plus encore au cours des dix dernières années, c'est malheureusement le phénomène opposé que l'on a observé : la Chine a connu une ascension fulgurante en termes de croissance et de puissance. Le temps manifestement a travaillé et travaille encore pour la Chine face à des pays capitalistes démocratiques beaucoup trop passifs et désormais très désarçonnés.

Malheureusement, il faut constater que le fait pour la Chine d'être un pays à la fois capitaliste et totalitaire lui vaut même quelques atouts incontestables sur le plan économique.

On le verra, si les coûts salariaux en yuans sont très faibles, cela est dû à la fois au poids du chômage, « naturel » si on peut dire, mais aussi au système du « hukou » et des minyongs, au système répressif, à la politique de l'enfant unique, toutes choses qui sont étroitement liées à l'organisation totalitaire de la société. Quant aux coûts salariaux exprimés en dollars (qui sont pertinents pour le commerce extérieur), ils peuvent être extraordinairement bas : le faible coût salarial en yuans se conjugue en effet à la sous-évaluation considérable de cette monnaie qui prend appui sur un contrôle des changes draconien que seul un pays totalitaire peut faire respecter avec une telle efficacité.

De la même façon, le capitalisme totalitaire est nécessairement un « capitalisme patriotique » où les entreprises, sous la pression diffuse du parti unique présent dans tous les conseils d'administration, accordent systématiquement la préférence nationale dans leurs approvisionnements, et ce évidemment au détriment des exportateurs étrangers. Dans les pays capitalistes démocratiques au contraire, les grandes entreprises se

---

[45] Avant la Chine, l'Allemagne, l'Italie et le Japon ont constitué des exemples de combinaison entre totalitarisme et capitalisme qui leur conférait une grande force ; si l'expérience de ces pays a été abrégée, c'est principalement parce qu'ils avaient pris une option militaire qui les amena à affronter une coalition plus forte que la leur.

comportent souvent comme si elles avaient perdu toute nationalité et peuvent impunément prendre des décisions stratégiques qui s'avèreront nuisibles à leur pays.

L'Etat chinois développe une diplomatie économique très active à l'étranger ; il fait valoir qu'un accès effectif au marché intérieur chinois, qui est énorme, dépend de son bon vouloir et il dispose de moyens de pression extrêmement efficaces…

On ne peut donc affirmer en aucune façon que le capitalisme démocratique triomphera spontanément du capitalisme totalitaire. Les analystes qui suggèrent de rester confiants dans la supériorité finale du modèle capitaliste démocratique nous endorment : il n'y a aucune règle absolue en cette matière.

Héritage de la pensée de Confucius en même temps que volonté de ne pas renouveler l'erreur commise par l'URSS, les dirigeants chinois cherchent, eux aussi, à égarer les pays développés : ils ne font pas étalage de leurs succès afin d'apparaître, le plus longtemps possible, moins puissants et moins redoutables qu'ils ne le sont en réalité. Ils aiment à répéter que la Chine reste économiquement un petit pays (ce qui est archi faux) qui est peu développé et qui a besoin d'une croissance très forte durant très longtemps pour sortir de son sous-développement[46].

La « communication » du PCC qui vise à présenter la Chine comme un pauvre pays peu développé est complètement fallacieuse mais, néanmoins, d'une efficacité redoutable : cela marche, on s'interrogera d'ailleurs pourquoi par la suite. L'avantage, pour la Chine, est évident : il faut maintenir démobilisés le plus longtemps possible les Etats-Unis et leurs alliés et n'effrayer prématurément ni la Russie, ni le Brésil, ni l'Inde, ni le Vietnam, ni les autres pays émergents quant à la capacité potentielle qu'a déjà la Chine à dominer le monde.

4. La cannibalisation des économies développées.

Ce n'est pas le monde entier qui est en crise, seulement le monde développé. La croissance de la Chine, après avoir atteint « un point bas » à 6,2%, au premier trimestre 2009 a en effet rebondi à 11,9% dès le premier trimestre 2010. A l'évidence, ce pays aura en définitive ignoré la crise ; et aujourd'hui, les experts de la Chine s'inquiètent tout au plus de tensions inflationnistes ou d'excès sur les marchés d'actifs, deux maladies qui sont caractéristiques des pays très prospères.

A l'opposé, les pays dits développés (Etats-Unis, Europe, Japon) se sont doublement singularisés. La crise financière y a déclenché une récession franche, la plus forte depuis les années 30 (aux Etats-Unis, baisse du PIB

---

[46] Ce fut la théorie que M. Wen, le numéro deux chinois, a très sérieusement développé au Sommet mondial du Climat, à Copenhague, en décembre 2009 !

hors stocks de 4,7% entre le quatrième trimestre 2007 et le premier trimestre 2009). Quant à la reprise, elle s'y est avérée très décevante ; les taux de croissance restent très modestes (aux Etats-Unis, le PIB hors stocks a progressé de seulement 1,4% l'an entre le premier trimestre 2009 et le deuxième trimestre 2010) ; cette reprise s'est avérée très modeste au regard de mesures de relance, à la fois très extrêmes et jamais vues antérieurement : les grandes banques centrales ont toutes installé leurs taux directeurs proches de 0% depuis fin 2008 pendant que les déficits publics atteignaient en 2009 et en 2010 des sommets (autour de 10% du PIB aux Etats-Unis et au Royaume-Uni). On sait, depuis l'éclatement, fin 2009, de la crise des finances publiques en Europe, que de tels déficits publics ne pourront plus être reconduits parce que les créanciers internationaux ne l'acceptent plus. Au total, si les pays développés sont sortis de la récession au printemps 2009, ils ne sont clairement pas sortis de la crise.

Grâce au niveau extrême de ses salaires et à un régime de change très particulier pour sa monnaie (le yuan), la Chine bénéficie d'un privilège exorbitant dans la compétition internationale. Cela lui vaut des excédents commerciaux colossaux vis-à-vis des pays développés, excédents qu'elle maintient même lorsque ceux-ci subissent une récession marquée comme celle de 2008/2009. C'est ce déséquilibre international majeur qui explique à la fois la croissance extraordinaire de l'économie chinoise et la stagnation prolongée des pays développés.

En quelque sorte les succès répétés de l'économie chinoise procèdent d'une véritable « cannibalisation » de l'économie des pays développés. Ceux-ci se voient alors condamnés à la désindustrialisation et à la déstabilisation sociale et politique qui l'accompagne inévitablement.

La désindustrialisation des pays occidentaux a commencé dès les années 1970. A cette époque, les apprentis-sorciers qui dirigent l'Organisation Mondiale du Commerce (O.M.C.) réussissent à imposer leurs vues et instaurent une libéralisation sans aucun garde-fou du commerce mondial, ce qui amorce la désindustrialisation des pays développés.

La Chine, après s'être donné un avantage considérable de compétitivité grâce à d'énormes dévaluations entre 1990 et 1994 est admise, fin 2001, à l'OMC, en prenant appui sur ses complices, les firmes multinationales et la finance internationale, ainsi que sur l'aide de l'Administration Clinton. Sans tarder, elle accentue alors ses excédents extérieurs et la croissance de son PIB.

En corollaire, les pays développés, eux, amorcent une glissade de plus en plus prononcée vers l'abîme, pour reprendre l'image d'Allais. C'est en Chine en effet que se sont concentrés et continueront à se concentrer une grande partie des emplois industriels créés sur la planète, et ce, au détriment des anciens pays industrialisés. Dans quel autre pays pourrait-on trouver des établissements de la taille de la filiale de l'entreprise taïwanaise « Hon Hai » qui, dans la seule ville chinoise de Shenzhen, emploie plus de 300 000 ouvriers[47] ? On y fabrique des composants électroniques pour Sony, des téléphones mobiles pour Nokia, des I-Pod, I-Phone et I-Pad pour Apple, des ordinateurs pour Dell et Hewlett-Packard, etc.

Toutes sortes de médiations ont contribué à cette configuration nouvelle. Les entreprises chinoises se sont emparées de parts de marché considérables de la demande mondiale en produits manufacturés, allant le plus souvent jusqu'à s'emparer de segments entiers comme les jouets, les textiles, la chaussure, l'habillement, mais aussi l'ameublement, l'électroménager, les pièces automobiles et encore aussi les composants électroniques, les panneaux solaires, les équipements pour cimenteries, les TGV, les ordinateurs ... Tout cela a mécaniquement contribué à réduire l'activité et l'emploi des entreprises manufacturières occidentales.

La grande distribution occidentale (Carrefour, etc.) s'approvisionne de plus en plus auprès d'entreprises chinoises si bien que les biens de consommation manufacturés qui sont vendus dans les pays dits industrialisés sont de plus en plus « Made in China »[48].

De nombreuses entreprises supposées manufacturières (Apple, Dell, Hewlett-Packard, Motorola, Nike...) s'approvisionnent elles-mêmes de plus en plus en Chine et ne créeront bientôt plus aucune valeur ajoutée industrielle à l'intérieur des pays dits industrialisés.

Enfin, si les grandes entreprises manufacturières occidentales procèdent encore à des investissements industriels importants, elles choisissent de les concentrer toujours plus sur le seul site chinois au détriment, là encore, des vieux pays industrialisés.

On l'aura compris, les succès incontestables de la Chine en matière industrielle ont pour contrepartie un désastre tout aussi incontestable, celui de la désindustrialisation des pays dits industrialisés. Celle-ci est un processus qui déstabilise toutes les sociétés qui en sont atteintes, car elle a pour corollaires les plus immédiats et les plus graves, le déclin de l'emploi global et l'explosion du chômage.

Le déclin de l'emploi entraîne une baisse des recettes fiscales de l'Etat et une baisse des ressources des systèmes de couverture sociale (santé, chômage, retraites). Il s'agit donc d'une déstabilisation des finances publiques au sens large avec son cortège de funestes conséquences, une crise prolongée des régimes sociaux (santé, chômage, retraites), un délabrement des services publics (transports collectifs, logement social, système scolaire et universitaire).

---

[47] L'entreprise taïwanaise Hon Hai emploie plus de 600 000 personnes dans le monde ; en 2006, un reportage relatif à l'usine de Longhua, fait état de journées de travail allant jusqu'à 15 heures et de nombreux suicides ; les ouvriers y sont payés 39 euros par mois.
[48] On trouve même, mystification commerciale, des étiquettes portant la mention « made for France » suivie, en très petits caractères, de la précision « in PRC » (People Republic of China) !

L'explosion du chômage entraîne la désespérance d'une partie notable de la population, spécialement celle des jeunes sans emploi. Sans la perspective d'insertion professionnelle, sans la capacité financière de disposer d'un logement, sans une véritable capacité à créer un couple et une famille, de très nombreux jeunes se voient contraints à la déshérence, rester chez ses parents ou vivre comme des nomades. De là découlent toutes sortes de tentations : l'alcool, la consommation de drogues ou leur trafic, la prostitution, la violence, l'incivisme, les diverses formes de délinquance….

La montée du chômage signifie aussi une tendance à la baisse des salaires réels car la concurrence s'exacerbe entre ceux qui cherchent désespérément à trouver un emploi ; dans le même temps, les inégalités s'accroissent de façon très forte : alors même que certaines couches privilégiées de la population voient leurs ressources s'accroître encore, les pauvres deviennent plus nombreux et plus pauvres ! Il en résulte des phénomènes de malnutrition et le développement corrélatif de certaines maladies. La crise de l'école que nous connaissons en France avec la montée de l'illettrisme, et la crise de la famille qui se caractérise notamment par la multiplication des divorces, ne sont sans doute pas étrangères à ce climat d'insécurité qui est le lot d'une partie de plus en plus nombreuse de la population.

Cette déstabilisation en profondeur constitue un véritable séisme pour les sociétés développées tandis que la Chine, elle, nage dans la prospérité économique et la stabilité sociale.

Actuellement, la croissance économique de la Chine est de l'ordre de 10% à 11% par an alors que celle des pays occidentaux se situe autour de 1% seulement[49]. Avec un tel différentiel de croissance, la Chine, qui est déjà une « superpuissance », est en route pour l'hégémonie mondiale : les « vieilles nations » peuvent-elles l'accepter ?

Un retour sur le passé n'est pas inutile pour pouvoir en juger.

---

[49] De 1979 à 1999, la Chine a obtenu une croissance de 8% par an contre 3% pour les pays occidentaux ; entre 1999 et 2009, les croissances sont respectivement de 10% et 1% : l'écart s'est creusé.

Chapitre 2

COMMENT L'ANGLETERRE PUIS LES ETATS-UNIS DEVINRENT HEGEMONIQUES

Depuis près de cinq siècles, l'histoire est, dans une large mesure, une histoire des pratiques mercantilistes. Celles-ci expliquent les montées en puissance successives des Pays-Bas, puis de l'Angleterre, puis des Etats-Unis.

Aujourd'hui, la situation économique et géopolitique du monde est à nouveau marquée par le succès des pratiques typiquement mercantilistes mises en œuvre à grande échelle par la Chine. Cela lui permet de réaliser de gigantesques excédents commerciaux qui constituent la base de sa spectaculaire montée en puissance.

Les interrogations que suscite la crise actuelle incitent à opérer un grand retour en arrière dans l'histoire : quels ont été dans les siècles passés, les facteurs qui provoquèrent des bouleversements comparables à ceux d'aujourd'hui ?

On va le voir, la clé de la réussite économique et de la puissance géopolitique réside dans le fait, pour un grand pays, de parvenir à imposer ses pratiques mercantilistes au reste du monde.

Reportons-nous cinq siècles en arrière : ce sera l'occasion de constater combien les affrontements internationaux nés de rivalités commerciales sont importants, et de souligner l'intensité du lien entre la recherche de la richesse au profit des capitalistes qui animent la vie économique et la recherche de la puissance au profit de l'État qui les fédère.

Pourquoi cinq siècles ? Toute date est arbitraire, mais 1492, la découverte de l'Amérique, est reconnue comme particulièrement importante : « l'ère du monde fini commence », pour reprendre une formule de Paul Valéry. Les progrès de la navigation vont amener des changements décisifs : la Méditerranée sera de plus en plus délaissée dans le commerce des épices du fait du contournement de l'Afrique par les Portugais, le commerce transocéanique prendra de plus en plus d'importance ; ce sera ainsi le début de la domination de l'Europe sur le monde ; de l'Europe et, plus tard, de la « civilisation Européenne » si on prend en compte cette projection de l'Europe que sont les Amériques.

Ce qu'on a appelé le « capitalisme commercial » existait déjà : toutefois, il prend alors un nouvel essor avec le développement du « commerce lointain » ; les XVIe et XVIIe siècles voient apparaître de nombreuses compagnies de commerce : différentes compagnies des Indes, orientales ou occidentales, ou bien la très exotique « Compagnie des gentilshommes aventuriers commerçant avec la baie d'Hudson », par exemple. Curieusement, au moment même où s'affirme la domination de l'Europe, celle-ci se divise : la publication du « *discours à l'adresse de la noblesse allemande* » de Luther est datée de 1517 ; c'est le début de la réforme protestante qui aura sans doute une importance considérable sur les cheminements économiques et politiques de la Hollande, de l'Angleterre, de l'Allemagne et de la France.

Rapporté à l'ensemble des activités économiques des pays concernés, qui sont essentiellement rurales, le commerce lointain ne représente encore que peu de choses ; toutefois, il sera très lié à l'essor des manufactures et il aura un rôle structurant dans le développement économique des pays de la façade Atlantique de l'Europe. Il donnera naissance à d'importants revenus pour les Etats ; ceux-ci en retour permettront le développement du commerce lointain : les rivalités le concernant seront donc aussi des rivalités entre les États.

Dans un premier temps, on se concentrera sur ce qu'on pourrait appeler le « modèle mercantiliste » tel qu'il apparaît dans un remarquable petit ouvrage du XVIIe siècle, l'*Arithmétique politique* de William Petty, modèle qui sera contesté un siècle et demi plus tard, par l'économie « classique », bien à tort selon nous.

Dans un deuxième temps, nous examinerons le modèle pratique « indépassable » de tous les mercantilismes que constitue l'Empire Britannique. Toutefois, tous les empires ont une fin : on étudiera aussi la façon dont une puissance nouvelle se constitue en rivale avant de bousculer la puissance hégémonique et de la remplacer purement et simplement ; on envisagera surtout les grands dangers qui menacent le monde durant les périodes au cours desquelles la concurrence pour la domination aboutit à une remise en cause de l'hégémonie établie.

Il faudra en définitive la crise des années 1930 puis, au printemps 1940, l'effondrement militaire de la France, son principal allié, pour que la Grande-Bretagne perde une domination mondiale[50], qui était déjà bien ébranlée au profit des Etats-Unis.

Ce tour d'horizon prendra fin avec la Conférence de Bretton-Woods où, pour la première fois, sont imaginés des dispositifs internationaux susceptibles de contenir les tendances mercantilistes inhérentes au monde

---

[50] La domination mondiale ne résulte pas mécaniquement de facteurs économiques ; elle résulte aussi d'un système d'alliances ; à la fin des années 1930, l'Angleterre avait le sien dont la pièce maîtresse était la France.

capitaliste ; un premier pas qui s'avérera par la suite bien insuffisant et qui se fait sous l'égide de la puissance désormais dominante dans le monde[51]

1. Le « modèle mercantiliste » et sa contestation par les auteurs « classiques »

Jusque vers le milieu du XVIIIe siècle, les conceptions des économistes, qui essaient tant bien que mal de rendre compte de ce qu'ils observent, insistent beaucoup sur l'importance qu'ils accordent à l'État, au commerce lointain, aux nécessaires relations entre l'État et sa puissance militaire d'une part, le négoce et l'industrie d'autre part, enfin par l'importance donnée aux excédents extérieurs. Du fait de ces traits communs des auteurs aussi divers que William Petty en Angleterre ou Colbert en France sont réunis sous l'étiquette de « mercantilistes »[52].

Pourtant, pendant des siècles, avec ses soubresauts, ses crises, ses guerres, l'histoire du capitalisme a, dans une large mesure, coïncidé avec une histoire des pratiques mercantilistes. En dépit de cela, la « science économique » a eu tôt fait de dénigrer les auteurs qui prétendaient en donner une théorie et de les condamner comme des esprits obscurs et confus. Qui donc se souvient de William Petty et de son *Arithmétique politique*[53], à part Max Weber qui le cite abondamment dans *L'éthique protestante et l'esprit du capitalisme* ou, plus près de nous, François Fourquet[54] qui nous le fit découvrir ? Même Friedrich List[55] qui retrouve, un siècle et demi plus tard, la même problématique, ne le connaissait pas. Son œuvre est pourtant remarquable. Que dit-elle donc ?

L'Angleterre vient de vivre des jours difficiles (guerre civile, République de Cromwell, restauration monarchique, guerres contre la Hollande) quand

---

[51] A la fin de la guerre, les Etats-Unis s'affirment comme une puissance hégémonique face aux puissances qui étaient candidates à l'hégémonie (l'Allemagne, le Japon) et qui sont vaincues face à une Angleterre qui n'a plus les moyens d'assurer le rôle qui était le sien.
Il ne sera que peu question dans ce qui suit d'une grande puissance, très atypique, qui, à la suite de la Révolution de 1917, succède à la Russie : l'Union Soviétique. Celle-ci développe en effet un modèle de société, le socialisme totalitaire, qui est très singulier, opposé à toute forme de capitalisme, qui lui permettra toutefois d'acquérir une puissance militaire considérable, de jouer un rôle fondamental dans l'issue de la deuxième guerre mondiale et de rivaliser longtemps ensuite avec les États-Unis sur le plan géopolitique pour finalement s'effondrer en 1989.
[52] On laissera de côté les auteurs du « mercantilisme espagnol » ; en effet, le naufrage économique et social de l'Espagne sous l'effet de l'afflux de métaux précieux en provenance d'Amérique montre à l'évidence que la pratique du pillage ne fut pas très favorable à l'Espagne, non plus que les représentations théoriques auxquelles elle donna lieu.
[53] *L'Arithmétique politique* a été édité à Londres en 1671, après la mort de l'auteur.
[54] François Fourquet, *Richesse et puissance*, la Découverte, Paris, 1989.
[55] Friedrich List, *Système national d'économie politique* ; 1re édition en langue allemande en 1841 ; nouvelle édition française, avec préface d'Emmanuel Todd, Gallimard, Paris, 1998.

Petty délivre, à l'intention du Roi, de bons conseils pour que l'Angleterre puisse dominer le commerce du monde ; c'est à la fois une analyse « objective », « de la science » dirions-nous aujourd'hui, et une « doctrine ». Cela correspond, dans une très large mesure, à ce que sera la politique économique de l'Angleterre durant une période très longue. Ainsi, le « modèle » de l'arithmétique politique a été, ultérieurement à son exposé, largement validé par les faits.

L'Angleterre, dit-il, doit se spécialiser dans les activités qui produisent le plus de valeur[56], commerce et industrie, et se défaire à l'inverse des activités agricoles susceptibles d'être remplacées par des importations (cela concerne donc la production de céréales mais non celle du lait). Le commerce extérieur est d'une importance capitale et les activités maritimes qui le rendent possible sont, elles aussi, très importantes : il faut exporter des produits manufacturés et importer des produits agricoles et autres qu'il n'est pas possible ou rentable de produire en Angleterre. La place de l'État est primordiale : c'est lui notamment qui prend en charge la marine de guerre, indispensable pour la protection des navires commerciaux.

De la sorte, l'Angleterre doit s'assurer la « maîtrise du commerce du monde ». De cette manière, les négociants-armateurs anglais supportent non seulement des coûts moins élevés que ceux de leurs concurrents, – nous dirions qu'il s'agit d'un secteur à rendements croissants –, mais ils disposent également d'une meilleure information sur l'état de la « demande » dans les différents pays du monde, ce qui permet aux activités industrielles anglaises de s'adapter plus rapidement que leurs concurrentes à ces différentes demandes.

L'élément central de la théorie mercantiliste, c'est qu'il faut générer des excédents commerciaux avec le reste du monde ; ces excédents fondés sur les activités industrielles, les manufactures, permettent de faire rentrer l'or. On voit bien qu'il s'agit là d'une doctrine agressive qui, si elle est appliquée, rend les guerres inévitables : toutes les nations ne peuvent être simultanément excédentaires dans leurs échanges extérieurs, toutes ne peuvent prétendre à un rôle hégémonique.

Et l'or dans tout cela ? Il n'est pas le fondement de la richesse : ce fondement est en effet une population nombreuse et instruite, nous parlerions aujourd'hui de « ressources humaines ». Il faut exporter des biens manufacturés et faire rentrer de l'or dans le pays ; la croissance de la circulation monétaire est en effet nécessaire au développement des affaires et cette croissance économique est nécessaire d'un point de vue social ; en effet les charges de l'armée et de l'État, ainsi que les revenus des grands domaines, ne suffisent pas à assurer à la totalité des personnes « bien nées » des revenus et un statut social en rapport avec leur naissance ; il faut donc que le commerce et les industries se développent, ce qui suppose une

---

[56] François Fourquet voit là l'invention du concept de « valeur ajoutée ».

circulation monétaire accrue et des débouchés extérieurs pour les produits. Les entrées d'or sont aussi nécessaires pour assurer à l'État les ressources indispensables pour qu'il puisse jouer le rôle qui doit être le sien (notamment sur le plan militaire), essentiel pour le développement des affaires. Enfin, il faut exporter des capitaux pour des investissements à l'étranger qui, à l'époque du capitalisme commercial, prennent la forme de « comptoirs » commerciaux, grâce auxquels on reproduit le système des excédents commerciaux à une plus large échelle[57].

A partir du « miraculeux échec » de l'invincible armada en 1588, l'Espagne ne représente plus un concurrent dangereux pour l'Angleterre ; en 1665-67, la Hollande est défaite et, conséquence de la guerre, Nieuw-Amsterdam devient New-York. Sur la route de la domination mondiale du commerce, il reste encore un adversaire de taille, la France. Les hostilités commencent en 1755 en Amérique et s'étendent aux Indes ; le traité de Paris de 1763 consacre alors la domination anglaise, même si celle-ci va être contestée durant quelques décennies encore, jusqu'en 1815.

A partir du milieu du XVIIIe siècle, un véritable tournant théorique marque les représentations économiques ; les Lumières développent en France et en Angleterre des conceptions philosophiques individualistes, qui aboutissent à l'idée que les échanges économiques, dès lors qu'ils existent, sont profitables aux échangistes, individus ou nations. L'émergence de l'économie classique avec des auteurs tels que Smith, Say et Ricardo permet d'ériger la liberté des échanges en une sorte de dogme ; un dogme encore bien vivace aujourd'hui, disposant même d'un instrument important : l'Organisation mondiale du commerce (OMC).

Dès lors que l'hégémonie anglaise semble assurée, une nouvelle théorie peut voir le jour[58] : les échanges commerciaux internationaux sont profitables à tous ! Certes, Adam Smith, en 1776, introduisait quelques

---

[57] On est loin du système espagnol où les entrées d'or et d'argent avaient conduit à la ruine des productions locales et à l'inflation, à des échanges de marchandises de plus en plus déficitaires. Dans le schéma de Petty, ce sont les excédents commerciaux qui doivent stimuler l'ensemble de l'économie et permettre à celle-ci une croissance forte. Le cas espagnol signale un danger mortel pour la stratégie mercantiliste sur lequel nous reviendrons. Un excès de monnaie (de monnaie « reconnue », de l'or obtenu par pillage en l'occurrence) conduit à des importations de plus en plus fortes et, en fin de compte, à la ruine du pays ou à l'établissement d'une relation de dépendance vis-à-vis de l'extérieur ; la disposition par un pays d'une monnaie jouant le rôle de monnaie internationale – conséquence d'une domination économique – conduit peu ou prou au même résultat. Vers 1900, le commerce extérieur britannique est juste équilibré grâce à l'Empire colonial : les échanges avec l'Allemagne et les Etats-Unis sont alors déficitaires ; ceci est probablement à mettre en relation avec les rôles du sterling et de la City de Londres. De même, à partir des années 1950, les Etats-Unis tendent à avoir des échanges de marchandises déficitaires alors même que le dollar est la monnaie du monde.

[58] Adam Smith, *Recherches sur la nature et les causes de la richesse des nations* (publié en 1776) ; David Ricardo, *Des principes de l'économie politique et de l'impôt* (publié en 1817) ; Jean Baptiste Say, *Traité d'économie politique* (publié en 1803).

nuances : il fallait bien quand même protéger les industries naissantes ! Quarante ans après, l'industrie britannique a eu le temps de se développer, et Ricardo est bien plus tranchant qu'Adam Smith dans ses conclusions ; c'est lui que l'on retiendra. Son modèle canonique : deux pays (Angleterre et Portugal), deux biens et des facteurs de productions immobiles[59] : si les coûts de production sont plus faibles dans un pays que dans l'autre pour l'un des biens, et plus forts pour l'autre bien, alors les deux pays ont intérêt à échanger et il y a « spécialisation » avec un système de prix qui l'autorise. Mieux encore : si l'un des pays est meilleur que l'autre pour les deux biens et si les prix relatifs sont différents, alors l'échange et la spécialisation peuvent et doivent se faire. Bref, l'échange peut toujours se faire, et il est préférable à l'autarcie puisqu'il est « gagnant-gagnant » ! Depuis près de deux siècles, il y a eu de nombreux « perfectionnements », mais il s'agit toujours, comme en musique, de variations autour d'un même thème.

Somme toute, le libre-échange « théorique » (ou dogmatique) arriva à point, à la fin XVIIIe et au début du XIXe siècle, pour constituer l'idéologie économique mobilisatrice de l'Angleterre, une fois son hégémonie économique et politique acquise. Le *Navigation Act*, établi par Cromwell en 1651, par lequel l'essentiel du commerce avec l'Angleterre devrait transiter sur les bateaux anglais, et qui fut si important pour le développement du négoce britannique, ne fut aboli qu'en 1849 (trois ans après l'abolition des *Corn laws*). La « liberté du commerce » revendiquée par l'Angleterre n'était qu'une façon, parmi d'autres, de reproduire sa domination commerciale et industrielle, ce qui lui permettait de réaliser des échanges fondamentalement « inégaux », ainsi que furent d'ailleurs qualifiés les traités que les empereurs de Chine furent obligés de signer à la même époque.

Si la théorie classique a le succès que l'on sait, ce n'est pas parce que se répandent les idées nouvelles des Lumières : cette théorie fait aussi partie de ces idées nouvelles. Lorsque, en 1748, Montesquieu déclare dans *L'esprit des lois* que « partout où il y a du commerce, il y a des mœurs douces », il ne fait qu'enregistrer le fait que le commerce a pris alors une importance considérable, ce qui n'implique d'ailleurs pas nécessairement « la douceur des mœurs ». Ce dernier argument répond toutefois à la nécessité de développer désormais le commerce entre nations européennes et non plus seulement entre celles-ci et les pays d'outre mer ; le commerce lointain est alors bien établi, les manufactures se sont développées, les échanges doivent se faire à une échelle plus importante, ce qui suppose qu'ils se développent, davantage que par le passé, entre les nations d'Europe.

---

[59] En réalité il n'existe dans son « modèle » mise à part la terre, qu'un seul facteur de production, le travail. Supposer que ce facteur est immobile est vraiment aller assez loin dans la voie des « faits stylisés » : plus d'un siècle avant ses écrits, il y a eu l'exode des Huguenots qui ont permis de faire de la Prusse une puissance importante, et il y a eu les flux migratoires de l'Europe vers l'Amérique…

Même si Smith pose la question de la protection des industries naissantes (nous sommes en 1776 : la suprématie de l'Angleterre n'est pas encore complètement établie), la rupture est faite par rapport aux auteurs antérieurs : on insiste sur l'intérêt que présente l'échange alors que la question de la domination n'est plus abordée non plus que celle, qui lui est liée, de la connexion entre richesse et puissance. Pour les classiques, tout se passe comme si les échanges internationaux étaient équilibrés ; et s'il arrive qu'ils ne le soient pas, ce n'est nullement l'indice d'un problème. Pour les mercantilistes au contraire, le déséquilibre des échanges est un enjeu majeur : source de richesse et de puissance pour les pays excédentaires ; source d'appauvrissement et de déclin pour les pays déficitaires. Or, dans la représentation mercantiliste du monde comme dans la doctrine mercantiliste, les échanges sont déséquilibrés : les nations en situation de domination ont des excédents commerciaux qui permettent des entrées d'or ; réciproquement, de nombreux pays sont en situation de déficit plus ou moins marqué : il en résulte pour eux la ruine de certaines activités alors que, par ailleurs, les sorties d'argent ou d'or peuvent entraîner, à cette époque-là, une restriction de la circulation monétaire néfaste pour les affaires[60]. Les auteurs classiques et leurs successeurs, et même souvent les auteurs keynésiens, n'accordent pas suffisamment d'attention au fait qu'un pays peut être ruiné du simple fait d'un certain type d'insertion dans le commerce mondial. Dans la critique qu'il fait des auteurs classiques, F. List insiste sur la notion de puissance : « la puissance importe plus que la richesse [...] la faiblesse livre aux mains des puissants tout ce que nous possédons, nos richesses, et de plus nos forces productives, notre civilisation, notre liberté, jusqu'à notre indépendance nationale [...].

Comment, en présence de cette action réciproque de la puissance, des forces productives et de la richesse, Adam Smith a-t-il pu soutenir que le traité de Methuen[61] et l'Acte de navigation[62] n'avaient pas été, commercialement parlant, avantageux pour l'Angleterre ? ».[63]

L'histoire économique du monde, depuis au moins quatre siècles, illustre le bien-fondé de la thèse mercantiliste : on observe une tendance constante de certains pays, en position de domination ou aspirant à une telle position, à développer une politique mercantiliste fondée sur des excédents commerciaux renouvelés, alors que d'autres pays, en situation d'être dominés ou risquant de l'être, cherchent à résister et s'opposent aux

---

[60] C'est exactement ce qui s'est produit en Chine au milieu du 19ème siècle.
[61] Le traité de Methuen organisant un désarmement douanier entre l'Angleterre et le Portugal, en 1703, fut un désastre pour l'industrie du Portugal, notamment celles des draperies sans aucun avantage réel pour ce pays.
[62] Le « navigation act » de Cromwell imposait que le commerce avec l'Angleterre se fasse au moyen de bateaux anglais : cette mesure protectionniste ne fut abolie qu'au milieu du 19ème siècle, l'Angleterre étant alors devenue la puissance dominante.
[63] F. List, op. cit., p. 156.

pratiques que mettent en œuvre les premiers. Les nombreuses guerres qui en résultent signalent, s'il en était besoin, le caractère agressif et dangereux de ces pratiques. Celles-ci conduisent nécessairement à des relations déséquilibrées : certains pays ont des excédents commerciaux récurrents, d'autres des déficits. De tels déséquilibres, qui conduisent à des situations de colonisation économique[64], à des crises économiques, à des guerres, doivent donc être évités[65].

2. La stratégie par laquelle l'Angleterre a bâti son hégémonie

Durant une partie du XVIIe siècle, un petit pays, la Hollande, avait réussi le tour de force de dominer le commerce mondial : ce fut là le résultat d'une politique mercantiliste intelligente dont l'un des aspects essentiels était l'entretien par l'Etat d'une importante marine de guerre, condition de l'essor du négoce hollandais. Le pays était toutefois trop petit pour pouvoir soutenir, durant une longue période, une confrontation avec le rival anglais. Celui-ci, une fois remis de sa guerre civile, va s'imposer dans la direction du commerce mondial ; non sans difficulté toutefois, car il se heurtera à la puissance française, durant près d'un siècle et demi, jusqu'en 1815. A la fin du XVIIe siècle, la France est la principale puissance européenne, avant l'Angleterre ; toutefois trois grandes erreurs dans sa politique vont la conduire à une première défaite majeure, sanctionnée par le traité de Paris de 1763.

La première erreur est à mettre au passif de Louis XIV : la révocation de l'Edit de Nantes, en 1685, non seulement entraîne pour la France la perte d'une précieuse partie de ses forces vives[66] mais signifie aussi la remise en question de l'œuvre éclairée de Colbert. La deuxième erreur consiste, pour le pouvoir royal Français, à s'impliquer dans des conflits continentaux qui détournent une grande part des ressources publiques pour des enjeux sans intérêt du point de vue de la lutte pour l'hégémonie commerciale mondiale

---

[64] Les déficits commerciaux ainsi que l'endettement public vis-à-vis de l'extérieur ont conduit dans le passé des pays indépendants à des situations de protectorats (Maroc, Tunisie) ou de quasi-protectorats (Turquie, Egypte).
[65] Cette nécessité n'est nullement reconnue par la plupart des économistes. Ainsi, lors d'une rencontre entre économistes Keynésiens des deux mondes organisées par le CEMAFI à Nice, en juin 2006, à la suite d'interventions relatives aux excédents commerciaux chinois, Jimmy Galbraith devait répondre en substance : « Pourquoi voulez-vous que les échanges commerciaux soient équilibrés ? Il n'y a aucune raison à cela… »
[66] Conséquence de la révocation de l'Edit de Nantes qui organisait la tolérance religieuse, environ quatre cent mille huguenots, une partie très importante de la population instruite du Royaume, quittèrent la France pour s'établir en Suisse (c'est là l'origine de la « vocation » horlogère de ce pays) ou en Prusse où ils jouèrent un rôle décisif dans la construction d'un Etat moderne.

qui suppose une présence militaire active dans les contrées lointaines[67]. Enfin, Louis XV, avec une belle inconscience, laissera dépérir la flotte de guerre Française... Sans les appuis militaires nécessaires, la France perdra son empire américain, la Nouvelle France, quand Dupleix sera dans l'incapacité d'étendre ou de maintenir l'influence acquise aux Indes. En 1763, la bataille pour le contrôle du commerce lointain est ainsi très largement compromise ; la suprématie anglaise semble en bonne voie. Toutefois, la France s'avère être un adversaire coriace ; grâce à la reconstitution de sa marine de guerre par Louis XVI, elle va prendre une sorte de revanche outre-Atlantique par son appui décisif à la révolution américaine. La victoire de la flotte française menée par l'amiral de Grasse contre la flotte britannique dans la Baie de Chesapeake en 1781 permit la victoire de Washington, Rochambeau et La Fayette à Yorktown sur le général anglais Cornwallis, ouvrant la voie à l'indépendance américaine.

L'origine de la guerre d'indépendance est d'ailleurs tout à fait économique : la colonie anglaise veut en effet développer des industries locales plutôt que de payer très cher des marchandises en provenance de la métropole (ou d'ailleurs, des Indes par exemple) acheminées par les bateaux du commerce britannique. Des règlements et interdictions divers empêchaient précisément l'éclosion de telles activités afin de protéger les rentes des compagnies anglaises : la colonie choisit donc de s'émanciper de la tutelle politique anglaise. Son indépendance limitera les débouchés de l'industrie britannique.

Deux décennies plus tard, les débouchés coloniaux, pour importants qu'ils soient, ne suffisent pas, et de loin, à écouler les produits des manufactures anglaises en plein essor : la conquête de débouchés européens, continentaux, est alors absolument nécessaire. Cela va s'avérer difficile ; la Révolution française suivie des divers épisodes de la période napoléonienne, vont constituer des obstacles sérieux sur la voie de l'hégémonie commerciale de l'Angleterre dans le monde.

La contestation de cette hégémonie ne prendra fin qu'avec les défaites de 1814 et 1815.

Vers 1800, les industries anglaises sont bien plus développées que celles du continent, qui croissent à l'intérieur d'un espace relativement restreint : le Nord de la France, l'actuelle Belgique, la Hollande, la Westphalie. Des embryons industriels sont par ailleurs en train de naître en dehors de cet espace, notamment dans l'Est de la France et le Sud de l'Allemagne.. L'Angleterre, dont l'industrie est très compétitive, entend instaurer un « libre commerce » avec les nations du continent : toutefois la France, la Hollande, les États allemands, espaces dans lesquels l'industrie est moins avancée, n'ont pas intérêt à ouvrir leurs marchés aux produits anglais sous peine de voir la destruction rapide de leurs industries naissantes. Napoléon a bien

---

[67] Les contrées lointaines : notamment l'Amérique du Nord et les Indes.

compris cela ; dans un contexte de conflits militaires, il met en place un double dispositif: le « blocus continental », une protection contre les produits anglais, et le « système continental », une sorte de marché commun. Il constitue un grand marché, en abattant les douanes intérieures, au niveau d'un ensemble assez vaste comprenant non seulement la France mais aussi son environnement proche, avec notamment une bonne partie des Etats allemands réunis au sein de la Confédération du Rhin. Le résultat ne se fait pas attendre : le volume des activités industrielles augmente fortement et rapidement, à l'abri de la concurrence anglaise. Là réside, pour une bonne part, le secret de la puissance de l'Empereur : celui-ci, par sa politique économique, a su trouver des alliés ; malheureusement pour son entreprise, il a trop privilégié la France, ce qui va le couper progressivement d'une partie des appuis qu'il aurait dû conserver. L'hégémonie britannique va désormais pouvoir s'exercer sur le monde.

List n'oubliera pas la leçon et militera, au moment où se constitue le Zollverein des États allemands, pour l'établissement de droits de douane importants vis-à-vis de l'extérieur.

D'une certaine façon, la Prusse va reprendre la politique de Napoléon, avec succès et à l'échelle des seuls États allemands. La contestation de la domination commerciale britannique à cette époque-là s'accompagne nécessairement de la contestation des idées de l'économie classique, qui constitue pour partie l'objet du livre de List édité en 1841. Celui-ci insiste sur l'existence des phénomènes de domination : les pays qui ne sont pas en position dominante et qui veulent développer leur industrie doivent donc se protéger jusqu'au moment où ils pourront traiter sur un pied d'égalité, si tant est que cela soit possible.

3. Le siècle d'or de l'Empire Britannique (1815-1918)

A partir de 1815, l'Angleterre, avec son Empire, va régner pour un siècle sur le commerce mondial. Cette domination se manifestera notamment, au moins durant la première moitié du XIXe siècle, par des excédents commerciaux, élément central de la stratégie économique mise en œuvre. Pour réaliser de tels excédents, l'Angleterre, de façon très pragmatique, aura recours selon les cas aussi bien à des pratiques de « libre-échange » qu'à des pratiques protectionnistes. Le libre-échange est invoqué lorsqu'il ne comporte pas de danger pour les produits britanniques et qu'au contraire, il leur permet de s'imposer à l'extérieur ; lorsque, à l'inverse, la concurrence tourne au désavantage des produits domestiques, on n'hésite pas à mettre en œuvre des mesures protectionnistes. Ainsi, protectionnisme et libre-échange seront appliqués successivement à certains secteurs, l'agriculture et les textiles par exemple. C'est au nom du libre-échange que se développent les relations avec les Etats-Unis et avec la Chine, alors que, dans le cas de l'Inde, on a d'abord recouru au protectionnisme avant d'imposer le libre-échange.

a) La gestion de l'agriculture

A la fin de la période napoléonienne, l'Angleterre instaure les *Corn laws* afin de protéger son agriculture de la concurrence des céréales du continent. Ricardo a beau produire son *Essai sur les profits* de 1815[68], dans lequel il recommande de développer les importations de blé, il ne sera pas écouté immédiatement ; ce n'est qu'en 1846, au terme d'un débat politique intense, que les « économistes » auront raison des « humanistes » au Parlement. En l'espace de trente ans, l'industrie s'était considérablement développée en Angleterre alors même que les effectifs employés dans l'agriculture avaient régressé : le poids de l'agriculture dans la société anglaise était devenu suffisamment faible pour qu'une accélération de l'exode rural consécutive à l'instauration de la liberté des échanges ne constitue pas un trop gros problème pour le pays[69].

Il faut remarquer que la gestion du secteur agricole va souvent donner lieu à des pratiques protectionnistes ailleurs qu'en Angleterre ; dans des pays où l'agriculture représente la moitié ou davantage des activités, un brusque effondrement des prix résultant d'une ouverture intempestive à la concurrence étrangère peut avoir des effets calamiteux, les flux d'exode rural ne pouvant être compensés par la croissance des emplois industriels. Pour cette raison, à la fin du XIXe siècle, la France de Méline mais aussi l'Allemagne mettent en place des protections face au danger que représente l'importation de blés américains ou russes. Plus près de nous, l'absence de prise en compte de ce genre de danger favorisa, pour une bonne part, la montée du militarisme dans le Japon de la fin des années 1920, ainsi qu'on le verra.

b) Les textiles et les relations avec l'Inde

« L'Inde produisait des tissus en soie et en coton de grande qualité, à très bon prix ; si les ministres anglais avaient permis la libre importation en Angleterre des produits indiens, les fabriques anglaises de tissus de coton et de soie se seraient immédiatement arrêtées […] l'Angleterre prohiba donc les articles […] des Indes orientales. Elle les prohiba absolument, et sous des peines sévères […] elle préféra se servir des tissus mauvais et chers qu'elle

---

[68] David Ricardo, *Essai sur l'influence du bas prix du blé sur les profits du capital*, Londres, 1815. Ricardo propose de développer les importations de céréales afin de faire baisser les salaires et, par conséquent, d'augmenter les profits.
[69] Les conséquences de l'abolition des *Corn Laws* furent dramatiques pour cette colonie qu'était l'Irlande ; en quelques années, la population presque intégralement rurale qui était de 4 millions d'habitants, diminue de moitié : un million de personnes périra de malnutrition, un autre million s'exila en Amérique ou ailleurs.

avait fabriqués elle-même. »[70] Cela n'est que pure folie, nous dit List, si l'on adhère à la « théorie des valeurs » de A. Smith et J.B. Say, mais « il en est autrement suivant notre théorie, que nous appelons la théorie des forces productrices, et à laquelle les ministres anglais obéissaient sans l'avoir approfondie »[71] ; et il précise qu'en cent ans, « les Anglais ont acquis de la force, une force immense »[72] qui leur a permis, ultérieurement, d'être plus productifs que l'Inde.

Dès lors que les fabriques de Manchester et Liverpool, jusque-là protégées de la concurrence étrangère (notamment indienne), purent se mettre à produire à des coûts très bas du fait de la mise en œuvre de nouvelles technologies, vers 1870-1880, le commerce des étoffes avec l'Inde se libéralise d'autant plus facilement que ce pays est désormais une colonie britannique, « le joyau de la couronne » ; en peu de temps les importations de produits anglais ruinèrent les industries textiles de ce pays. L'Inde survécut difficilement en se concentrant sur l'exportation de produits de base : thé, café, coton ... et même opium !

c) Les relations avec la République américaine

La colonie anglaise d'Amérique ne devait produire, dans le schéma britannique, aucun bien manufacturier ; au contraire, ces biens devaient être importés de la métropole. La volonté des populations locales de développer leurs propres productions provoqua la guerre d'Indépendance.

Plus tard, les États du Nord, soucieux de développer leurs industries, imposèrent une stratégie protectionniste de l'Etat fédéral vis-à-vis de l'Empire Britannique. ; ceci ne convenait nullement aux États du sud qui préféraient jouer la carte du libre échange avec l'Angleterre afin d'écouler leurs productions de coton.

C'est ce clivage entre les intérêts du Nord et ceux du Sud qui fut d'ailleurs la véritable origine de la guerre de Sécession.

Un peu plus tard, un président des Etats-Unis devait déclarer en substance : « Messieurs les Anglais, pendant deux siècles, vous avez protégé vos industries et cela vous a bien réussi ; aujourd'hui, vous nous dites qu'il faut établir la liberté du commerce ; eh bien, nous allons faire comme vous, durant deux siècles, après quoi nous ouvrirons notre commerce ! ». Ce fut effectivement la stratégie qui fut mise en œuvre et qui permit à l'industrie américaine de dépasser l'industrie britannique vers 1900, prélude à la substitution ultérieure (à partir de 1940) de la domination américaine à celle de la Grande-Bretagne.

---

[70] F. List, op. cit., p. 151-152. L'auteur fait aussi une comparaison : « Déjà, à l'égard de ses colonies de l'Amérique du Nord, l'Angleterre avait pris pour maxime de ne pas y laisser fabriquer une tête de clou ».
[71] F. List, op. cit., p. 153.
[72] F. List, op. cit., p. 153.

d) La « liberté du commerce » et les guerres de l'opium

Maîtres de l'Inde après le Traité de Paris, les Anglais n'ont pas grand-chose à offrir à la Chine, peu intéressée par leurs produits manufacturés ; ils vont donc organiser l'afflux de plus en plus massif d'opium dans le pays. L'East India Company se lance en 1757 dans la culture de l'opium au Bengale, dans le but de l'exporter en Chine, à Canton. Bien qu'interdit, ce commerce était toutefois plus ou moins toléré : il s'inscrivait dans un ensemble de relations commerciales plutôt favorables à la Chine qui exportait alors du thé et des soieries et cotonnades. Toutefois, cette compagnie, ancêtre du capital anglais dans cette région, décide en 1816 d'intensifier son commerce d'opium de contrebande ; les importations de ce produit augmentent rapidement, passant de 4000 caisses de 65 kg à cette époque à plus de 40 000 vers 1838, à la veille de la première « guerre de l'opium ». Conséquence de cette augmentation, le commerce extérieur chinois, jusque là excédentaire, devient de plus en plus déficitaire. Ces pertes d'argent[73] contribuent à réduire la circulation monétaire et suscitent une récession et une crise budgétaire qui sera pour beaucoup dans l'émergence de troubles sociaux considérables. Indépendamment des considérations sur les aspects désastreux de la consommation d'opium pour la population du Guangdong, le gouvernement chinois décide de faire respecter l'interdiction d'importer de l'opium : 20 000 caisses d'opium sont saisies à Canton en 1839 et les trafiquants britanniques sont invités à partir.

Cette entrave à la « liberté du commerce » est jugée intolérable : « les Anglais ripostent par des actes de piraterie à l'embouchure de la rivière des Perles (…) Les attaques anglaises reprennent en 1841 après l'arrivée des renforts : les étrangers s'en prennent de nouveau aux forts de Zhujiang, ils occupent Xiamen, Ningbo, Yangzi où la flotte anglaise pénètre jusqu'à Nankin ».[74]

Par le traité de Nankin (1842), la Chine doit payer une lourde « indemnité », céder l'île de Hong Kong et « ouvrir au commerce, c'est-à-dire principalement aux importations d'opium, les ports de Xiamen, Shanghai et Ningbo en plus de celui de Canton »[75]. La croissance de la consommation d'opium va pouvoir reprendre de plus belle avec ses effets de déstructuration sociale et d'aggravation des finances publiques. L'immense révolte des Taiping (1831-1863) doit beaucoup à cela… La contrebande continuant de plus belle, de nouvelles opérations militaires seront

---

[73] « Cette fuite de l'argent chinois qui est due pour l'essentiel aux achats d'opium ne cessera pas au cours du XIXe siècle (à la fin de ce siècle, l'opium constituera encore 30% des importations) », in Jacques GERNET, *Le monde chinois*, Armand colin, Paris, 2005, vol. 2, page 301. On peut remarquer au surplus que cela se passe dans un contexte mondial où le bimétallisme (or/argent) va céder progressivement la place a l'étalon-or, dévaluant ainsi l'argent dont disposait la Chine pour ses échanges.
[74] J. Gernet, op cit, p. 302-303.
[75] J. Gernet, op. cit, p. 304.

nécessaires ; ce sera la « deuxième guerre de l'opium », avec notamment le sac de Pékin (1860) par les troupes anglo-françaises et ses conséquences : l'élargissement des intrusions étrangères... et du « libre » commerce ! L'East India Company va disparaître en 1833 mais de nouvelles sociétés vont connaître un développement fulgurant, notamment celle qui constitue aujourd'hui le premier groupe bancaire du monde, la « Hong Kong and Shanghai Bank Corporation » (HSBC).

e) L'affaiblissement du commerce extérieur et la City

On pourrait multiplier les exemples montrant le caractère pragmatique de la politique impériale anglaise, dans le droit fil de la stratégie mercantiliste et qui donne à la City une puissance incomparable. Toutefois, force est de constater que, dans les deux ou trois décennies qui précèdent la première guerre mondiale, le commerce extérieur britannique, de fortement excédentaire qu'il était, devient juste équilibré, et ce seulement grâce à l'Empire : il est en revanche déficitaire avec les deux puissances montantes qui ont alors des ambitions mondiales, l'Allemagne et les Etats-Unis. L'efficacité des politiques commerciales protectionnistes de ces deux rivaux et l'évolution de leurs démographies conduisent à l'affaiblissement relatif de l'Angleterre qui est rapide[76]. Malgré cela, l'Angleterre est encore très riche ; ses investissements à l'étranger, en 1914, atteignent 19,5 milliards de livres, et représentent 43 % des investissements étrangers dans le monde ; toutefois, ces investissements, qui produisent des intérêts qui affluent à la City cessent de croître. L'Angleterre qui était exportateur net de biens et de capitaux au milieu du XIXe siècle, va désormais davantage vivre de ses rentes.

4. La montée des prétendants : Allemagne et Etats-Unis

A la fin du XIXe siècle, ces deux rivaux de l'Angleterre (Etats-Unis et Allemagne) deviennent des candidats à sa succession pour la direction des affaires du monde. L'intensification de la rivalité entre l'Angleterre et l'Allemagne conduira comme on le sait à la première guerre mondiale. A l'issue de celle-ci, les Etats-Unis vont poursuivre leur politique protectionniste/mercantiliste d'avant le conflit ; la crise des années 1930 sera pour eux l'occasion d'asseoir davantage encore la domination de leur économie sur le monde et d'enfoncer un peu plus l'Europe, qui n'avait pourtant pas besoin de cela ! La grande dépression sera une calamité pour l'Europe centrale et l'Allemagne, avec la suite que l'on sait : une guerre préparée par une politique ahurissante de l'Allemagne nazie consistant à

---

[76] La Grande Bretagne assure 22,9% de la production industrielle mondiale en 1880 et seulement 13,6% en 1914. Source : Paul Kennedy, *Naissance et déclin des grandes puissances*, Payot, 1988, p. 372.

s'endetter lourdement auprès de ceux-là même à qui elle avait l'intention de faire la guerre et qu'elle avait la ferme intention de ne jamais rembourser[77]...

a) L'émergence de l'Allemagne comme grande puissance

Sous la direction de la Prusse, le grand bénéficiaire du Congrès de Vienne, va s'opérer un long processus qui aboutira à l'unification des Etats allemands – le « Reich » est proclamé à Versailles en 1871– et, surtout, à la constitution d'un vaste espace économique, au cœur de l'Europe, dominé par le capital allemand.

Cela commence en 1834 avec une union douanière, le Zollverein. Dans ce processus, on prend soin de ne surtout pas heurter le lion britannique ; pendant une trentaine d'années, cette entreprise est menée en douceur, de telle sorte que celle-ci n'apparaisse pas comme une menace, économique ou politique, notamment vis à vis des pays voisins. La Prusse, dont le développement économique a été important entre 1830 et 1860, est alors en mesure de s'affirmer politiquement et militairement à partir de 1865 : trois guerres victorieuses contre le Danemark, l'Autriche, la France. L'unité allemande ainsi parachevée, l'essor considérable de l'industrie va pouvoir se poursuivre, à l'intérieur du Reich ou au-delà, en Europe centrale.

Vers 1900, l'industrie allemande est avec celle des Etats-Unis la première du monde ; elle règne, avec ses prolongements en Mitelleuropa[2], sur un espace économique de près de 120 millions d'habitants. Elle est donc prête à faire de l'économie allemande l'économie dominante du monde, ce qui passe par la domination commerciale, conditionnée par la domination maritime. En somme, patiemment, décennie après décennie, la Prusse a su mener avec succès, et pour son propre compte, la même politique que celle de Napoléon, celle du « système continental » et de la Confédération du Rhin. A la grande différence que Napoléon fut d'emblée considéré comme « l'ennemi » de la puissance dominant le commerce mondial, alors que la Prusse, alliée de l'Angleterre contre lui, apparut pendant longtemps comme une puissance non concurrente de celle-ci.

Après 1871, tant que Bismark fut chancelier du Reich, tout allait bien pour son pays ; il sut maintenir la France – qui était alors la seule république en Europe – dans un état d'isolement complet ; cela convenait parfaitement à l'Angleterre qui regrettait Napoléon III et le temps où la France pratiquait le libre échange avec elle. L'empereur Guillaume n'avait toutefois ni la hauteur de vue, ni la perspicacité, ni la prudence de son chancelier ; quand il décida de se séparer de lui en 1890, les relations avec sa tante, la Reine Victoria, empirèrent : l'Allemagne apparut de plus en plus

---

[77] On peut remarquer que, dans les années 1930, les milieux d'affaires français, au premier rang desquels la Banque de France, firent beaucoup pour assurer indirectement le réarmement de l'Allemagne par leurs généreux crédits à la Reichsbank. On consultera à ce propos l'ouvrage de Annie Lacroix – Riz, *Le choix de la défaite*, Armand Colin, Paris, 2006.

clairement comme la rivale économique, politique, militaire et coloniale de la Grande-Bretagne. Alors même que le commerce anglais avec l'Allemagne était déficitaire[78], celle-ci décida de donner à l'amiral Tirpitz la responsabilité de créer une flotte de guerre « à nulle autre seconde ». Les dirigeants britanniques virent alors l'étendue du danger qui menaçait leur domination commerciale, d'autant plus que l'Allemagne revendiquait, elle aussi, la possibilité de constituer un empire colonial. C'est très certainement ce qui incita le gouvernement britannique à se rapprocher de la France, et plus tard de la Russie avant que n'éclate la première guerre mondiale.

b) A la veille de la première guerre mondiale, l'Amérique mercantiliste est, elle aussi, une grande puissance économique

En 1865, à la fin de la guerre de Sécession, une extraordinaire période de croissance économique commence pour les Etats-Unis.

Le pays, doté de ressources naturelles abondantes et alimenté par des flux énormes de facteurs de production en provenance d'Europe (migrations de populations, afflux d'investissements) connaît un boom impressionnant.

Il devient vite le premier marché du monde[79], le premier producteur de biens manufacturés, le premier producteur de biens agricoles ; en 1914, le revenu national par habitant est approximativement le double de ce qu'il est en Europe occidentale. La croissance économique est extrêmement forte, en comparaison avec l'Europe, et cela tient en bonne part à la politique protectionniste : « le lobby des industriels du Nord est si puissant qu'il s'assure, par des tarifs douaniers de plus en plus élevés, que le marché intérieur sera interdit aux produits étrangers ; au contraire, on importe de plus en plus de matières premières... »[80].

Le commerce extérieur a ici un rôle décisif ; il est largement excédentaire et entraîne le pays dans une dynamique extrêmement puissante, conformément au modèle mercantiliste.

Paul Kennedy a tort lorsqu'il affirme : « Le rôle du commerce extérieur dans la croissance des Etats-Unis est faible (en 1913, environ 8 % de son PNB provient du commerce extérieur contre 26 % pour l'Angleterre mais son influence économique sur les autres pays est forte »[81]; il a tort parce qu'il

---

[78] A la veille du premier conflit mondial, la Grande Bretagne qui pratique le « libre échange » avec ses colonies est excédentaire vis-à-vis de celles-ci ; elle est en revanche en net déficit par rapport à l'Europe continentale qui a développé des pratiques nettement plus protectionnistes, notamment à partir de 1879.
[79] En 1914, la population des USA est de 98 millions d'habitants contre 65 millions pour l'Allemagne, 45 millions pour l'Angleterre, 39 millions pour la France. Le revenu national, en milliard de dollars, est de 37 Mds pour les USA, de 11 pour l'Angleterre, 12 pour l'Allemagne, 6 pour la France. Source : Paul Kennedy, op. cit., p.394.
[80] Paul Kennedy, op.cit., p. 395.
[81] Paul Kennedy, idem.

additionne probablement des importations et des exportations, ce qui n'a pas grand sens ; en réalité ce qui est important pour l'analyse de la croissance du PIB, ce ne sont ni les exportations, ni les importations, mais le solde ; les 8 % auxquels il fait référence correspondent très probablement à un solde extérieur positif de l'ordre de 2 % à 2,5 % du PIB, ce qui est très élevé[82], bien plus que celui de l'Angleterre qui doit être voisin de 0 % à la même époque.

« Devenant rapidement le premier producteur de produits manufacturés, les Etats-Unis commencent à déverser sur les marchés du monde leurs machines agricoles, leurs produits en fonte et en acier, leurs machines-outils, leur équipement électrique, etc. »[83]. De plus, leurs exportations évoluent très favorablement du fait de la très forte baisse des coûts du transport maritime. Mais cela ne suffit pas. La politique du gouvernement américain, délibérément impérialiste, vise à trouver de nouveaux marchés pour les produits américains. Après avoir annexé le Texas et la Californie au détriment du Mexique dans les années 1830, après avoir joué un rôle majeur pour obliger le Japon à ouvrir ses ports au commerce international, après avoir puissamment contribué à obliger la Chine à adhérer à la politique dite de « la porte ouverte », les Etats-Unis livrent et gagnent une guerre avec l'Espagne leur permettant d'acquérir en 1898 le contrôle de Cuba et des Philippines.

La jeune république américaine, qui aspire à devenir la première puissance du monde, est ainsi mercantiliste, impérialiste, colonialiste. L'Angleterre, « première puissance en titre » est obligée d'accepter des compromis, parfois un peu humiliants, avec les Etats-Unis à propos du Venezuela, du Canal de Panama, de la frontière avec l'Alaska...

5. Le surgissement des Etats-Unis au travers des crises

a) La montée en puissance des Etats-Unis durant la période de l'entre-deux-guerres

L'« ère de Vasco de Gama » – les quatre siècles de domination européenne sur le monde – se termine avant même le cataclysme de 1914, nous dit l'historien américain P. Kennedy ; bien que cela ne corresponde pas vraiment à la réalité du monde car l'Angleterre est encore à ce moment-là la puissance dominante, cette façon de voir a toutefois l'avantage de bien dater le début d'un processus de régression de la puissance européenne, en prenant en compte, globalement, les nations du continent européen[84].

---

[82] Un solde extérieur de +2% du PIB signifierait ici des exportations représentant 5% du PIB et des importations de 3%.
[83] Paul Kennedy, idem.
[84] Si on prend en compte l'ensemble des nations qui constituent la « civilisation européenne », alors cette régression ne commence que soixante à quatre vingt ans plus tard.

C'est qu'en effet le cataclysme dont il parle, et dont la responsabilité incombe assez largement aux aspirations impérialistes de l'Allemagne de Guillaume II, va initier une sorte de suicide collectif de l'Europe... dont les Etats-Unis tireront largement profit. Ils n'entrent dans la guerre qu'en 1917, au moment où les principaux protagonistes sont déjà très largement épuisés.

L'engagement des Etats-Unis aux côtés des puissances européennes occidentales peut être analysé de deux façons : d'un point de vue militaire, et d'un point de vue économique. D'un point de vue militaire, l'engagement des divisions américaines est tardif, et par conséquent, bien moins onéreux que les engagements de la France et de la Grande Bretagne ; il sera néanmoins important parce qu'il fournira le supplément de puissance nécessaire à l'offensive finale de Foch. D'un point de vue économique, en revanche, le rôle des Etats-Unis est essentiel, avant même leur entrée en guerre : ils fournissent les puissances alliées, notamment l'Angleterre, la France et l'Italie, en biens alimentaires, en biens industriels et en armements. Ils obtiennent ainsi d'énormes créances sur l'Europe.

En 1919, J.M. Keynes fait partie de la délégation britannique au Grand Conseil Allié ; l'analyse qu'il fait l'amène à un diagnostic prémonitoire : les Alliés, spécialement la France et l'Italie, demandent à l'Allemagne des réparations de guerre trop importantes, irréalistes, qui poseront à terme de gros problèmes. Toutefois, dit-il, la France, l'Italie et la Belgique ont constitué le champ de bataille, il faut donc les aider et pour cela prévoir des « réparations » plus faibles, mais qui pourraient être largement compensées par l'effacement des dettes de guerre entre Alliés. Il ne fut pas écouté, la « générosité » du président Wilson n'allait pas jusque là[85] ; d'âpres disputes politiques s'engagent alors sur le sujet ; celle-ci, ainsi que le souligne P. Kennedy, « élargissent le fossé creusé entre l'Europe occidentale et les Etats-Unis » ; un fossé qui s'élargira encore dans les années 30.

Du fait de leur rôle de créancier, les Etats-Unis disposent désormais d'une place financière aussi importante que la City : New-York. Vers la fin des années 20, des prêts à court terme considérables sont accordés aux États d'Europe, surtout à ceux d'Europe centrale et orientale. Faute de ressources, notamment d'exportations, les intérêts de ces prêts sont souvent payés par de nouveaux prêts... Dans le même temps, le boom économique de l'Amérique oblige la Réserve fédérale à augmenter les taux d'intérêt en 1928, limitant de ce fait le montant des nouveaux prêts, limitation qui fait apparaître alors de nombreuses situations d'insolvabilité. Le krach de 1929 aggrave encore les choses et suscite des réactions en chaîne, une contraction générale des

---

[85] « Tous les alliés sont endettés vis-à-vis de l'Angleterre et, dans une moindre mesure, de la France ; et ces deux pays sont lourdement endettés vis-à-vis des États-Unis (...) Les Américains demandent qu'on les rembourse ; la France, l'Italie et les autres alliés refusent de payer leurs dettes tant qu'ils n'auront pas reçu les réparations allemandes, et les Allemands déclarent qu'il leur est impossible de payer les sommes qu'on leur demande ».

niveaux d'activité, des dévaluations de plusieurs monnaies, des mesures protectionnistes, etc.

Dans cet ensemble de décisions prises de par le monde, les Etats-Unis se distinguent par leur protectionnisme de combat. En 1930, « en adoptant le tarif Smoot-Hawley, ultra protectionniste, pour aider les fermiers américains, le seul pays ayant un excédent commercial substantiel rend l'acquisition de dollars encore plus difficile pour les autres pays et conduit inévitablement à des représailles qui ont des effets dévastateurs sur les exportations américaines »[86].

Très rapidement, le commerce mondial s'effondre. La crise va être sévère aux Etats-Unis et, en Europe plus sévère que partout ailleurs. En 1932, au moment de la faillite à Vienne du Crédit Anstalt, la crise s'aggrave en Europe au moment même où elle trouve son « point bas » aux Etats-Unis – ce qui favorise la montée de la propagande national-socialiste. En matière monétaire, c'est le « chacun-pour-soi » : il y a un « bloc sterling » assis sur les « préférences impériales » de la conférence d'Ottawa de 1932, un « bloc or » emmené par la France, un bloc dollar et un bloc yen.

Au cours de l'année de l'accession d'Hitler au pouvoir se déroule une conférence, à Londres, pour débattre des problèmes monétaires du monde. A cette occasion les Américains vont, une fois de plus mais de façon encore plus éclatante qu'à l'accoutumée, montrer qu'ils suivent une stratégie économique « non coopérative ». Avant même la fin de la conférence, ils décident de façon unilatérale et sans aucune consultation de leurs partenaires de dévaluer fortement le dollar, alors que leur économie est déjà très exportatrice nette.

Cette mesure contribue à plonger un peu plus l'Europe dans le marasme, en particulier la Grande-Bretagne. Cela parachève, en quelque sorte, leur recherche du leadership économique mondial face au vieux lion britannique. Comment ne pas établir un parallèle entre leur attitude face à la Grande-Bretagne en 1933 et celle de la Chine aujourd'hui face à eux ? L'interruption brutale, en juillet 2008, du mouvement progressif et très modéré de réévaluation du yuan (2005 – 2008) et son refus délibéré d'y revenir est, en effet, l'exact équivalent de la dévaluation unilatérale du dollar en 1933.

b) En réaction à la politique mercantiliste américaine, l'Allemagne nazie opte pour la fuite en avant dans l'endettement extérieur

La stratégie mercantiliste, avec la réalisation d'excédents commerciaux qui la caractérise, permise par des moyens économiques protectionnistes (droits de douanes élevés, taux de change manipulés et sous-évalués) ou par

---

[86] P. Kennedy, op.cit. p. 454.

des moyens militaires (l'ouverture des marchés à l'aide de « canonnières »[87]) est une stratégie qui permet au pays qui la met en œuvre d'obtenir une forte croissance au détriment des pays déficitaires qui la subissent et qui ne peuvent pas, de ce fait, réaliser une forte croissance. C'est une stratégie agressive, expression d'un impérialisme économique parfois doublé d'un impérialisme politique et militaire[88].

Lorsqu'Hitler arrive au pouvoir, les caisses sont vides ; la Reichsbank n'a ni or, ni devises. Quand bien même voudrait-on réaliser une politique de croissance qu'on se heurterait à l'impossibilité de payer les importations que celles-ci ne manqueraient pas d'occasionner ! La politique qui va être mise en œuvre par M. Schacht, intelligente mais cynique, va permettre de résoudre le problème : l'endettement auprès de l'étranger par l'émission de bons du Trésor de l'État allemand. Le régime nazi va se présenter comme un régime d'ordre (un « ordre nouveau ») susceptible de plaire aux marchés financiers : il va placer, en Angleterre, en France, aux Etats-Unis, un grand nombre de bons du Trésor. En France, la Banque de France elle-même va jouer un rôle détermina nt dans ce financement de l'Allemagne.

Lorsque ces bons arrivent à échéance et qu'il faut rembourser, on procède à de nouvelles émissions, sur une échelle toujours plus grande. En bâtissant ainsi une « pyramide » financière, ceux qui en étaient les promoteurs étaient bien conscients de l'impossibilité dans laquelle se trouveraient, un jour, les finances publiques allemandes d'honorer les engagements pris ; ce n'était pas leur problème ; l'argent emprunté était destiné à relancer l'économie allemande mais aussi et surtout à préparer une guerre contre ceux-là même qui fournissaient l'argent et qui, vaincus, ne pourraient pas prétendre à être remboursés.[89]. Grâce à cela, l'Allemagne put lancer et réaliser la politique de grands travaux et de réarmement que l'on sait, prélude au nouveau cataclysme qui allait continuer la destruction de l'Europe. La stratégie délibérée de l'endettement massif et voulu mise en œuvre par l'Allemagne, se retourna ainsi contre les pays même qui pensaient pouvoir en tirer profit.

---

[87] Il est fait référence ici au grand dépeçage de la Chine par les grandes puissances, de 1820 à 1945.
[88] Tous les pays mercantilistes, qui ont des excédents commerciaux récurrents, n'ont pas nécessairement une vocation à l'hégémonie ! C'est le cas de petits pays comme la Suisse ou la Suède.
[89] Tout cela est remarquablement exposé dans un livre passionnant du grand historien allemand Götz Aly, *Comment Hitler a acheté l'Allemagne*, Flammarion, 2008. C'est cette politique d'énorme endettement extérieur, un endettement dont nous dirions aujourd'hui qu'il n'est pas « soutenable », qui fut qualifiée à tort de politique keynésienne avant Keynes : à tort parce que Keynes propose d'établir le plein emploi grâce à de la création monétaire interne, c'est-à-dire grâce à un endettement des agents économiques domestiques ; à tort aussi parce que, sur la fin de sa vie, Keynes avait bien vu le danger que peuvent représenter des déséquilibres commerciaux et monétaires trop importants ainsi qu'en témoigne le projet qui était le sien de l'établissement d'une monnaie internationale, le bancor, afin d'établir un équilibre des échanges internationaux.

La pratique mercantiliste des excédants commerciaux renouvelés quand elle devient outrancière peut se voir sanctionnée par des coups de fouet en retour imprévisibles. Les dirigeants américains, anglais, français n'avaient pas imaginé qu'en entretenant une position créancière croissante sur l'Allemagne ils favorisaient ainsi sa militarisation et la répudiation ultérieure de ses dettes. De la même façon, la Chine d'aujourd'hui, en se constituant une position créancière qui atteint déjà 4 000 milliards de dollars sur le reste du monde, ne semble pas envisager l'éventualité d'une répudiation collective et simultanée de ses débiteurs.

6. Le fléau du mercantilisme et les leçons de l'histoire

Au terme de ce survol historique, utile bien que succinct et incomplet, on doit retenir cette inclination au mercantilisme qui est, en quelque sorte, inscrite dans les gènes même d'un capitalisme mondial dans lequel la recherche de la richesse et celle de la puissance sont intimement liées. Trois grandes leçons peuvent être plus particulièrement retenues : a) La multipolarité est un concept creux, b) Le mercantilisme constitue la stratégie efficace dans la voie qui mène à l'hégémonie, c) Les grandes crises constituent des moments privilégiés dans les basculements de puissance à l'échelle planétaire.

a) Il y a toujours une puissance hégémonique

L'histoire a horreur du vide : c'est vrai particulièrement au « sommet » de la planète. L'Angleterre fut hégémonique au dix-neuvième siècle et au début du vingtième alors que les Etats-Unis durent attendre jusqu'en 1940 pour lui ravir son sceptre qu'ils ont conservé jusqu'à aujourd'hui et dont la Chine est prête à s'emparer au cas où ils s'en dessaisiraient. Décidément, la multipolarité, trop souvent évoquée par certains, ne semble pas devoir se matérialiser dans l'histoire moderne.

Certes, même parvenue au sommet, la puissance suprême se voit sans cesse défiée par d'autres puissances ambitieuses qui cherchent à lui ravir l'hégémonie ; l'Angleterre a été défiée, toujours en vain, par la France d'abord, par l'Allemagne et par les Etats-Unis ensuite ; il fallut attendre 1940 pour que les Etats-Unis parviennent enfin à ravir l'hégémonie à l'Angleterre. A leur tour, et très vite, les Etats-Unis doivent s'employer à terrasser, par la guerre, les intentions hégémoniques de l'Allemagne et du Japon avant d'avoir à résister à la rivalité de l'URSS pendant près de 45 ans (1945 à 1989) et à celle du Japon pendant plus de 25 ans (1965 à 1991) ; les Etats-Unis voient maintenant leur leadership menacé par la montée en puissance fulgurante que la Chine a amorcée depuis 2001, date de son entrée à l'OMC.

b) Le mercantilisme est la stratégie efficace sur la voie de l'hégémonie

La stratégie mercantiliste qui réussit durablement à renouveler des excédents commerciaux, est la stratégie incontournable que se doivent d'adopter les pays capitalistes les plus ambitieux, ceux qui recherchent l'hégémonie. Cette stratégie a permis à l'Angleterre d'établir sa suprématie pendant 130 ans et aux Etats-Unis la leur depuis 70 ans. C'est aussi cette stratégie que suivaient la France puis l'Allemagne lorsqu'elles menaçaient sérieusement l'hégémonie de l'Empire Britannique sans toutefois pouvoir la lui ravir. C'est encore cette stratégie qu'avait adoptée le Japon pendant les années où il menaçait sérieusement l'hégémonie américaine. Enfin cette stratégie a été adoptée par la Chine, depuis 15 ans, ce qui lui a d'ores et déjà permis de réussir une montée en puissance fulgurante qui, aujourd'hui, lui permet de rivaliser très sérieusement avec les Etats-Unis.

En revanche, l'Allemagne et le Japon des années 40, n'eurent pas la capacité de mener une stratégie mercantiliste ; faute de cela, lorsqu'ils tentèrent de ravir l'hégémonie à l'Angleterre puis aux Etats-Unis, ils adoptèrent une stratégie directement militariste ; cela les conduisit, comme on le sait, à leur débâcle totale après les cinq années épouvantables de la deuxième guerre mondiale.

De même, la tentative de l'URSS de disputer l'hégémonie aux Etats-Unis échoua, non seulement parce que ses dirigeants s'étaient entêtés à maintenir le collectivisme, mais aussi parce que leur fiasco en matière économique les conduisit à subir des déficits commerciaux répétés, facteur d'asphyxie économique et militaire et facteur d'affaiblissement géopolitique. Gorbatchev lui-même a expliqué que l'URSS, faute de capacités économiques et financières suffisantes, ne parvint pas à maintenir la parité militaire avec les Etats-Unis lorsque ceux-ci leur imposèrent « la guerre des étoiles ».

c) Les crises et les basculements de puissance

Les grandes crises, notamment les crises économiques et financières (comme celles de 1929 ou de 2007) peuvent constituer des « tournants » dans les relations entre les grandes puissances. Ainsi, le montée d'une ou de plusieurs puissances, par le moyen d'excédents commerciaux massifs et répétés, peut mettre en difficulté la puissance hégémonique qui décline alors du fait des déficits commerciaux que lui imposent la ou les puissances ascendantes. Cela peut finir par faire éclater une grave crise économique au sein de la puissance hégémonique déclinante : on peut penser, par exemple à la crise qu'a connue la Grande-Bretagne dans les années trente[90] ou bien à la

---

[90] Il faut distinguer ici la crise américaine de 1929 et la crise européenne des années trente que celle-ci déclencha ; la crise européenne fut une crise de l'endettement.

crise actuelle, depuis 2007, qui est pour l'essentiel celle des Etats-Unis et de leurs alliés.

L'enclenchement d'une grande crise provoque un affrontement général, une mêlée générale, entre la ou les grandes puissances ascendantes et la puissance hégémonique déclinante ; les puissances s'entrechoquent ; elles se mesurent les unes aux autres ; tous les mauvais coups sont permis.

Dans les années 30, alors que pourtant ils sont déjà largement excédentaires, les Etats-Unis instituent de lourdes protections douanières en 1930 et dévaluent fortement le dollar en 1933. Récemment, alors qu'elle est pourtant déjà lourdement excédentaire, la Chine interrompt en juillet 2008, délibérément et définitivement, le processus par lequel elle réduisait très lentement l'énorme sous-évaluation du yuan.

Dans tous les cas, les cartes se redistribuent. Ainsi, après que l'Allemagne eut infligé en juin 1940 un grave revers militaire à l'alliance franco-britannique, les Etats-Unis sont devenus sans conteste la première puissance mondiale. Aujourd'hui la Chine, à son tour, cherche à instrumentaliser la crise de 2007 pour tenter de s'emparer du sceptre mondial : elle prend toutes sortes d'initiatives qui visent à prolonger et à accentuer la crise qui persiste aux Etats-Unis et en Europe.

Chapitre 3.

LA STRATEGIE MERCANTILISTE DES EXCEDENTS EXTERIEURS ET SES AVANTAGES

En Asie, depuis la fin de la deuxième guerre mondiale, le Japon d'abord puis la Chine qui l'a imité, ont déployé une stratégie de recherche de la croissance et de la richesse fondée sur les exportations. Cette stratégie mercantiliste, qui n'est pas nouvelle, apparaît d'une efficacité redoutable : il convient donc d'en comprendre les mécanismes, à l'aide d'une démarche analytique prenant en compte les éléments historiques qui ont été évoqués.

1. Le mercantilisme ou la « nécessité » des excédents extérieurs

Avant que le commerce lointain ne prenne un essor considérable, la question de la circulation monétaire, même si celle-ci était encore très limitée, était d'une importance cruciale pour la croissance économique d'un pays et pour la richesse et la puissance de son souverain. Dans la sphère marchande d'une économie en quasi autarcie, la somme des dépenses effectuées pouvait fort bien être inférieure à la somme des revenus de la période qui les précédait du fait de l'accumulation de richesses sous forme de la thésaurisation de monnaie ; la croissance était donc difficile dans un contexte où l'or était le moyen des échanges ; la recherche de la richesse au niveau de l'ensemble de la société, richesse dont l'expression était l'or, était ainsi contrecarrée par le rôle monétaire joué par celui-ci : la sphère de la circulation monétaire comportait des fuites.

Pour tourner cette difficulté, les princes étaient amenés à admettre, à certains périodes, le bimétallisme ; ils pratiquaient aussi des manipulations monétaires consistant à affaiblir la quantité d'or des pièces métalliques, provoquant parfois une accentuation de la thésaurisation de « bonnes » pièces, la « mauvaise monnaie » chassant la bonne selon l'expression consacrée. Tout cela n'était toutefois pas très satisfaisant de sorte que les économies connaissaient parfois de longues périodes de stagnation.

L'ouverture croissante des économies d'Europe de l'Ouest du fait du développement du commerce lointain, notamment transatlantique, à partir du

16ᵉ siècle, allait permettre la mise en œuvre d'une bien meilleure solution : les entrées d'or préconisés par les auteurs « mercantilistes ».

Il y aura tout d'abord la période dite du mercantilisme espagnol ; les entrées d'or, permises par les opérations de pillage en Amérique, ne seront pas bénéfiques : en permettant à l'Espagne de procéder à des importations massives, elles ruineront les manufactures naissantes de ce pays, précipitant celui-ci dans une décadence prolongée. A l'inverse, les entrées d'or résultent d'excédents commerciaux fondés sur l'essor des manufactures vont permettre à des pays comme la Hollande ou l'Angleterre de connaître une croissance remarquable.

L'élément central de la théorie mercantiliste, c'est qu'il faut générer des excédents commerciaux avec le reste du monde ; ces excédents fondés sur les activités industrielles, les manufactures, permettent de faire rentrer l'or. On voit bien qu'il s'agit là d'une doctrine agressive qui, si elle est appliquée, rend les guerres inévitables : toutes les nations ne peuvent être simultanément excédentaires dans leurs échanges extérieurs, toutes ne peuvent prétendre à un rôle hégémonique.

Pour « gagner de l'or », un pays mercantiliste comme le fut l'Angleterre n'hésitait pas à utiliser la force, à être « impérialiste ». Les pays qui réussissaient de façon durable à exporter plus qu'ils n'importaient s'affranchissaient ainsi de la difficulté que représentait la thésaurisation pour leur économie : la croissance de leurs activités productives pouvait donc se poursuivre aisément dans le temps. A l'inverse, les pays déficitaires avaient une économie déprimée de sorte qu'ils avaient tendance, d'une manière ou d'une autre, à perdre leur souveraineté et à devenir des colonies ou protectorats des pays mercantilistes.

2. La croissance, la dépense intérieure et le solde extérieur

A partir de la fin du 19ᵉ siècle et jusqu'à la conférence de Bretton Woods, en 1944, apparaissent des systèmes bancaires dotés d'un pouvoir de création de monnaie ex-nihilo. Ce pouvoir se trouvait toutefois limité par le fait que la monnaie-papier émise par les banques était convertible dans la monnaie-or détenue par la banque centrale qui, elle-même, était contrainte de faire en sorte que le montant des crédits bancaires et celui de la monnaie-papier qu'il engendrait soient proportionnels au montant de son encaisse en or : l'émission de monnaie-papier était ainsi proportionnelle au stock d'or de la banque centrale. Aussi imparfait fût-il, ce système constituait un grand progrès dans la lutte contre les effets de la thésaurisation.

A partir de Bretton Woods, un nouveau progrès dans la voie de la création monétaire est effectué : désormais la convertibilité en or des monnaies-papier nationales se trouve abolie définitivement, le dollar seul restant convertible pour les seules banques centrales. A partir de là, le déficit budgétaire devient possible et l'orthodoxie budgétaire des années 30 n'est plus qu'un mauvais souvenir ; par ailleurs le crédit bancaire aux entreprises est très largement facilité de même que le crédit bancaire aux ménages. Le crédit, et son corollaire l'endettement, constituent désormais une alternative – qui n'est pas sans danger ainsi qu'on le verra – au développement d'excédents extérieurs. Pour le montrer de façon analytique, on va envisager successivement la fiction d'une économie fermée puis la situation bien plus réaliste d'une économie ouverte échangeant avec l'extérieur.

Dans une économie qui serait à la fois fermée et dépourvue de système financier, la demande relative à un trimestre donné serait au plus égale au revenu du trimestre précédent et donc au PIB du trimestre précédent. Par conséquent, en l'absence de changements techniques, la croissance zéro serait le mieux que l'on puisse espérer.

Considérons alors une économie qui serait encore fermée mais qui, par chance, serait dotée d'un système bancaire émettant une monnaie fiable. Phénomène novateur, les conditions institutionnelles sont réunies pour que, dans quelques pays, certains agents intérieurs (ménages, entreprises, collectivités publiques) puissent s'endetter pour un montant globalement supérieur à l'épargne des autres agents intérieurs. En pareil cas, on pourra considérer que s'ajoute à la dépense du PIB précédent un supplément de dépense dû à l'endettement La dépense intérieure du trimestre sera alors supérieure au PIB du trimestre précédent. Dans d'autres pays au contraire, en dépit même des conditions institutionnelles, le montant global pour lequel certains agents intérieurs s'endettent pourrait rester inférieur au montant global pour lequel les autres agents intérieurs épargnent ; dans une telle situation, le PIB antérieur ne peut plus être dépensé intégralement puisqu'une fraction de celui-ci va nourrir une épargne supérieure à l'endettement ; la dépense intérieure du trimestre sera inférieure au PIB du trimestre précédent.

De façon générale, la différence entre la dépense intérieure d'un trimestre donné ($DINT_n$) et le revenu du trimestre qui le précède (PIB_{n-1}) est égale à la différence entre endettement et épargne[91].

$DINT_n - PIB_{n-1} = (\text{endettement} - \text{épargne})_n$

Comme, par ailleurs, à chaque période, la dépense détermine une production et un revenu qui lui sont égaux, on a : $DINT_n = PIB_n$.

Il en résulte que l'accroissement du PIB peut s'écrire comme étant égal au solde de l'endettement et de l'épargne du trimestre courant[92] ; en économie fermée, la condition pour que le PIB progresse est que

---

[91] Le mot « endettement » peut prêter à confusion ; il s'agit ici de l'accroissement des dettes (ou de leur diminution) durant une période donnée ; il en va de même pour l'épargne.
[92] $PIB_n - PIB_{n-1} = DINT_n - PIB_{n-1} = (\text{endettement} - \text{épargne})_n$.

l'endettement de certains agents économiques soit supérieur à l'épargne des autres.

Le taux de croissance du PIB peut alors s'exprimer comme la différence entre la dépense courante et le PIB de la période précédente divisé par celui-ci[93] ; il peut être positif ou négatif et sera appelé « degré de modulation de la dépense intérieure ». S'il est positif, on parlera de stimulation de la dépense intérieure, s'il est négatif on parlera de restriction de la dépense intérieure.

On peut vérifier que lorsque la politique monétaire et budgétaire d'un pays est expansionniste, ce terme s'accroît. De même, lorsque les marchés d'actifs boursiers ou immobiliers sont orientés à la hausse, les comportements d'endettement se renforcent alors même que s'atténuent les comportements d'épargne : cela se retrouve très naturellement dans un accroissement du degré de stimulation de la dépense intérieure.

Il convient maintenant de quitter la fiction d'une économie fermée.

Intéressons-nous au cas, général de nos jours, d'une économie ouverte sur l'extérieur. Dans cette configuration, un autre terme, le solde du commerce extérieur (SEXT), s'ajoute à la modulation de la dépense intérieure (l'écart entre endettement et épargne, qu'on peut appeler endettement net des agents intérieurs)[94]. Il s'agit, là encore, d'un endettement net, mais qui concerne cette fois-ci des agents économiques extérieurs à l'économie. Si le solde extérieur est positif, il ya « encréancement » du pays considéré vis-à-vis de l'extérieur, si au contraire, le solde extérieur est négatif, il y a endettement du pays considéré vis-à-vis de l'extérieur.

De la même façon que dans une économie fermée, la croissance du PIB est expliquée par un endettement net, dans une économie ouverte, il s'agit d'une somme de deux termes dont chacun a bien la dimension d'un endettement net[95]. On peut donc écrire :

$PIB_n - PIB_{n-1} = (DINT_n - PIB_{n-1}) + SEXT_n$

En divisant ces grandeurs par le PIB du trimestre (n-1), on voit que le taux de croissance trimestriel s'exprime alors comme une somme de deux termes : $(DINT_n - PIB_{n-1}) / PIB_{n-1}$, le « degré de modulation de la demande intérieure » déjà mis en évidence dans le cas d'une économie fermée, d'une part, $SEXT_n / PIB_{n-1}$, le solde extérieur rapporté au PIB du trimestre précédent, d'autre part.

---

[93] $(PIB_n - PIB_{n-1}) / PIB_{n-1} = (DINT_n - PIB_{n-1}) / PIB_{n-1}$
[94] Il s'agit du terme $(DINT_n - PIB_{n-1})$.
[95] Lorsque le solde extérieur est positif, le pays considéré acquiert ainsi des devises qui sont des créances sur l'étranger ; lorsque, au contraire, ce solde est déficitaire, le pays considéré voit une partie de sa monnaie migrer vers des mains étrangères : il y a endettement.

3. Deux obstacles à la croissance

L'épargne monétaire pose un problème au bon fonctionnement de l'économie ; une fraction du revenu issu de la production au cours du trimestre courant ne se dépense pas au cours du trimestre suivant : il y a ainsi une « fuite » dans le circuit économique « dépense production revenu dépense » ; de ce fait, en l'absence de mesures particulières, la dépense du trimestre suivant déterminera une production qui sera inférieure à celle du trimestre courant. L'épargne monétaire qui se justifie d'un point de vue « microéconomique » pose un problème au niveau « macroéconomique » : elle constitue un facteur dépressif pour la croissance.

Si, de plus, un pays subit un déficit commercial renouvelé, le problème posé par l'épargne monétaire se trouve aggravé car, dans ce cas, une autre fraction du revenu peut engendrer des achats à des entreprises étrangères et ne sera donc pas disponible pour des achats aux entreprises locales ; il y a ainsi non pas seulement une « fuite » dans le circuit économique mais deux ! Le déficit commercial extérieur et l'épargne monétaire sont deux facteurs dépressifs pour la croissance. Aussi, pour échapper à la stagnation économique et, pour cela, doper la demande globale, le gouvernement d'un pays peut agir non seulement sur la stimulation de la demande intérieure, mais aussi sur la stimulation du commerce extérieur, afin de le rendre excédentaire. Un pays peut ainsi capter de la demande non seulement « ailleurs dans le temps » mais aussi « ailleurs dans l'espace ».

Lorsqu'un pays subit des déficits extérieurs répétés, sa dette extérieure s'accroît rapidement et dangereusement, l'exposant à subir une crise de financement extérieur ; en pareil cas, les conséquences sont graves : à court terme, le choc peut être violent et comporter un risque de déstabilisation du pays alors qu'à moyen terme la croissance est fortement pénalisée. Ce fut le cas du Brésil, des années 1970 aux années 1990 : chaque fois que ce pays accentuait un peu sa croissance, son déficit commercial enflait, provoquant une attaque contre sa monnaie, obligeant alors les autorités du pays à organiser un recul délibéré de la dépense intérieure[96].

4. Pays mercantilistes et pays déficitaires : être créancier ou débiteur ?

Selon qu'ils sont positifs ou négatifs, les deux ratios qui sont celui de la modulation de la dépense intérieure et celui du solde extérieur permettant de

---

[96] C'est seulement depuis que les matières premières connaissent un mouvement de hausse prolongée, à compter de fin 1998, que le Brésil a réussi à sortir de cette dynamique ; ses recettes d'exportation lui permettent désormais d'avoir des excédents. Depuis 2001, le real brésilien n'a plus été attaqué : le rythme de croissance de l'économie est élevé.

distinguer, en théorie, quatre types de pays[97]. Toutefois, pour l'essentiel, on trouve seulement deux groupes principaux de pays, qui correspondent à des ratios de signes opposés.

Certains pays bénéficient[98] d'un « ratio de solde extérieur » très positif et, de ce fait, peuvent s'autoriser une restriction de leur dépense intérieure sans que cela gêne la croissance de leur PIB, ni celle de leur demande intérieure, bien au contraire. Avant la période de crise, c'était notamment le cas du Japon et de la zone « euro » et, au sein de celle-ci, de l'Allemagne, des Pays-Bas, de la Belgique et de la Finlande ; c'était aussi le cas de la Suisse et de la Suède ; en Asie, outre le Japon, il faut signaler Taïwan, Singapour, la Corée du Sud et, surtout, le membre le plus éminent de ce club de pays, la Chine. Ces pays ont adopté avec succès la stratégie mercantiliste en basant leur croissance sur des excédents extérieurs.

Comme tous les pays ne peuvent pas être exportateurs nets simultanément, certains d'entre eux subissent un ratio de solde extérieur négatif, parfois même très négatif. En dépit de ce handicap, ils arrivent, dans de nombreux cas, à obtenir une certaine croissance de leur PIB[99] : ce fut, toujours avant la crise, le cas des Etats-Unis et du Royaume-Uni et, au sein de la zone euro, de l'Espagne, de la France et de l'Italie. Ces pays sont ainsi depuis longtemps « non mercantilistes » (même si certains d'entre eux ont pu être mercantilistes au cours de leur histoire) : leur croissance repose sur la seule stimulation de leur dépense intérieure, résignés qu'ils sont à enregistrer des déficits récurrents de leur commerce extérieur.

5. La stratégie de l'endettement

Certains pays subissent des déficits commerciaux chroniques : il leur faut alors surmonter le double handicap de l'épargne monétaire pratiquée par certains agents et de ces déficits commerciaux. Comment donc parvenir à maintenir, malgré cela, une croissance honorable de la production ? Il faut alors faire en sorte que d'autres agents économiques dépensent plus qu'ils ne gagnent : il faut encourager et développer l'endettement. Si les comportements souhaités des agents privés ne sont pas suffisamment conformes à ce que l'on attend d'eux, l'Etat lui-même se chargera de dépenser plus qu'il ne gagne en faisant des déficits budgétaires renouvelés.

De la sorte, un pays « keynésianiste »[100] peut maintenir, durant une durée plus ou moins longue, une croissance appréciable en dépit de l'adversité des

---

[97] Les pays « + + », « + - », « - + » et « - - »
[98] Le verbe « bénéficier » est utilisé à dessein : les pays exportateurs nets disposent en effet d'un avantage considérable pour leur croissance.
[99] Un pays ayant un ratio de solde extérieur de -5% peut néanmoins avoir une croissance trimestrielle de 1% (4% par an) si sa demande intérieure excède de 6% le PIB du trimestre précédent.
[100] Par référence à Keynes, qui insistait sur l'importance des dépenses publiques afin de

deux facteurs évoqués précédemment. C'est ce schéma qui caractérise la croissance américaine de 1947 à 2007, encore qu'il s'agisse là d'un cas tout à fait particulier du fait du rôle singulier du dollar[101]. De façon générale, on le pressent, les pays qui subissent des déficits commerciaux récurrents ne maintiennent la croissance que par le recours à des artifices aventureux qui hypothèquent leur avenir à plus ou moins long terme.

De trimestre en trimestre, le Gouvernement doit inciter certains agents privés à recourir davantage à l'endettement de façon à ce que la demande s'adressant aux entreprises locales puisse continuer à progresser ; toutefois, l'endettement privé ou public devient de plus en plus élevé… A la longue, ce « modèle » trouve sa limite : les ménages qui ont cédé à la sollicitation de l'endettement renouvelé commencent à prendre peur du niveau de leurs dettes ; de même, les institutions créancières commencent à craindre des défauts de remboursement ; le service de la dette publique est de plus en plus difficile à financer ; enfin, la dette extérieure gonfle elle aussi très rapidement. Cette pratique économique keynésienne[102], utilisée non plus de façon exceptionnelle mais, au contraire, de façon bien trop systématique, conduit ainsi à une situation grave : endettement intérieur élevé et croissant, à la fois privé et public, endettement vis-à-vis de l'extérieur élevé et croissant.

L'existence de ces déficits conduit l'analyste à se poser une question sur la soutenabilité de la croissance de ces pays. Leur capacité à « encaisser » des déficits extérieurs successifs peut reposer sur une situation extérieure nette initialement très positive, ou bien sur une crédibilité internationale forte autorisant un endettement extérieur important ; toutefois, les pays qui s'aventurent à maintenir une dépense intérieure très supérieure au PIB du trimestre antérieur et qui n'ont pas cette capacité à « encaisser » des déficits extérieurs répétés se trouvent assez rapidement en situation de crise : ce fut le cas du Mexique en 1995, de la Corée du Sud, de l'Asie du Sud-est et de l'Amérique du Sud entre 1997 et 2001, de la Russie en 1998, de la Turquie en 2008, etc.

Si les artifices de l'endettement excessif s'interrompent, la machine économique tombe en panne ; c'est alors la stagnation ou même la récession prolongée, une situation de crise faisant penser au comportement d'un

---

passer d'une situation de sous-emploi à une situation de plein emploi, nous entendons ici par pays « keynésianiste » un pays qui, subissant des déficits extérieurs, maintient la croissance par un recours répété à la stimulation de sa demande intérieure.

[101] C'est parce que les Etats-Unis disposaient du dollar « monnaie du monde » qu'ils purent mener pendant une période aussi longue, 60 ans, la politique qui fut la leur.

[102] Cette « réponse » est historiquement récente : elle suppose en effet un recours abondant à l'endettement, ce qui suppose que le système bancaire puisse créer facilement de la monnaie ; cela était exclu tant que les monnaies nationales restaient convertibles en or… jusqu'à Bretton-Woods. Il faut noter que, dans ce qu'il es convenu d'appeler les « déficits jumeaux », c'est le déficit extérieur qui suscite des politiques amenant au déficit budgétaire.

drogué à qui on vient de supprimer brusquement ses doses habituelles. C'est bien ce qui menace les pays fortement endettés : les créanciers étrangers ne peuvent consentir de nouveaux crédits que si ces dettes leur paraissent encore « remboursables » et il arrive nécessairement un moment où tel n'est plus le cas.

6. La stratégie mercantiliste

Un pays « mercantiliste » est un pays qui réussit à mettre en œuvre une politique aboutissant à des excédents commerciaux renouvelés ; de la sorte, il évite qu'une fraction de son revenu aille se dépenser à l'étranger ; au contraire, la demande qu'il récupère en provenance de l'étranger viendra compenser largement le manque de demande associé à son épargne monétaire. A la longue, les pays mercantilistes conservent, sur le plan intérieur, des finances privées ou publiques très saines et acquièrent une position créancière considérable sur les pays étrangers ; ils s'assurent une croissance économique forte et robuste alors qu'ils ont une puissance financière de plus en plus considérable qui leur évite de devoir recourir à l'endettement intérieur.

C'est, bien sur, une très bonne stratégie, qui est toutefois très agressive de par sa nature même. En effet, si certains pays réussissent à réaliser de façon récurrente de forts excédents commerciaux, ce qui leur assure une croissance forte, alors d'autres pays subiront nécessairement des déficits renouvelés les contraignant à une fuite en avant dans l'endettement pour obtenir une croissance par ailleurs faible, malsaine et vulnérable. Dès lors, on comprend bien pourquoi cette stratégie a été adoptée par les pays qui, successivement, au cours de l'histoire, ont aspiré à une position hégémonique.

Les pays qui dépensent moins que ce qu'ils produisent semblent avoir un comportement « vertueux » ; mais si tous les pays étaient aussi vertueux, le monde serait en récession permanente ! De cette assertion en apparence solide découle l'utilité supposée des pays au commerce extérieur déficitaire qui dépensent beaucoup ; comme le remarque Emmanuel Todd, les Etats-Unis, avec leurs énormes déficits extérieurs, constituent « l'État keynésien du monde ». Il y a toutefois quelque chose de très malsain dans le fonctionnement de l'économie mondiale qui repose sur cette dualité entre les pays mercantilistes et les autres. En effet, le commerce mondial pourrait s'équilibrer si certains dispositifs institutionnels acceptés par tous les pays étaient mis en place ; c'était ce que semblait souhaiter Keynes ; en leur absence, les comportements mercantilistes, qui peuvent s'exprimer notamment par le « dumping de change », constituent de véritables agressions pour les autres pays. S'il y avait, effectivement, des dispositifs de régulation adéquats acceptés par tous, les soldes commerciaux de tous les pays oscilleraient autour de zéro ; dans ce cas, il suffirait à chaque pays de recourir de façon modérée à l'endettement intérieur pour obtenir une croissance correcte de son économie sans que cela soit une gêne pour ses partenaires. Du fait même que les déficits commerciaux leur sont imposés, certains pays sont conduits à solliciter leur endettement intérieur de façon excessive et pathologique pour compenser le handicap qu'ils subissent, comme l'a révélé de façon spectaculaire la crise amorcée en 2007 aux Etats-Unis.

En dehors des pays « rentiers » qui bénéficient de ressources naturelles qu'ils exportent, les pays qui réalisent des excédents commerciaux le font, en général, de façon récurrente : c'est le résultat de la stratégie mercantiliste qu'ils mettent en œuvre et qui les dote d'avantages économiques importants dans la compétition internationale. Dès le moment où plusieurs pays importants se donnent les moyens de réussir une telle stratégie, ils font basculer, très souvent contre leur gré, les pays avec lesquels ils commercent dans un fonctionnement basé sur un recours excessif à l'endettement afin de stimuler leur demande intérieure, avec toutes les vulnérabilités qui y sont associées. C'est ainsi que l'Italie et la France n'ont pas choisi délibérément une stratégie non mercantiliste : elles y furent, de fait, contraintes.

7. La supériorité de la stratégie mercantiliste

Si un pays réussit, par des moyens, loyaux ou déloyaux, à se maintenir dans le club mercantiliste, il n'a pas besoin, pour maintenir une croissance significative de son PIB, de recourir à la stimulation de sa demande intérieure à laquelle sont contraints les pays non mercantilistes. Mieux même : le fait de dépenser de façon régulière moins que ce qui est produit antérieurement constitue en général un moyen essentiel de mise en œuvre de la stratégie mercantiliste[103], notamment lorsque celle-ci est assise sur un taux de change sous-évalué. Il en résulte qu'il est rare, et même très rare, qu'un pays puisse baser sa croissance simultanément sur les deux registres que sont l'excédent extérieur et l'endettement intérieur ; lorsque cela se produit, c'est l'indice d'une situation transitoire : un pays mercantiliste devient non mercantiliste, ou bien l'inverse. De tels changements sont toutefois peu fréquents : les pays restent dans la même catégorie durant des périodes de temps qui sont longues, de l'ordre de plusieurs dizaines d'années.

La crise en cours permet de mettre en évidence la supériorité du modèle mercantiliste sur celui qui constitue son alternative ; la stimulation de la croissance par l'excédent extérieur suffit largement à assurer une croissance correcte du PIB. Cette configuration donne, en outre, deux avantages stratégiques supplémentaires aux pays mercantilistes sur les autres.

---

[103] Une fois de plus, il faut souligner que la dépense intérieure d'un pays mercantiliste ne reste nullement stagnante : sa croissance est à la mesure de celle du PIB, et celle-ci est en général forte.

Le premier de ces avantages est que ces pays sont beaucoup moins guettés que les pays non mercantilistes par le risque de bulle sur leurs marchés d'actifs ; dans leurs efforts pour encourager l'endettement et pour décourager l'épargne de façon à stimuler leur dépense intérieure, ces derniers sont amenés à tirer toujours plus bas leurs taux d'intérêt réels ; or, des taux d'intérêt trop longtemps trop bas constituent la base à partir de laquelle se développent des bulles sur les marchés d'actifs. Les pays mercantilistes échappent à ce risque : grâce à leurs excédents extérieurs, ils peuvent se montrer très intransigeants à l'égard des bulles ; ainsi a-t-on vu, en 2006-2007, le gouvernement chinois crever délibérément et préventivement une bulle immobilière et une bulle boursière sans que cela conduise l'économie chinoise à une récession : celle-ci n'en est, en fin de compte, que plus robuste.

Le deuxième de ces avantages est que, en cas de crise mondiale mettant en difficulté leurs exportations, les pays mercantilistes disposent pour leur croissance de deux « roues de secours » intactes et disponibles, ce qui n'est pas le cas des pays non mercantilistes. Avant la crise, en effet, les pays mercantilistes n'ont pas eu à solliciter, ni souvent ni fortement, leur politique monétaire et leur politique budgétaire. De ce fait, leurs systèmes bancaires sont restés dans un état relativement satisfaisant et leur dette publique est restée relativement limitée. Lorsque la crise éclate, il leur est alors facile de solliciter largement la politique monétaire et la politique budgétaire, les deux « roues de secours », pour maintenir une croissance correcte en dépit du recul subi momentanément par leurs exportations. Les pays non mercantilistes ont, au contraire, tiré outrageusement, année après année, sur leur politique monétaire et sur leur politique budgétaire, finissant par déséquilibrer les bilans de leur systèmes bancaires et par gonfler dangereusement leur dette publique. Lorsque la crise vient, les armes anticrise ne leur sont plus accessibles…

La « supériorité » de la stratégie mercantiliste, et son danger, vont être illustrés de façon éclatante par les comportements du Japon et de la Chine.

Chapitre 4

LE JAPON, MODELE DE LA CHINE

L'histoire du Japon depuis le milieu du XIXe siècle est pour la Chine une source d'inspiration profonde et multiple. Agressé, comme la Chine, par les nations européennes et par les Etats-Unis, le Japon sut très vite se moderniser et s'affranchir de la tutelle étrangère : c'est la première leçon que va retenir M. Deng Xiaoping. L'expérience d'une société totalitaire et militariste que le Japon développe dans les années 1930 jusqu'à sa défaite de 1945 constitue un deuxième enseignement tout aussi intéressant que le premier : cet échec ne sera, en quelque sorte, pas perdu pour tout le monde ! La *success story* de la croissance Japonaise de 1945 à 1985 deviendra évidemment le modèle de référence privilégié : une croissance basée sur les excédents commerciaux extérieurs, permis par un taux de change très largement sous-évalué. Enfin, l'emballement économique de la fin des années 1980 et la chute dans une crise prolongée feront méditer les dirigeants chinois, ce qui leur sera très utile dans la gestion de leurs relations avec les Etats-Unis.

Bref, le Japon, avec ses succès ou ses échecs, constituera pour la Chine l'exemple à suivre ou à ne pas suivre à partir des années 1980.

1. La « nouvelle ère » (Meiji) et l'impérialisme japonais (1854-1920)

Sous la pression étrangère, le Shogun accepte, en 1854, d'ouvrir deux ports au commerce américain ; il signe même un traité de commerce en 1858.

Profitant des difficultés américaines (guerre de Sécession), les puissances européennes élargissent à leur profit les ouvertures réalisées et imposent en 1866 un tarif douanier ne dépassant pas 5 % : la porte est désormais grande ouverte pour l'entrée de cotonnades et de lainages britanniques.

Ces éléments de déstructuration de la société japonaise donnent à la couche des jeunes samouraïs pauvres et ambitieux l'opportunité de mettre à bas la vieille société féodale qui figeait le pays dans son immobilité depuis des siècles. A partir de 1868, et en quelques années, la révolution Meiji va transformer complètement le pays ; ses tenants qui, au départ, veulent

« expulser les barbares », comprennent qu'ils ne pourront le faire qu'en luttant avec les mêmes armes qu'eux. Pour être l'égal des Anglais et des autres, ils comprennent qu'il faut réformer le pays de fond en comble. Au nom de la restauration de l'Empereur, le Shogunat est supprimé ; les fiefs sont restitués à l'Empereur contre de modestes compensations, prélude à la privatisation des terres qui sera un élément décisif pour la réalisation de gains de productivité dans le secteur agricole.

Les jeunes samouraïs imposent l'égalité de tous devant la loi, la conscription obligatoire (élément décisif dans les changements affectant l'institution militaire et qui, de plus, leur garantit l'adhésion du monde paysan), l'école obligatoire pour tous ; en même temps, ils font réaliser par l'État les grands travaux d'infrastructures que nécessite le développement des affaires (ports, routes, chemins de fer).

Une monnaie nouvelle, le Yen, est mise en place en 1871 ; les finances publiques sont réorganisées, avec notamment le remplacement de l'impôt en nature sur les récoltes par un impôt foncier en espèces. Enfin, les quelques manufactures publiques qu'avait créées le Shogunat seront privatisées, point de départ de la constitution d'une oligarchie de l'industrie et des affaires fort entreprenante. De la sorte, « dans les années 1885, la production de filés de coton enregistre un *boom* qui atteint par diffusion progressive les autres branches industrielles. Vers la fin du siècle, le Japon est irréversiblement engagé dans la voie de l'industrialisation »[104].

De telles transformations, et si rapides, sont impressionnantes. L'apprentissage à l'école de l'Occident se fait à un rythme accéléré et touche à tous les domaines : les sciences, les techniques, les idées politiques, l'administration, l'art de la guerre. En cette fin de XIXe siècle, la mode est à l'impérialisme : le Japon sera impérialiste, lui aussi !

Que le commerce extérieur du pays puisse être excédentaire malgré ses importations en provenance des pays occidentaux et que le capital japonais puisse se développer très rapidement, au Japon particulièrement, mais aussi à l'extérieur, dans les régions que celui-ci va dominer, tout cela est lié à l'existence d'une marine de guerre et d'une armée modernes. La semi-colonisation de la Corée, marché d'importance, va se heurter aux droits politiques chinois (l'Empereur de Chine est le suzerain de la Corée) et conduire à la guerre en 1894, gagnée aisément par le Japon, qui, au terme du traité de Shimonoseki (1895), acquiert en plus Taïwan et les îles Pescadores.

Le Japon est désormais une grande puissance ; il signe un traité de commerce avec la Grande-Bretagne qui met fin aux traités inégaux (1894) et puis, en 1902, un traité d'alliance lui permettant d'avoir les mains libres, deux ans plus tard, pour attaquer la Russie dont la présence en Mandchourie contrarie les visées expansionnistes qui sont les siennes.

---

[104] Reischauer, op. cit.

Ayant, dans un même mouvement, annexé la Corée (1910) et confirmé ses orientations politiques extérieures (traité commercial avec les Etats-Unis, alliance anglaise en 1911), le Japon se trouve tout naturellement « du bon côté » lors du premier conflit mondial ; alors que son engagement militaire reste marginal, il a ainsi l'opportunité d'étendre son influence et ses affaires en Chine... Le retour de la paix correspond au grand retour des alliés occidentaux en Asie, et aussi à celui de la mise en concurrence de leurs produits. Mais en même temps, avec les traités de paix, naissent de nouvelles institutions internationales (la SDN, etc.) et donc de nouvelles normes : l'heure n'est plus à l'ouverture de marchés par des moyens militaires...

2. La montée du militarisme et l'épisode totalitaire (1920-1945)

Au début des années 1920 la politique extérieure du Japon sera, compte tenu du contexte, conciliante ; elle va impliquer une diminution drastique (50%) des effectifs militaires suscitant un profond mécontentement des officiers.

Par ailleurs, alors même que les débouchés extérieurs se restreignent, le Gouvernement facilite les importations de produits alimentaires afin de satisfaire les industriels désireux d'avoir une main d'œuvre bon marché, ce qui a pour conséquence de maintenir les prix agricoles à des niveaux très bas et de provoquer une forte accélération de l'exode rural. Les flux ainsi libérés ne peuvent pas être absorbés en totalité par le seul essor industriel alors même que l'armée ne constitue plus un débouché et qu'il n'y a plus d'opportunités d'emploi dans des colonies ou autres protectorats (Taïwan, Corée, Mandchourie). L'exode rural qui représentait jadis un facteur de promotion sociale est désormais le signe d'un déclassement, d'où le mécontentement du monde rural qui représente alors 50% de la population du pays.

La confluence des frustrations des militaires et des paysans[105] va alors aboutir à une période militariste et guerrière catastrophique pour le pays et pour le monde.

Il importe peu de connaître dans le détail l'enchaînement des coups de force, trahisons et assassinats par lequel le pouvoir politique, composé majoritairement de « civils », fut transformé, progressivement, en quelques années, en un pouvoir exclusivement militaire ; ce fut véritablement une

---

[105] L'erreur des gouvernements civils des années 1920 est là : contre l'avis des oligarques de l'industrie, ils auraient dû mettre en place des tarifs protecteurs pour certains produits alimentaires, ce qu'ils ne firent pas. On le sait, aujourd'hui la Chine accorde une grande importance à cette question des prix agricoles et de la régulation de l'exode rural ; nul doute que l'expérience du Japon n'a pas été oubliée.

contre-révolution, un retour au shogunat avec un Empereur jouant à nouveau le rôle d'une potiche. L'option militaire retenue consiste à enfermer le pays dans la guerre, et ce à double titre : d'abord avec la Chine, ensuite, du fait des intérêts américains (et occidentaux) en Chine, avec les Etats-Unis.

La révolution Meiji avait accompli, en l'espace d'un demi-siècle (1868-1918), une sorte de miracle, une œuvre qui semblait être un succès total, remarquable quand on sait le temps qui fut nécessaire à de vieux pays comme l'Angleterre ou la France pour effectuer leur transition de la féodalité vers la société industrielle. Le retour en arrière contre-révolutionnaire des militaires montre que les changements effectués, pour importants qu'ils fussent, étaient encore insuffisants dans certains domaines institutionnels ; les canaux d'information du gouvernement et les grilles de lecture utilisées n'ont probablement pas signalé la gravité potentielle de la situation du monde rural, non plus d'ailleurs que celle de l'armée. La machine militaire qui, jusque dans les années 1920, était au service du gouvernement et donc, du développement de l'industrie et des affaires, largement fondées sur les exportations, met désormais le monde de l'industrie, et plus largement la société, à son service propre.

C'est ainsi qu'est instauré dans le pays un capitalisme totalitaire dirigé par la caste militaire : celle-ci n'avait pas compris que la conquête de marchés à l'exportation pouvait être plus efficace avec des moyens monétaires plutôt que militaires ! Encore une leçon que la Chine contemporaine a certainement retenue.

3. Le secret de la forte croissance de l'après-guerre (1945-1965)

L'été de 1945 est cruel pour le peuple japonais : les privations, les bombardements, l'humiliation d'une capitulation… Le pays sort de la guerre absolument exsangue.

La dictature intelligente de l'administration militaire américaine facilite très largement le redémarrage économique. Certes, au début, l'aide alimentaire reste indispensable, mais ensuite, grâce à leur pouvoir sans partage, accepté par la population, les autorités d'occupation mettent en place des réformes extrêmement utiles pour l'économie et la société : nouvelles institutions politiques, réformes fiscales dans le sens d'une plus grande égalité, alignement du droit du travail sur les normes occidentales, démantèlement des *zaïbastsu*, les cartels et monopoles d'une oligarchie ayant fait le jeu des militaires, et enfin réforme agraire qui transforme les exploitants individuels en propriétaires, prélude d'une politique agricole de soutien des prix, analogue à celle qu'installera l'Europe à la même époque[106].

Comme le remarque Edwin Reischauer[107], « le traumatisme matériel, social et psychologique causé par la guerre et la défaite, contribue à balayer les derniers vestiges du passé et libère les forces de renouveau. La crainte de l'occupant fait bientôt place à l'espoir de jours meilleurs. La réprobation qui entoure le militarisme et le totalitarisme suscite par antidote une ferveur nouvelle pour la « démocratie » ; de la sorte, dit-il, « une certitude s'impose : avec le retour à la liberté des échanges et la paix retrouvée, l'archipel ne pourra reconstituer son ancienne prééminence et reconstruire son économie que par l'intermédiaire du commerce international[108] ».

Même les anciens adeptes de l'expansion militaire découvrent les vertus d'une « coopération internationale bien comprise ». Cette certitude va, effectivement, devenir l'un des éléments structurants de la stratégie de développement mise en œuvre dans le pays ; un pays d'abord soumis qui devient très rapidement partenaire des Etats-Unis à la suite de la coupure qui s'opère entre les anciens Alliés, en 1947-1948.

Les éléments centraux du modèle de développement du Japon, le secret de sa croissance durant la période 1945-85, sont au nombre de trois :
- des salaires faibles ; ils augmenteront rapidement, au rythme de la croissance, mais tout en restant plus faibles, à qualifications données, que ceux des pays occidentaux ; la faiblesse particulière du salaire indirect (cotisations pour la retraite notamment) constitue une forte incitation à l'épargne ;
- des taux d'intérêt faibles qui faciliteront grandement l'investissement des entreprises ;
- enfin, un taux de change largement sous-évalué du yen, obtenu d'abord par un contrôle des changes en régime de change fixe puis, à partir de 1973, par des sorties de capitaux organisés par la Banque du Japan dans le cadre de ce qui fut appelé le « dirty floating ».

A côté de ces éléments centraux, il y a des compléments : des obstacles divers à l'entrée de capitaux étrangers dans le pays, des obstacles divers, eux aussi, mais efficaces, à l'entrée de marchandises étrangères[109], des aides importantes à l'agriculture pour assurer le plein emploi (régulation de l'exode rural), des réglementations peu favorables aux gains de productivité dans des secteurs peu concernés par le commerce extérieur (comme celui de

---

[106] Désormais, les paysans seront relativement à l'aise ; l'exode rural sera contrôlé, le monde rural ne sera plus le réservoir de mécontentement qu'il fut à la fin des années 1920.
[107] E. Reischauer, op.cit., p. 11 et 12.
[108] Souligné par nous.
[109] « Dans son gigantesque effort de reconstruction économique, le Japon avait soigneusement protégé ses industries en édifiant des barrières douanières sensiblement plus élevées que celles de tout autre pays industriel » (Reischauer, op.cit. T2, p.129).

Le résultat du dispositif ainsi mis en place est un commerce extérieur florissant s'exprimant par des excédents considérables, ce qui détermine une croissance rapide de l'économie au rythme de 8 à 10% par an.

A l'origine de tout cela, il faut signaler une sorte de « cadeau » fait par les Etats-Unis à l'économie du Japon en 1949 : la stabilisation de la monnaie sur la base de 360 yens pour un dollar décidée par le Général Mac-Arthur dans le cadre du « Plan Dodge » qui confère à l'économie japonaise un avantage considérable de compétitivité[110] ; cette parité ne sera modifiée qu'en 1971, vingt-deux ans plus tard.

L'épargne abondante ainsi que les conditions très favorables du crédit permettent aux entreprises de réaliser, à l'intérieur du Japon et aussi à l'extérieur, des programmes d'investissements très ambitieux.

A l'intérieur, la croissance industrielle est forte : les effectifs employés peuvent croître et absorber les suppléments de main d'œuvre disponible suscités par la croissance démographique (de l'ordre de 1% par an) et par l'exode rural désormais maîtrisé par une politique agricole protectionniste.

L'Etat japonais, c'est un fait, par divers canaux et incitations, assure la réalisation du plein emploi, ce qui est d'une importance capitale pour l'équilibre social ; sans doute, l'État est-il aidé dans cette tâche par le substrat anthropologique, notamment les valeurs transmises par la famille traditionnelle qui font que les chefs d'entreprise répugnent à licencier, préférant garder des employés peu utiles plutôt que de s'en séparer[111].

Les programmes d'investissements des entreprises sont très ambitieux à l'étranger ; ils sont évidemment facilités par la réalisation d'excédents commerciaux extérieurs. Ces investissements directs à l'étranger (IDE) sont d'une extrême importance pour l'ensemble du système : ce sont eux qui permettent tout à la fois le maintien de bas salaires au Japon et, paradoxe apparent, la croissance forte des revenus salariaux moyens.

Dans les pays occidentaux, les investissements réalisés au sein de filiales de firmes japonaises permettent de contourner les obstacles mis éventuellement à la libre concurrence et à l'entrée de marchandises japonaises ; il s'agit souvent d'usines d'assemblage, notamment dans le secteur de l'automobile, nécessitant un nombre relativement élevé d'ouvriers par rapport à l'encadrement ; les activités de direction, de conception, de recherche-développement, restent localisées au sein de la maison-mère, au Japon. Ces investissements sont des instruments de pénétration des produits japonais dans les pays développés.

---

[110] On notera qu'un cadeau similaire est fait, à la même époque aux économies de l'Europe de l'Ouest (Grande Bretagne, France, Allemagne de l'Ouest) : les Etats-Unis veulent alors stimuler la croissance économique de leurs alliés face à la menace soviétique.
[111] Selon E. Todd, la forme dominante de la famille est, au Japon, la « famille souche » qui transmet des valeurs d'autorité et d'inégalité.

Japon. Ces investissements sont des instruments de pénétration des produits japonais dans les pays développés.

En revanche, les investissements japonais réalisés dans les pays à bas salaires n'ont pas la même signification : ils permettent de profiter des salaires extrêmement bas de certains d'entre eux. Mis à part quelques cas particuliers, les délocalisations ne conduisent pas à des suppressions d'emplois au Japon ; en réduisant les coûts de production, elles permettent aux entreprises concernées de gagner ainsi des parts de marché dans le monde, et de maintenir de la sorte le potentiel d'emploi au Japon, en modifiant toutefois notablement la composition de celui-ci : réduction des emplois non qualifiés, augmentation forte des emplois très qualifiés, notamment dans les activités de recherche-développement. Cela entraîne d'ailleurs progressivement des changements importants dans la composition sectorielle de l'industrie japonaise : les industries légères, le textile par exemple, qui étaient au début du siècle les spécialités du Japon, voient leurs activités de plus en plus dévolues à des filiales établies dans le sud-est de l'Asie (Taïwan, Thaïlande, Malaisie, Philippines…) ou bien en Corée ou en Chine Continentale. A l'inverse, le Japon devient un producteur de premier plan dans l'industrie lourde, les constructions navales, la chimie, l'automobile, l'électronique, l'optique etc.

Dès les années 1960, le Japon renoue ses relations économiques avec la Chine et devient, à cette époque là, et de loin, le premier partenaire de ce pays. La plupart des commentateurs n'y voient alors qu'un élément relativement mineur dans le commerce extérieur du Japon, représentant seulement 2 à 3 % de son volume global ; ce faisant, ils omettent de signaler le commerce avec Hong-Kong qui, de fait, concerne la Chine ; ils négligent aussi la circulation commerciale entre filiales japonaises basées en Chine, et d'autres filiales situés en Corée, à Taïwan, en Malaisie, etc. L'analyse des flux commerciaux « japonais » ne peut-être dissociée de celle des flux entre les entreprises et établissements japonais à travers le monde.

L'épargne réalisée au Japon, dont on a vu qu'elle était considérable (de l'ordre de 40 à 50 % du PIB dans les années 60) permet au capital japonais de se développer rapidement, à l'intérieur et à l'extérieur. Les forces productives mises en œuvre dans l'ensemble du monde par le capital japonais produisent en leur sein une division internationale du travail particulière, qui tend à concentrer les activités nécessitant des ressources humaines très qualifiées sur le sol japonais, et à installer les activités nécessitant beaucoup de main d'œuvre peu qualifiée dans les pays à bas salaires.

Cette division du travail a également été mise à profit par les firmes américaines ou européennes ; toutefois les firmes japonaises plus précoces, s'appuyèrent sur leur croissance rapide pour développer cette organisation à une plus grande échelle. C'est ce qui explique l'importance des activités de Recherche-développement (RD) au Japon ; la « RD » y est devenue plus importante en valeur relative qu'aux Etats-Unis ou qu'en Europe, parce que les firmes japonaises ont pu se développer plus rapidement que les entreprises occidentales[112].

Les changements qui en résultent dans la structure des emplois par qualifications (et aussi par revenus) au Japon sont d'une importance capitale : ils permettent une croissance forte des revenus salariaux moyens, alors que le niveau des salaires ne progressera que lentement, pour chaque niveau de qualification.

En fin de compte, la forte croissance du pays, tirée par des excédents commerciaux résultant de la sous-évaluation permanente de la monnaie, ne sera pas perçue comme un danger par les économies occidentales jusqu'au début des années 60. A partir de celles-ci, on s'aperçoit que les firmes japonaises constituent de dangereuses concurrentes pour les firmes américaines ou européennes.

4. Le Japon indispose les Etats-Unis (1965-1985)

Bien qu'important 20% des produits alimentaires qu'il consomme et la quasi-totalité des ressources énergétiques et minières qui lui sont nécessaires, le Japon enregistre toujours de très fort excédents commerciaux ; on le presse donc de réévaluer sa monnaie contre le dollar mais il refuse de le faire. A cette époque, il s'agit déjà d'une puissance économique considérable : son PIB est le troisième du monde sur la base d'un calcul prenant en compte son taux de change très sous-évalué, le deuxième sur la base des « parités de pouvoir d'achat ».

Après qu'il eut mis fin à la convertibilité du dollar en or pour les banques centrales, en 1971, le Gouvernement américain obtint un accord (le « smithonian agreement ») prévoyant une appréciation de 16,9% du yen contre dollar. Ce ne fut pas suffisant pour équilibrer les relations commerciales Japon/Etats-Unis : le Nikuson Shokku (choc Nixon) est assorti de nouvelles taxes américaines sur les importations et sur un accord d'autolimitation des exportations du Japon pour certains produits comme les textiles.

L'année 1973 est doublement importante : d'une part, le système de changes fixes est abandonné au profit des changes flottants, d'autre part, il y a le « premier choc pétrolier ». Le Japon connaît une récession et, chose très inhabituelle, un déficit du commerce extérieur en 1974 et 1975 intégralement dû à la facture pétrolière ; son plan de relance de 1975 lui permet toutefois

---

[112] On remarquera aussi que la croissance exceptionnelle des activités de « RD » au Japon n'est pas nécessairement le résultat d'une spécificité supposée des chefs d'entreprises du Japon qui comprendraient mieux que leurs collègues occidentaux l'intérêt d'une « vision à long terme » : les Japonais surent tirer profit, avant les autres et plus que les autres, des opportunités que pouvait offrir la division du travail entre les nations asiatiques.

de renouer cette année-là avec la croissance, et c'est le seul grand pays dans ce cas.

Pour conserver son avantage de change, il lui faut absolument tourner la difficulté que représente l'instauration de changes flottants. Il invente donc très vite le *dirty floating* : des interventions récurrentes et massives de la Banque du Japon sur le marché des changes, qui permettent d'assurer une parité quasi fixe entre le dollar et le yen, pérennisant la sous-évaluation du yen en dépit des « fondamentaux » qui auraient du induire une forte appréciation de celui-ci. De la sorte, la Bank of Japan (BoJ) est amenée à accumuler des réserves en dollars à son actif. Grâce à ces pratiques, le Japon put limiter la hausse de sa monnaie à 25 % seulement entre 1976 et 1978, alors même que son commerce extérieur redevenait de plus en plus excédentaire.

Le deuxième choc pétrolier (1979) est très facilement absorbé par le Japon : son commerce extérieur est, pour peu de temps, légèrement déficitaire à cause de la facture pétrolière ; il reste toutefois excédentaire avec les Etats-Unis et avec l'Europe. Les très faibles taux d'intérêt que pratique le pays permettent d'alimenter des flux importants de capitaux qui quittent le pays pour s'investir désormais davantage en Europe et aux USA qu'en Asie.

Les années 1970 constituent une période de grands changements dans la composition de l'industrie japonaise ; les industries légères à forte intensité de main d'œuvre sont de plus en plus délocalisées dans les pays asiatiques à faibles coûts salariaux (Chine continentale, Taïwan, Corée du Sud, Malaisie, Philippines, etc.) en utilisant au mieux les deux *hubs* que constituent Hong-Kong et Singapour.

Les investissements concernent de plus en plus les hautes technologies (nucléaire, civil, aéronautique, informatique, fibres optiques, biotechnologie,…) et les pays développés ; en installant de nombreuses filiales au sein de ceux-ci, l'industrie japonaise contourne les dispositions protectionnistes douanières que suscitent les excédents commerciaux qu'elle réalise.

Les pays occidentaux se sentent de plus en plus agressés par cette invasion de produits japonais qui mettent en danger certaines industries : leurs récriminations se font de plus en plus fréquentes[113]… On négocie des accords « d'autolimitation » dont on sait à l'avance, plus ou moins, qu'ils ne seront pas respectés. On formule des « plaintes », on fait des « demandes », des appels à la « bonne volonté » ; les « économistes » qu'on charge de ce genre de besogne font preuve d'une étonnante cécité théorique en évitant de

---

[113] Cela ne concerne pas que les États-Unis : en 1980, la CEE demande au Japon de limiter ses exportations et, en 1982, elle saisit le GATT de ce contentieux. L'affaire est d'autant plus sérieuse qu'on est alors en situation de récession, avec des taux de chômage qui ont atteint des sommets jamais vus depuis la fin de la 2ème guerre mondiale.

parler de ce qui fâche : les éléments qui sont à la base des déséquilibres commerciaux, et que l'on prétend réduire, les taux de change !

Sous la pression américaine, le Japon abolit en 1980 le contrôle des changes : importations et exportations de capitaux deviennent « libres », au moins sur le papier ! Le Japon, une fois de plus, contourne la difficulté et continue d'organiser des exportations de capitaux significatives et de décourager les importations de capitaux. Ces exportations de capitaux heurtent parfois la fierté et la susceptibilité des américains, dans la mesure où ils permettent l'achat de sociétés ou de biens qui ont valeur de symbole aux Etats-Unis. Non seulement les industriels mais aussi les milieux dirigeants et l'opinion publique montrent de l'exaspération face à cette concurrence, perçue à juste titre comme déloyale qui, de plus, est attentatoire à la fierté nationale américaine.

5. Le conflit Etats-Unis Japon (1985-1995)

La situation américaine est aggravée par le fait que, au début des années 1980, le dollar s'est fortement apprécié. Dans le même temps, les dirigeants américains, qui ont réussi à conclure victorieusement leur compétition dite de la « guerre des étoiles » avec l'Union soviétique, ont désormais davantage de liberté pour s'occuper de leurs problèmes économiques et, notamment, de la concurrence japonaise.

Les réunions du « G5 » à l'hôtel Plazza à New York en 1985 et au Louvre, à Paris, en 1987 ont, entre autres, pour objet de contraindre le Japon à adopter une politique économique plus expansionniste chez lui de façon à réduire l'importance du solde de son commerce extérieur.

Le Japon va se soumettre ; ainsi augmente-t-il sensiblement le montant de ses dépenses publiques. Toutefois, pour éviter des entrées de capitaux sur son sol qui provoqueraient une trop forte appréciation de sa monnaie, il maintient ses taux d'intérêt à un niveau encore plus bas que par le passé, ce qui, d'une certaine façon, répond aux exigences américaines puisque cela tend à stimuler sa demande intérieure. La dépense intérieure augmente alors sensiblement, de même que les importations, et le yen s'apprécie de 40% entre septembre 1985 et septembre 1990 ; malgré cela, le commerce avec les Etats-Unis demeure excédentaire et les capitaux japonais continuent à s'exporter.

La déréglementation du secteur bancaire, une autre mesure qui avait été imposée, conduit les banques à accorder davantage de crédits, notamment pour l'immobilier, alors que les taux d'intérêt sont très faibles. Le résultat sera une euphorie boursière et immobilière sans précédent alors même qu'il n'y a pas le « warning » d'une inflation apparente car les prix à la consommation n'augmentent pas.

De 1986 à 1988, cent milliards de dollars de capitaux japonais sont investis à l'étranger dont près de la moitié aux Etats-Unis. L'achat le plus emblématique est celui du Rockefeller Center à New York, un symbole en même temps qu'une humiliation pour la fière Amérique.

L'inévitable krach, dont le « déclencheur » est la décision des autorités de relever les taux d'intérêt, se produit en 1989 ; le pays plonge dans la crise. Les banques qui, jusqu'en 1985, avaient vécu à l'abri d'une protection vis-à-vis de l'extérieur, n'avaient pas été préparées à la déréglementation effectuée à partir de cette date et avaient pris des risques bien trop grands ; bon nombre d'entre elles sont virtuellement en faillite et le crédit est restreint de façon drastique. De leur côté, les ménages qui voient la valeur de leurs patrimoines s'effondrer, restreignent leurs consommation.

Baisse des investissements, baisse de la consommation : la croissance économique disparaît. La baisse des taux d'intérêt décidée ensuite pour relancer l'économie s'avère sans effet notable : le gouvernement est contraint de se lancer dans une vaste politique de dépenses publiques ; c'est d'autant plus nécessaire que les exportations, élément essentiel de la croissance du pays, ont tendance à s'essouffler du fait de la très forte croissance de la valeur du yen contre le dollar à partir de 1992. Malheureusement, ces dépenses de l'Etat ne peuvent pas être poursuivies indéfiniment : la dette publique est en effet de l'ordre d'une année de PIB…

Néanmoins, malgré la crise et malgré le fait que le yen se trouve, en 1991 et 1992, à un niveau bien plus élevé (20 % environ) que ce qui avait été convenu à la réunion du Louvre, les exportations japonaises vers les USA continuent à être très importantes et à indisposer fortement les industriels américains[114]. Ces derniers seront entendus par Clinton.

A partir de l'élection de celui-ci, en 1992, l'Administration américaine organise, par différents canaux, et en contradiction avec les engagements pris à Paris en 1987, une formidable montée du yen qui atteint en 1995 un niveau supérieur de 80% à la limite haute prévue par l'accord du Louvre.

Au moment même où l'administration Clinton organisait l'*Endaka*, la montée rapide du yen (1992-1995), la Chine réalisait une très forte dévaluation de sa monnaie (40 %) en 1994, après celle de 1990, sur la base d'un taux de change déjà largement sous-évalué !

Cette dévaluation massive, qui n'a pas suscité d'objections américaines[115], n'a fait qu'aggraver la situation déjà précaire du Japon, d'autant plus qu'elle a eu un rôle déstabilisateur pour l'ensemble des pays de la région ; la « crise asiatique » de 1997 en résulte largement, à un moment

---

[114] On notera que les industriels américains, qui n'ont que peu de contrats de sous-traitance avec le Japon, ont intérêt à ce que la monnaie de ce pays soit à un niveau élevé. De la même façon, parce qu'ils ont beaucoup de contrats de sous-traitance avec la Chine, ils trouvent avantage à ce que la monnaie chinoise soit très largement sous-évaluée.

[115] Certains analystes prétendent même que le gouvernement américain aurait envoyé des signes d'encouragement à la Chine dans cette affaire.

où le Japon est lui-même retombé dans les grandes difficultés, et conduit à toute une série de dévaluations (Corée, Thaïlande, Singapour, Malaisie, Taïwan)[116].

Un événement politique chinois va sauver le Japon de l'étranglement économique complet qu'aurait pu constituer la poursuite de l'*Endaka*. En juin 1995, le Parti communiste chinois décide de suspendre les négociations avec Taïwan en vue d'une normalisation des relations commerciales pour protester contre une visite effectuée par le président de Taïwan aux Etats-Unis (une visite privée dans l'université dont il est diplômé); les Chinois font savoir, par ailleurs, qu'ils sont très mécontents de l'organisation des premières élections au suffrage universel dans l'île, en mars 1996, et prennent l'initiative de déployer des missiles pointés sur Taïwan. Les Américains, qui souhaitent la stabilité dans la région, ont à nouveau besoin de leur allié nippon.

Une délégation gouvernementale japonaise se rend alors à Washington pour demander que les Etats-Unis cessent de faire monter le yen ; elle sera entendue. A partir de là, les Etats-Unis acceptent une remontée du dollar par rapport au yen, et l'Europe une remontée de l'euro contre yen.

Les difficultés de l'économie japonaise ne seront pas terminées pour autant : il faudra attendre l'année 2002 pour que le Japon retrouve la croissance. Ainsi, en voulant limiter la croissance de ses dépenses publiques afin de ne pas alourdir son endettement, l'État Japonais provoque en 1997, sans l'avoir souhaité, une récession doublée d'une déflation. Le modèle mercantiliste qui avait si bien fonctionné durant la période 1945-1985 est maintenant bien cassé...

6. Concurrents ou sous-traitants : la différence entre le Japon et la Chine !

Alors même que le Japon se débat dans la très grave crise qui est la sienne, les Etats-Unis, considérant sans doute l'épisode des tensions de 1995-1996 entre la Chine et Taïwan comme une parenthèse, un épiphénomène sans conséquence grave, procèdent à la « mise en orbite » de la Chine, rival asiatique du Japon, en 1999. Cette année-là, le président Clinton donne son aval à l'entrée de la Chine dans l'OMC, sans même prendre la peine de poser la moindre condition sur le taux de change. Sur la base d'une monnaie sous-évaluée dans d'énormes proportions, ce pays va pouvoir développer des excédents commerciaux de plus en plus énormes, notamment avec l'Amérique. C'est que la Chine a pris, dans les années 1990, une importance considérable vis à vis des entreprises américaines. Celles-ci établissent des filiales en *joint ventures* mais, surtout, développent

---

[116] Ces crises de change vont conduire à des dévaluations de l'ordre de 20%, laissant toujours néanmoins un notable avantage à la Chine.

des contrats de sous-traitance grâce auxquels ils bénéficient des niveaux de salaires locaux extrêmement faibles : les Américains reproduisent les pratiques japonaises. Les contrats de sous-traitance sont extrêmement avantageux et les Etats-Unis ne s'émeuvent pas particulièrement lorsque la Chine, en 1994, opère une dévaluation massive de sa monnaie, ce qui sera d'ailleurs – on ne le sait pas assez – l'une des causes du déclenchement de la « crise asiatique » de 1997 : cela satisfait pleinement les intérêts immédiats des entreprises américaines.

C'est que la Chine, depuis 1989, applique à son tour les recettes qui ont si bien réussi au Japon durant les années 1945 - 1985 : salaires bas, taux d'intérêt bas, change sous-évalué, obstacles à la pénétration de capitaux étrangers. Toutefois, les effets de l'application d'une telle politique seront fort différents pour les Etats-Unis, et cela pour deux raisons au moins : d'une part, la Chine est dix fois plus grande que le Japon[117], d'autre part, une fraction importante du capital américain, issue de l'oligarchie américaine, a partie liée avec l'oligarchie chinoise, ce qui n'était nullement le cas pour le Japon[118] et va induire une étonnante complaisance des Etats-Unis vis-à-vis de la Chine, alors même que celle-ci s'oppose de plus en plus clairement, aux Etats-Unis, depuis le « tournant » de 1989, confirmé en 1994.

A l'inverse de la Chine, le Japon était considéré comme dangereux, non point tellement pour ses excédents commerciaux et les déficits américains correspondants – la Chine faisait de même et on ne lui en tenait pas rigueur – mais parce que les firmes japonaises étaient des concurrents dangereux des firmes américaines[119] et que ces dernières ne tiraient pas profit de la sous-évaluation du yen.

La dynamique du capitalisme japonais, au Japon et autour de lui, aurait pu transformer les firmes japonaises en leaders mondiaux, susceptibles d'absorber à terme leurs concurrents américains. Cette perspective était intolérable : il fallait absolument « casser » ce mouvement. Pour ce faire, on invoqua les excédents commerciaux du Japon et les déficits américains, suscités par le taux de change du Japon. Toutefois, dès que les firmes japonaises ne menacèrent plus leurs homologues américaines,

---

[117] En dollars, le PIB de la Chine en 2008 est de l'ordre de 7% du PIB mondial ; en parité de pouvoir d'achat, ce PIB est de 20%, un ordre de grandeur peu différent de celui des États-Unis : si on se reporte dix ans en arrière, les chiffres étaient beaucoup plus modestes mais néanmoins déjà importants. Le rapport de 10 à 1 avec le Japon concerne évidemment les populations.

[118] De plus, d'un point de vue géopolitique, il y avait là une stratégie économique qui ressemblait par certains aspects à celle mise en œuvre à l'époque militariste du début des années 40 avec la « sphère de coprospérité de l'Est Asiatique ».

[119] Le Japon exporte aux États-Unis beaucoup de produits finis (automobiles, électroménager, électronique, photo…) et constitue donc un concurrent, alors même que ses salaires, élevés si on les compare à ceux de l'Asie, ne permettent pas le développement d'une sous-traitance pour l'élaboration de produits intermédiaires. La Chine est à l'opposé et, de ce fait, n'apparaît pas comme un concurrent.

principalement du fait des profits fabuleux que leur articulation avec la Chine leur permettait de faire, il apparut alors que les Etats-Unis n'étaient pas, ou n'étaient plus, préoccupés outre mesure par leur déficit extérieur. Avec M. Rubin, ils vont être relativement indifférents au taux de change et à leur déséquilibre commercial, dès lors que celui-ci sera « compensé »[120] par des entrées de capitaux. L'entrée de la Chine à l'OMC, autorisée par Bill Clinton, sans aucune condition concernant son taux de change, procède de ce principe d'indifférence. Un bel exemple de myopie politique, et de soumission à l'oligarchie industrielle et financière de son pays.

---

[120] Cette question de la « compensation » du déficit extérieur d'un pays par des entrées de capitaux en provenance du ou des pays mercantilistes avec lesquels il commerce, permet à la plupart des analystes de minorer l'importance du commerce extérieur. En réalité, cette « compensation » constitue un élément essentiel du dispositif mercantiliste : les exportations de capitaux facilitent les interventions de manipulation des changes.

Chapitre 5

LA STRATEGIE MERCANTILISTE DE LA CHINE

« En ce temps-là, le capital était en pleine orgie ! »
Karl Marx, à propos des mines de Potosi.

Le modèle que va suivre la Chine, à partir du « tournant » que constitue l'année 1989 sera celui d'une croissance fondée sur les excédents commerciaux extérieurs permise par un protectionnisme monétaire plus intense encore que celui du Japon. Il comportera par rapport à ce dernier de notables différences : sa mise en œuvre est faite dans un pays immense, dont la société est organisée sur le mode totalitaire, qui proposera de développer, pour le compte des pays développés, des activités de sous-traitance et de travail à façon. Pour les entreprises occidentales, la forme de développement de la Chine va s'avérer être bien plus intéressante que celle du Japon, pays pourtant allié des Etats-Unis ; dès lors, le rapprochement entre ces derniers et la Chine, initialement décidé pour des raisons géopolitiques dans un contexte de guerre au Vietnam va prendre dans les années 1990 une signification économique de plus en plus marquée et se faire, dans une large mesure, au détriment du Japon.

Le développement économique de la Chine tire une grande partie de son efficacité, dans ses échanges extérieurs, du totalitarisme qui lui permet de mettre en œuvre, à l'échelle planétaire, un double système de sanctions et de gratifications concernant aussi bien les Etats que les firmes.

1. La confirmation du totalitarisme et ses implications

La Chine était, à la fin des années 1970, un pays totalitaire bureaucratique qui avait été dévasté par la « Révolution culturelle ». L'arrivée au pouvoir en 1978 de Deng Xiao-Ping va changer profondément l'orientation politique du pays : la libéralisation progressive, contrôlée et limitée, des activités économiques associée au monopole du parti communiste sur l'État, les communes, les syndicats, la presse, tout en gardant un contrôle non bureaucratique mais réel sur les activités économiques, etc., permet au pays de connaître une croissance continue.

L'année 1989 est une année très importante : pour le monde, pour la Russie, pour la Chine. En Occident, on retient le symbole du 9 novembre : la chute du mur de Berlin. On oublie un peu vite que, juste avant qu'on ne célèbre le bicentenaire de la Révolution de 1789, eurent lieu à Pékin des événements considérables : le « printemps de Pékin » (du 4 mai au 4 juin), la visite de M. Gorbatchev (16 mai) venu pour normaliser les relations entre son pays et la Chine[121], après trente-cinq ans de tensions récurrentes entre les deux pays ; enfin la décision des gouvernants de confirmer l'organisation totalitaire de la société chinoise avec son corollaire, le massacre de la place Tiananmen, le 4 juin.

C'est qu'en effet la « commune étudiante » est allée très loin dans le défi aux autorités : n'a-t-elle pas édifié, face au portrait de Mao, une statue qui est une allégorie de la démocratie ? Un âpre débat va agiter le Parti Communiste opposant les partisans d'une démocratisation progressive de la société et ceux qui ne veulent pas en entendre parler. Après bien des hésitations, le premier ministre Zhao Ziyang est écarté[122] alors que Deng Xiaoping reprend l'intégralité du pouvoir ; celui-ci, dans la grande tradition impériale, décide, par un exemple qui marquera longtemps les esprits, de « contribuer à l'éducation du peuple » : ce sera le massacre des partisans de la démocratie à Tiananmen[123].

Quelques mois plus tard, le message de la propagande du Parti destiné au peuple sera en substance le suivant : « renoncez à vos fantasmes de liberté et de démocratie qui n'ont aucun rapport avec les traditions de notre pays et que nos ennemis de l'étranger vous proposent insidieusement et suivez les directives de notre glorieux parti[124], vous aurez ainsi la prospérité, un emploi, un logement ».

En quelque sorte, avant de décéder, Deng Xiaoping délivre aux cadres de son parti les éléments essentiels de la stratégie chinoise jusqu'à aujourd'hui : un capitalisme totalitaire. Après avoir œuvré, à partir de 1978, à l'abolition du communisme bureaucratique et à la restauration du capitalisme et de la

---

[121] En dépit de la ligne officielle « anti hégémonique » de la Chine, l'objectif que M. Deng Xiaoping assigne à long terme à son pays est bien d'établir son hégémonie sur le monde. Dans cette perspective, l'ennemi principal, à long terme, est l'Amérique ; l'URSS et M. Gorbatchev qui rétablit la démocratie, tout comme le Japon, font partie des ennemis. Toutefois, à court et moyen terme, il faut des relations d'alliance ou au moins de connivence : avec la Russie et les Etats-Unis pour mieux « étrangler » économiquement le Japon dans un premier temps ; mais ce n'est qu'un début...
[122] En prison ou en « résidence surveillée », M. Zhao Ziyang n'aura plus jamais, de son vivant, la possibilité de communiquer avec l'extérieur.
[123] « Pour les communistes chinois, le massacre a toujours constitué une méthode de gouvernement. Les bouchers de Pékin sont vraiment en droit de s'étonner de la vigueur des réactions occidentales : pourquoi aujourd'hui cette indignation soudaine, alors que dans le passé on a constamment ignoré de plus énormes atrocités ? La seule nouveauté des massacres, c'est qu'ils se sont déroulés sous les yeux de la presse et des télévisions étrangères.», Simon Leys, novembre 1989, cité par Adrien Gombeaud, *L'homme de la place Tiananmen*, Seuil, Paris, 2009, p. 51.
[124] Au moment de Tiananmen, les slogans ornant les façades de l'hôtel Beijing étaient : « combattons résolument le libéralisme bourgeois et renforçons le travail idéologique » et « souhaitons dix mille ans de vie au grand Parti communiste chinois qui a toujours raison ».

propriété des moyens de production, Deng Xiaoping s'attache à écarter, en 1989, et de façon définitive espère-t-il, toute velléité visant à l'instauration d'un capitalisme libéral et démocratique ; son projet est bien celui d'un capitalisme totalitaire dont le moyen privilégié de développement sera, on le verra, le protectionnisme monétaire, moyen d'action privilégié d'un nouvel impérialisme économique.

2. L'adoption du « modèle japonais » et le développement des activités de sous-traitance

Dans le processus d'ouverture au commerce international des années 1980 et suivantes, la Foire internationale de Canton, la vitrine de la Chine, prendra au fil des années une importance considérable ; elle devient un lieu où se traitent les affaires et où affluent non seulement les acheteurs occidentaux mais également les industriels occidentaux désireux de sous-traiter certaines productions. Ceci est un point capital. En effet, la Chine de 1980 n'est pas le Japon de 1945 : elle ne dispose pas des ressources humaines ni du capital social du Japon, et ne peut donc pas s'engager aussi facilement que lui dans la production de produits finis susceptibles d'être écoulés sur les marchés étrangers.

Du point de vue de la production, le « modèle chinois » sera donc différent du « modèle japonais » : l'élément essentiel en sera, au moins pendant les années 1980 et 1990, la sous-traitance industrielle et le travail à façon. De ce fait, l'économie chinoise n'apparait pas menaçante pour l'économie américaine, puisque ses petites et moyennes entreprises (PME), travaillent la plupart du temps pour le compte et sous la dépendance de firmes américaines ou, plus largement, de firmes appartenant aux pays développés (USA, Europe, Japon…).

Certes, la Chine reçoit aussi beaucoup de capitaux sous la forme d'investissements directs étrangers au sein de *joint ventures*, ce qui la fait bénéficier de transferts de technologies et de la formation de travailleurs très qualifiés grâce à la présence, sur le terrain, d'ingénieurs et de techniciens étrangers. Ces apports sont importants, notamment ceux qui émanent du « monde chinois » hors des frontières, spécialement de Taïwan. Ces investissements ne constituent pourtant pas l'élément le plus significatif de la dynamique productive qui se met en place, et qui est fondée d'abord sur les activités de sous-traitance confiées à des PME. Et cela se fait en premier lieu, ce n'est évidemment pas un hasard, de part et d'autre de la rivière des Perles et de son embouchure, autour de Canton et au contact de Hong-Kong, qui est alors sous administration britannique et qui, depuis le changement de souveraineté intervenu en 1997, conserve un statut spécial.

Hong-Kong est le point de contact principal entre la Chine et l'Occident : c'est donc à partir de cette base où se trouvent des donneurs d'ordres importants que va s'opérer l'industrialisation du pays, dans les « zones spéciales » et, plus largement, dans les régions côtières. Avec des taux de croissance du PIB de l'ordre de 10 % par an et des taux de croissance des investissements de l'ordre de 20 %, parfois davantage, la Chine devient en deux décennies « l'atelier du monde » : ses productions sont très compétitives, du fait des salaires, mais aussi du fait du taux de change.

C'est en bonne part grâce à la Chine et à ses salaires extrêmement bas, grâce aussi à d'autres pays asiatiques, que les firmes multinationales peuvent comptabiliser, au début des années 2000, des taux de profit, de l'ordre de 15 %[125], jamais vus antérieurement.

En maintenant durablement un cours de change largement sous-évalué, la Chine prend un double avantage sur les autres pays à bas salaires : elle devient ainsi la championne du monde de la sous-traitance et donc aussi des excédents commerciaux en même temps que la terre d'accueil privilégiée des investissements des pays développés. Les milieux d'affaires américains ont très vite compris tout le profit qu'ils pouvaient trouver dans le développement de leurs relations avec la Chine[126] ; ils ne furent pas les seuls. En effet, lorsqu'une nation, la Chine en occurrence, présente l'avantage décisif d'un coût de la main d'œuvre, en dollars, bien plus bas que partout ailleurs, cela incite de très nombreuses entreprises, à travers le monde, pas seulement les grandes, à y délocaliser plus ou moins rapidement tout ou partie de leurs productions : grâce à des contrats de sous-traitance, grâce à des investissements productifs ; cela peut même aboutir, en fin de compte, à la réalisation du rêve de certaines entreprises : se débarrasser totalement de leurs activités « productives » pour ne garder que des tâches de « conception »[127].

Jusqu'en 1999/2001, un facteur d'incertitude venait toutefois limiter l'importance de ce mouvement de délocalisations de productions, notamment pour ce qui concerne les investissements. Il restait encore, en effet, la possibilité que les pays occidentaux refusent définitivement l'accès de la Chine à l'OMC et se permettent ensuite d'instaurer, en toute légalité, des droits de douane pour les produits « made in China » des entreprises multinationales. A partir du moment, en 2001, où la Chine a été formellement admise à l'OMC, cette incertitude a été levée ; dès lors, on

---

[125] Des taux de profit que voudront alors réaliser les entreprises occidentales produisant des services (commerce, banque, finance,...) et qui ne pourront être atteints, pour ce qui concerne le secteur banque/finance que moyennant des prises de risque considérables.

[126] Ces milieux d'affaires jouèrent la carte « Clinton » lors de l'élection présidentielle de 1992, estimant que celui –ci était plus apte que M. Bush père à s'opposer à la politique économique du Japon dont les firmes leur faisaient de l'ombrage et, simultanément, à faciliter les relations économiques avec la Chine; de 1992 à 2000, M. Clinton s'acquitta effectivement très bien de cette double tâche.

[127] Il s'agit là d'une conception ancienne de la notion d'activité « productive » identifiée à une production matérielle ; cette utopie d'une entreprise « fabless » (sans fabrication) était celle de M. Tchuruk, jadis PDG de la société Alcatel.

assista très naturellement à une intensification des investissements des entreprises occidentales en Chine, d'autant plus qu'à l'avantage du coût salarial s'ajoutait celui d'une défiscalisation presque totale des profits réalisés.

3. Coût salarial chinois « record du monde »

La Chine dispose d'un avantage décisif qui permet ses excédents commerciaux : son coût salarial horaire exprimé en dollars qui, selon les sources, est de 40 à 100 fois inférieur à ce qu'il est aux Etats-Unis ou en Europe. On retiendra ici l'ordre de grandeurs que nous a fourni une grande firme multinationale ayant des usines aux Etats-Unis, en Europe et en Chine : un coût horaire 80 fois inférieur à ce qu'il est en Occident, record du monde ![128]

De ce fait, il faut le souligner, la Chine se singularise par rapport aux autres pays « émergents » : le niveau de ses salaires, compte tenu du taux de change de sa monnaie, la rend plus compétitive que l'Inde, la Russie, le Mexique, le Brésil, l'Indonésie, la Turquie ; cela devrait éventuellement poser rapidement un problème à certains de ces pays, en particulier à ceux qui n'ont pas ou n'ont que peu de ressources naturelles, comme l'Inde.[129]

L'explication la plus souvent avancée pour expliquer ce faible coût repose sur la mise en avant d'un facteur en quelque sorte « naturel » : la Chine est un pays très pauvre ; ses campagnes sont misérables et caractérisées par un énorme sous-emploi : elles alimentent en conséquence des flux migratoires très importants de jeunes travailleurs vers les régions industrielles dans lesquelles sévissent pourtant chômage et sous-emploi mais où, croissance économique aidant, les opportunités de trouver un travail aussi mal payé fut-il, sont plus nombreuses qu'à la campagne. Bref, ce que Marx appelait « l'armée industrielle de réserve » existe bel et bien et contribue à comprimer très fortement les salaires, comme c'est le cas dans bien d'autres pays émergents.

---

[128] Cette entreprise insistait sur le fait que les ouvriers chinois, dans ses usines, recevaient en 2004 un salaire 20 fois inférieur à celui des ouvriers américains ; mais comme le coût de la couverture sociale, aux Etats-Unis comme en Europe, est de l'ordre de 80 à 100% du salaire net versé alors qu'elle est inexistante en Chine, le coût salarial hebdomadaire était 40 fois inférieur à celui de l'Occident ; enfin, la durée du travail, ramenée à une base hebdomadaire, est en Chine deux fois supérieure à ce qu'elle est aux Etats-Unis : on arrive ainsi au rapport de 1 à 80.

[129] Depuis l'émergence de la Chine comme « atelier du monde » certains pays comme le Mexique, connaissent une désindustrialisation très rapide ; on estime que, vers 2005, le coût salarial horaire, exprimé en dollars, était au Mexique neuf fois inférieur au coût américain ; le coût salarial horaire en Chine était donc alors neuf fois inférieur à celui du Mexique : un écart bien trop grand quand on sait que l'industrie de ce pays était aussi, très largement, une industrie de sous-traitance.

A ce premier facteur important, qui n'est pas propre à la Chine, s'ajoutent quatre autres facteurs constitués par des mesures politiques spécifiques que celle-ci peut mettre eu œuvre grâce à son organisation totalitaire : le « hukou », sorte de passeport intérieur, une répression sociale féroce, la limitation à un du nombre d'enfants des ménages, le cours de change du yuan.

a) le « hukou »

Les salaires, on l'a dit, sont extrêmement faibles du fait d'une main d'œuvre potentielle immense. Le point de départ des réformes se situe dans les campagnes : c'est là que l'on s'éloigne progressivement du collectivisme, ce qui permet des gains de productivité importants. Ces gains de productivité permettent de libérer des flux de travailleurs miséreux qui migrent alors vers les zones côtières où ils pourront trouver du travail ; mais il faut contrôler ces flux ! Un abaissement trop rapide des prix alimentaires et donc agricoles accélérerait ces flux dans des proportions telles que le système économique et social dans son ensemble serait alors menacé[130] par un énorme chômage urbain.

Les salaires moyens sont d'autant plus faibles que la moitié environ de la main d'œuvre industrielle employée est « illégale » ; une explication est nécessaire sur ce point. En Chine, pour pouvoir passer d'une province à l'autre, il est nécessaire d'avoir une sorte de visa sur le passeport intérieur ; en l'absence d'un tel document, on est en situation d'illégalité.

Ce système de passeport intérieur autorise un nombre contingenté de chômeurs des zones rurales, les minyongs, à venir dans les zones côtières urbanisées pour y occuper des emplois industriels. Il institue, de fait, une segmentation du marché du travail permettant de maintenir très bas les salaires industriels. Il y a tout d'abord le marché des emplois non-industriels qui est réservé aux personnes originaires de la zone côtière et auquel les minyongs n'ont pas accès ; sur ce marché, le niveau des salaires peut augmenter régulièrement et les salariés des secteurs concernés constituent alors une sorte de classe moyenne, une partie de la base sociale du PCC. Le deuxième marché, celui des emplois industriels, donne lieu à une différenciation importante des travailleurs selon qu'ils ont ou qu'ils n'ont pas le « hukou ».

---

[130] A ce propos, on peut se souvenir opportunément de ce qu'il est advenu au Japon à partir de la fin des années 1920 : une contre-révolution conduite par les militaires avec l'appui des masses paysannes.

Dans ce dernier cas, ils n'ont pas d'existence administrative et ne jouissent d'aucun droit, ils n'existent pas ![131]

Bien souvent ils sont « logés » par l'employeur : cela signifie alors qu'ils dorment durant la nuit dans l'atelier même où ils travaillent douze à quinze heures par jour. Parlant des mines de Potosi, Marx a cette formule très pertinente pour la Chine d'aujourd'hui : « en ce temps là, le capital était en pleine orgie » ! L'ensemble de ce dispositif permet de faire en sorte que les travailleurs de l'industrie « se battent entre eux » pour obtenir du travail : cela amplifie encore le poids du chômage sur le niveau des salaires, contribuant à ce que ceux-ci restent particulièrement bas.

b) Une répression sociale féroce

On l'a vu, la Chine est un Etat totalitaire, un Etat qui s'emploie à atomiser tous ses « ressortissants » face à lui. Pourquoi parler de ressortissants et non de citoyens ? Parce que les personnes qui vivent et travaillent en Chine n'ont aucun des droits fondamentaux qu'un Etat démocratique accorde à ses citoyens.

Depuis 1949, aucune élection d'aucune sorte en Chine, ni nationale ni locale, ni générale ni professionnelle. Aucune. Les dirigeants du Parti Communiste Chinois, sous prétexte de « société harmonieuse » commencent même à revendiquer et à justifier cette absence de toute élection. Aucun droit, ni d'expression, ni d'association, ni de manifestation. Aucune personnalité civile ne peut émerger : les personnalités qui ont défendu les malades du sida maintenus sans soin, celles qui ont protesté contre le scandale du lait à la mélanine ou celles qui ont pétitionné contre l'absence de dispositif antisismique dans les bâtiments scolaires du Sichuan ont été inquiétées et parfois même emprisonnées. Pas question de laisser émerger une personnalité médiatisée comme l'était l'abbé Pierre en France. Les dirigeants du Politburo considèrent sans doute qu'ils deviendraient trop vulnérables si existaient, dans la société chinoise, quelques personnalités civiles auréolées d'une certaine popularité.

Dans ces conditions, pas question pour le Parti Communiste Chinois de laisser le moindre droit aux travailleurs dans les entreprises. Le droit de grève y est rigoureusement interdit ; le droit d'y constituer des syndicats autonomes également. Quelques filiales chinoises d'entreprises occidentales avaient accepté de laisser se constituer des syndicats en leur sein ; elles ont

---

[131] S'ils ont un enfant, ils devront payer pour envoyer celui-ci à l'école ! La police ne les pourchasse pas, en dépit de leur situation irrégulière : ils sont bien trop utiles aux employeurs ! « On estime à 150 millions de chinois ce que l'on appelle là-bas la « population flottante », c'est-à-dire des émigrants qui n'ont pas le visa « hukou », cette sorte de permis de résidence intérieure donnant droit au logement et à l'école pour les enfants. On trouve ces migrants de l'intérieur dans les gares, dans les baraques où ils vivent tant bien que mal, sans statut, comme le font les sans-papiers en Europe ou aux Etats-Unis. », Jean-Marc et Yidir Plautade, *La face cachée de la Chine*, Bourin éditeur, Paris, 2006, p.75.

dû y renoncer, menacées qu'elles étaient de fermeture par les autorités chinoises.

En juin 2010, on a assisté il est vrai à deux phénomènes exceptionnels mais distincts : 1) un mouvement très particulier de suicides à répétition dans l'entreprise taïwanaise Foxconn (300.000 ouvriers), des suicides qui intervenaient chez des personnes désespérées par le faible niveau de leur salaire en dépit d'une durée du travail hebdomadaire exténuante, 2) un mouvement de grève exceptionnel mais très localisé, essentiellement dans quelques unités de production japonaises (Toyota, Honda).

Ce qu'il convient de noter, c'est que la grève chez Honda et chez Toyota n'a jamais contaminé l'entreprise Foxconn alors même qu'à l'évidence y prévalait un mécontentement social marqué... Quand la répression est féroce, le mécontentement, au lieu de se traduire par une protestation collective, se traduit par des comportements massifs de désespérance individuelle.

c) La politique de l'enfant unique

Deng Tsiaoping institue en 1979 la politique consistant à imposer aux couples de ne pas avoir plus d'un enfant. Il n'était pas sans avoir lu, dans sa jeunesse, « le capital » de Marx, ouvrage dans lequel celui-ci expose que le niveau des salaires est déterminé par le « coût de reproduction de la force de travail »... dans des « conditions normales ». Il avait compris que, par cette mesure démographique, une immixtion totalitaire dans la vie des familles[132], il faisait d'une pierre deux coups : d'une part cela limitait à terme la croissance de la population, c'était l'objectif officiel, d'autre part il contribuait ainsi à diminuer ce « coût de reproduction de la force de travail » et, par conséquent, à déprimer encore un peu plus le niveau des salaires[133]. Les économistes occidentaux ne prennent généralement pas en compte ce facteur qui donne un avantage réel aux industriels chinois par rapport aux productions des pays développés et aussi à celles des autres pays émergents qui, à la différence de la Chine, n'ont pas une société organisée sur le mode totalitaire.

---

[132] Une des caractéristiques du totalitarisme est que l'etat doit envahir toutes les sphères de la vie sociale ; sa présence à l'intérieur même de la famille est tout à fait significative, comme le sont les peines encourues par les contrevenants, hommes ou femmes : la stérilisation. La parenté avec certaines des mesures de l'Allemagne nazie est ici évidente.
[133] Lorsque les familles comportent trois enfants, par exemple, avec une femme qui doit s'occuper de ceux-ci et qui est par conséquent peu disponible pour un travail salarié, le salaire de l'homme doit être relativement élevé ; avec un seul enfant, la femme peut travailler facilement... Deux salaires pour faire vivre trois personnes ou un seul pour cinq : cette simplification donne une indication de l'impact baissier de la politique de l'enfant unique sur le coût salarial en Chine.

d) La manipulation du cours de change du yuan

La sous-évaluation de la monnaie chinoise est énorme et confère à la Chine un avantage absolu dans ses relations économiques avec le reste du monde. Dès la fin de l'année 1989, la Chine se lance dans sa stratégie mercantiliste des excédents extérieurs en procédant à des dévaluations successives de sa monnaie aboutissant en 1994 au cours de 8, 28 yuan pour un dollar qui restera inchangé jusqu'en juillet 2005. Après une période d'ajustement unilatéral progressif par l'Etat chinois, entre juillet 2005 et juillet 2008[134], ce cours est passé à 6.83 yuan pour un dollar alors même que, sur la base de ses calculs des « parités de pouvoir d'achat », la Banque Mondiale considère que le cours qui équilibrerait les échanges devrait être de l'ordre de 3.40 yuan pour un dollar. Ainsi, grâce à des manipulations de change, le coût salarial est en Chine 80 fois inférieur à ce qu'il est aux Etats-Unis au lieu de ne l'être que de 40 fois qui est le niveau de certains pays émergeants ou en développement qui, normalement, pourraient concurrencer la Chine. Cette manipulation est donc de première importance.

4. Contrôle des changes, interventions et dissimulations

Cet avantage formidable dont dispose la Chine repose sur un contrôle des changes drastique complété par des interventions sur le marché des changes selon des modalités qui montrent bien que les leçons de l'expérience japonaise des années 80 ont été pleinement mises à profit ; la Chine veille à ce que cette politique ne soit pas trop « visible » : un rôle de dissimulation étant pour cela dévolu à ses statistiques.

a) Contrôle des changes : la leçon du Japon

En 1980, le Japon doit renoncer au contrôle des changes sous la pression des dirigeants américains excédés par l'importance de la concurrence faite chez eux par les firmes japonaises. Malgré cela et jusqu'en 1989, les autorités japonaises vont s'efforcer de maintenir le yen à un cours très bas et cela, par des interventions sur le marché des changes.

Tant que le yen restait fortement sous-évalué, le Japon continuait à dégager des excédents commerciaux considérables ; de ce fait, il y avait à vendre, à Tokyo, en permanence, beaucoup plus de dollars contre yen que de yens contre dollar ; s'il n'avait pas été contrarié, le jeu normal de l'offre et de la demande aurait abouti à un cours du yen bien plus élevé que celui que

---

[134] Cette appréciation de 20% du yuan par rapport au dollar a été probablement décidée pour dissuader le Congrès américain d'adopter le texte dénonçant le dumping de change de la Chine qui eut contraint peut-être le Gouvernement des Etats-Unis à prendre des mesures contre la Chine. Cela est à mettre en parallèle avec le texte adopté le 29 septembre 2010 par le Congrès américain dénonçant le protectionnisme de change de certains pays ; le yuan a encore connu une baisse homéopathique puisque le voilà maintenant à 6.68 pour un dollar.

l'Etat japonais cherchait à maintenir. Grâce aux interventions répétées de la Banque du Japon sur le marché des changes, que toléraient les autorités américaines, consistant en des achats considérables de dollars, le marché dollar/yen pouvait être équilibré à un cours du yen souhaité par le Japon.

A partir de 1985, les autorités américaines perdirent patience et souhaitèrent alors mettre fin à la sous-évaluation du yen qui asphyxiait leur économie, comme le fait actuellement celle du yuan ; elles annoncèrent publiquement qu'elles recherchaient une appréciation significative du yen contre dollar. Beaucoup d'institutions financières américaines comprirent que la donne monétaire internationale était changée : elles vendirent massivement des dollars contre des yens, chose facile depuis que le contrôle des changes avait été aboli. Cette offensive compliqua la tâche de la Banque du Japon, l'obligeant dans un premier temps à amplifier ses interventions ; toutefois ses achats de dollars avaient une contrepartie défavorable puisqu'ils gonflaient inopportunément la masse monétaire, augmentant sensiblement le risque d'inflation.

Face à ce risque, la Banque du Japon pensa qu'il était judicieux de fixer à un niveau très bas son taux d'intérêt sur le yen de façon à dissuader les institutions américaines de conserver leurs positions créancières en yen, de façon aussi à encourager les banques japonaises à prêter des yens à l'étranger et, enfin, à favoriser le développement des crédits à l'économie du pays.

Ce stratagème fonctionna bien pendant un certain temps : le cours du yen continuait à être sous contrôle sans faire exploser la masse monétaire. Malheureusement, la Banque du Japon s'aperçut un peu tard qu'en voulant éviter le piège d'achats massifs de dollars, elle était tombée dans un deuxième piège : en pratiquant trop longtemps des taux d'intérêt trop bas sur le yen, elle avait en effet initié une redoutable séquence « bulle puis krach » sur le marché immobilier et sur le marché boursier. Il en résulta une grave crise bancaire et financière dont l'économie japonaise, vingt ans plus tard, ne s'est pas totalement remise.

Au moment même où la Chine commence l'installation de son dispositif mercantiliste, fin 1989, la leçon des mésaventures du Japon avait été tirée : le contrôle des changes est indispensable pour un pays qui veut maintenir durablement sa monnaie fortement sous-évaluée.

b) *La conjonction du contrôle des changes et des interventions de change*

Fort logiquement, le PCC maintient le contrôle des changes draconien et policier mis en place 1949. Ce contrôle vise en premier lieu à empêcher des afflux de capitaux étrangers qui pourraient jouer un rôle déstabilisateur : il n'exonère toutefois pas les autorités chinoises de pratiquer des interventions de change sur le marché des changes de Shanghaï qui, grâce au contrôle des changes, est déconnecté du marché des changes international.

Le succès de cette pratique est lié au fait qu'il y a déconnection entre le marché des changes national et les autres marchés, de sorte que toute spéculation extérieure est impossible ; pour qu'il en soit ainsi, une réglementation très stricte est appliquée : tout transfert de fonds avec l'étranger, dans un sens ou dans l'autre, qu'il s'agisse de résidents ou de non-résidents, est réputé interdit sauf en cas d'autorisation explicite ; il en va de même pour les conversions entre yuans et devises[135]. Compte tenu du rôle que joue le verrouillage du cours yuan/dollar dans la stratégie conquérante de la Chine, le Pouvoir chinois ne plaisante pas : malheur aux contrevenants, de lourdes peines judiciaires leur sont appliquées de façon à dissuader tout contournement. Un système aussi répressif est inimaginable dans les pays démocratiques ou même dans les pays qui, sans être démocratiques, ne sont pas aussi autoritaires que ne l'est la Chine ; seuls des pays très autoritaires peuvent accéder de nos jours au privilège d'une monnaie fortement et durablement sous-évaluée !

Le marché de Shanghaï permet aux entreprises de Chine de dénouer entre elles, par le biais des banques commerciales chinoises, leurs opérations de changes, qui doivent être dument autorisées : certaines entreprises doivent convertir en yuans des devises obtenues par leurs exportations ou reçues à l'occasion d'investissements d'entreprises étrangères, d'autres entreprises au contraire ont à régler des importations et doivent donc acheter des devises.

Du fait du très grand déséquilibre du commerce extérieur[136], les opérations des unes et des autres sont loin de s'équilibrer : les devises que les entreprises de Chine ont à vendre ont un montant bien supérieur à celui des devises qu'elles ont à acheter. Si ce marché des changes n'était pas manipulé, il y aurait un ajustement qui conduirait à une hausse très importante du yuan contre les devises étrangères ; tel n'est pas le cas : en permanence la Banque Populaire de Chine achète le montant net des devises restant à vendre sur le marché, qu'elle règle en émettant des yuans[137].

c) *Un protectionnisme monétaire impuni*

Au vu du désastre que produisent dans le monde ces manipulations monétaires, une question vient légitimement à l'esprit : mais que fait l'OMC ? Quel rôle joue donc cette organisation internationale ? Est-il

---

[135] Les autorisations concernent les conversions associées aux exportations ou importations ainsi que les mouvements de fonds associés aux investissements.
[136] Ce déséquilibre de la balance commerciale explique pour une large part le déséquilibre monétaire qui résulte aussi du fait que, par des investissements directs renouvelés, les entreprises occidentales rendent excédentaire également la balance des capitaux à long terme de la Chine.
[137] Du fait que le commerce extérieur contribue à gonfler la masse monétaire en circulation, on comprend bien pourquoi la Chine ne cherche pas à développer son système de crédit.

légitime qu'elle puisse traquer et punir des pays qui cherchent à limiter leur déficit commercial par des droits de douanes ou par des subventions aux exportations alors que, dans le même temps, un pays aussi puissant que la Chine peut impunément poursuivre son « dumping de change » et obtenir ainsi des excédents commerciaux colossaux ? Il faut le souligner : le protectionnisme monétaire et le protectionnisme « douanier » sont équivalents, parfaitement substituables l'un à l'autre. Quand la Chine impose au monde un cours de 6.80 yuan pour un dollar au lieu de 3.40, c'est comme si elle freinait ses importations par des droits de douane de 100% de la valeur des produits et comme si elle dopait ses exportations par un subventionnement de 50% du prix des produits[138].

Jusqu'en 2001, les pays adhérents à l'OMC ne se différentiaient pas beaucoup ; sauf exceptions (quelques pays qui recouraient à un contrôle des changes défensif parce qu'ils étaient exposés à un déficit commercial chronique), ces pays avaient renoncé à des contrôles de change. Pour parfaire les règles du jeu, pour que le commerce international devienne encore plus équitable, ces pays s'étaient par ailleurs engagés à renoncer aux droits de douane et aux subventions à l'exportation.

Mais en acceptant en 2001 de faire entrer à l'OMC la Chine avec son privilège de change, les pays membres de cette organisation ont fait entrer un éléphant dans leur magasin de porcelaines. L'éléphant chinois piétine maintenant joyeusement tout le dispositif qui visait à l'équité des échanges internationaux. Grâce à son entrée à l'OMC, la Chine a, ipso facto, réussi à interdire aux pays membres le recours à tout protectionnisme douanier défensif à son encontre en réponse à son protectionnisme monétaire agressif[139].

Cette impunité que lui assure l'OMC a des limites qui obligent la Chine à une certaine discrétion sur la nature et l'étendue de sa politique commerciale. Grâce au très puissant lobby chinois des Etats-Unis, la Chine a réussi à éviter, jusqu'en 2010, une réaction du Gouvernement américain à sa pratique de dumping de change : elle s'emploie, avec un certain succès, à

---

[138] A l'importation, une marchandise dont le prix est de 100 $ aux Etats-Unis vaudrait 340 yuan si le cours $/yuan pratiqué était de 3,40 ; elle vaut 680 yuan dès lors que le cours de change imposé par la Chine est de 6,80. Les marchandises américaines sont donc deux fois plus chères en yuan qu'elles ne le devraient. La sous-évaluation du yuan équivaut à un droit de douane de 100% infligé par la Chine aux exportateurs américains. A l'exportation, une marchandise dont le prix est de 680 yuan en Chine vaudrait 200$ si le cours $/yuan qui était pratiqué était de 3,40 mais vaut en réalité 100$ dès lors que le cours de change imposé par la Chine est de 6,80. Les marchandises chinoises sont donc deux fois moins chères en dollar qu'elles ne le devraient. La sous-évaluation du yuan équivaut donc à un subventionnement de 50% octroyé par la Chine aux exportateurs chinois.

[139] Il faut le rappeler, le protectionnisme n'est pas, en lui-même, « bon » ou « mauvais » ; il est notamment nécessaire et utile pour un pays chroniquement en déficit ; à l'inverse le protectionnisme « monétaire » d'un pays excédentaire constitue une agression pour les pays en déficit de ce fait.

minimiser systématiquement l'importance de ses excédents commerciaux afin d'éviter que ne soit débattue, dans les instances internationales, la question de son taux de change.

d) Les statistiques et la dissimulation de la politique de change

Dès la fin de l'année 1989, après l'épuration des éléments « peu fiables » de l'équipe dirigeante, la politique de change caractérisée par une monnaie fortement sous-évaluée est mise en œuvre ; le dollar, qui valait 3,73 yuans, passe à 4,73 yuans puis à 5,23, une dévaluation de l'ordre de 30 %[140]. Quatre ans plus tard, fin 1993, la même opération se répète ; la valeur du dollar passe de 5,82 à 8,68 yuans : là, encore la dévaluation dépasse 30 %[141]. Même en tenant compte du fait que l'inflation chinoise, à cette époque-là, est un peu plus forte que celles qui sévissent dans les pays partenaires de la Chine, il n'en demeure pas moins vrai que l'ensemble des deux dévaluations conduit à une dépréciation réelle de la monnaie chinoise de l'ordre de 40 à 50 %. Les résultats ne se font pas attendre : alors que, dans les années 1980, le commerce extérieur chinois était déficitaire (du fait, on l'a vu, des importations de biens d'équipement liées aux IDE), il devient largement excédentaires dès l'année 1990, et il le restera ! La monnaie chinoise, depuis vingt ans, reste très largement sous-évaluée. Ce fait d'évidence – tellement sont grands les excédents commerciaux de ce pays – est curieusement loin d'être reconnu par tous.

Dans la même veine, le PIB de la Chine est très largement sous-estimé, ce qui est évidemment lié au taux de change, mais là encore, loin d'être reconnu. La plupart des études ou articles de revues se rapportant à la Chine lui attribuent un PIB égal à 6 % du PIB mondial ; les économistes ont une étrange propension à ne pas être critiques vis-à-vis des statistiques qu'ils utilisent. Pourtant, comment peut-on imaginer sérieusement qu'un pays qui consomme plus de la moitié de l'acier produit dans le monde, qui est le premier consommateur d'aluminium, le second pour les produits pétroliers, le premier producteur et consommateur de charbon (un grand pollueur aussi) avec plus d'un milliard de tonnes par an, puisse « peser » seulement 6 % ou 7% du PIB mondial, un peu plus que la Grande Bretagne ou la France, à peine autant que l'Allemagne ?

Dans des études menées il y a quelques années fondées sur les parités de pouvoir d'achat, le Fonds Monétaire International avançait 16 % du PIB mondial pour la Chine, ce qui est évidemment nettement plus réaliste ; des calculs grossiers prenant en compte les évolutions des PIB des principaux

---

[140] Une dévaluation qui sera un facteur d'aggravation de la crise japonaise qui lui est concomitante.
[141] Cette deuxième dévaluation se fait dans le contexte de « l'endaka », la montée du cours de la monnaie japonaise contre dollar ; elle contribue une nouvelle fois à accroître les difficultés économiques du Japon.

pays durant ces trois dernières années nous amènent à l'idée que le PIB de la Chine serait, en 2009, de l'ordre de 20 % du PIB mondial, à l'égal de celui des Etats-Unis... Alors même que, sur la base du cours dollar/yuan imposé par la Chine, ce PIB ne serait que de l'ordre de 7 %, trois fois moins.

Trois fois moins : voilà une mesure, certes grossière, mais une première approximation tout de même de la sous-évaluation de la monnaie chinoise ! Le nombre de yuans s'échangeant contre un dollar devrait être de deux, de deux et demi, au plus de trois au lieu de 6,85 actuellement. Une sérieuse différence !

Les « docteurs Diafoirus » de l'économie objecteront que ce mode de calcul est bien trop rudimentaire, qu'il faut prendre en compte le fait que certains biens sont échangeables et d'autres pas, que les structures de consommation ne sont pas les mêmes dans les différents pays du monde, qu'il faut prendre en compte des flux de capitaux, etc. On peut évidemment discuter pour savoir si le taux de sous-évaluation du yuan est de 66 % ou bien de 60 % seulement : retenons toutefois qu'il est énorme.

C'est justement parce que la sous-évaluation de la monnaie chinoise est énorme que les excédents commerciaux sont eux-mêmes gigantesques. Mais, là encore, il y a des divergences sérieuses dans le chiffrage. A partir des statistiques chinoises, l'excédent commercial serait en 2007-2008 de l'ordre de 25 milliards de dollars par mois, environ 300 milliards sur une année. Si, en revanche, on utilise les statistiques issues des différents pays qui commercent avec la Chine, le résultat est bien différent : on obtient le double, soit 600 milliards par an !

Dans la stratégie de la Chine, les statistiques constituent un véritable enjeu ; il est important que les excédents commerciaux qu'elle réalise n'apparaissent pas pour ce qu'ils sont, à savoir la cause principale du déséquilibre de l'économie mondiale. Considérer que le taux de change de la monnaie chinoise est « normal », que la Chine ne représente que 7 % ou 8 % du PIB mondial ou que les excédents commerciaux sont « seulement » de 250 à 300 milliards de dollars par an procède de la même entreprise de dissimulation, complétée par toute une rhétorique sur les dangers d'un « retour au protectionnisme » et sur les méfaits de l'utilisation du dollar comme monnaie internationale. On voit bien l'intérêt que retire la Chine de cette dissimulation : la poursuite de sa politique mercantiliste dévastatrice pour tous les autres.

A cet égard, il est selon nous significatif que depuis que l'ancien numéro deux de la banque centrale de Chine, M. Zhou, a été nommé conseiller spécial de M. Strauss-Khan au FMI, cette institution ait changé sa façon de comptabiliser le commerce extérieur chinois, reprenant à son compte les statistiques officielles de ce pays qui conduisent à une sous-estimation de 50% de son excédent commercial réel.

Les nations occidentales, déjà inconscientes des dégâts qu'elles subissent à travers leur commerce extérieur avec la Chine, le sont une nouvelle fois en ignorant les dégâts que leur valent les transferts majeurs de technologies en direction de ce pays.

5. Un capitalisme totalitaire « patriotique »

Comment donc la Chine parvient-elle à concilier avec succès l'organisation totalitaire de la société avec la décentralisation des décisions économiques que suppose « l'économie de marché » ? En fait, le capitalisme « patriotique » constitue la règle : il ne saurait être question qu'une entreprise, grande ou petite, ait un comportement allant à l'encontre des intérêts de l'Etat et du PCC. Les dirigeants des entreprises, de même que la majeure partie de leurs cadres, sont affiliés au Parti Communiste : cette appartenance est indispensable pour les carrières, pour le succès dans les affaires, pour le contrôle de la main d'œuvre puisqu'elle s'accompagne du contrôle des « syndicats » - des syndicats maison – lorsqu'ils existent.

Dès lors, en dépit de la multiplicité des entreprises dans les différents secteurs d'activité et de la concurrence qui peut régner dans celles-ci, l'Etat, par l'intermédiaire du Parti, peut imposer un contrôle très réel des activités économiques[142]. Le Parti et l'Etat ne fixent pas de limites à l'enrichissement des dirigeants ; toutefois, à tout moment et en tout lieu, à l'extérieur de la Chine comme à l'intérieur, il faut savoir se conformer à d'éventuelles directives venues d'en haut ; ainsi, si tel dirigeant d'une entreprise occidentale se montre critique vis-à-vis de la Chine et donc « inamical », il est dans ce cas du devoir « patriotique » des responsables susceptibles d'être concernés de faire en sorte que plus un seul contrat de commande ou de vente ne s'adresse désormais à cette entreprise.

Dans le capitalisme totalitaire « patriotique »[143], l'assujettissement des entreprises au Parti et à l'Etat trouve sa contrepartie dans la possibilité de comprimer très fortement les salaires, notamment par le maintien d'une très large fraction des salariés dans une situation de non-droit et de quasi illégalité, expression d'une politique sociale impitoyable.

Le partage entre les salaires et les profits se fait ainsi tout à l'avantage du capital dont l'accumulation très rapide permet le maintien d'un taux de

---

[142] La concurrence, la pluralité des entreprises dans un secteur donné n'excluent pas que, vis-à-vis de l'extérieur, tout se passe comme s'il y avait un monopole d'État. Dans le « match » entre Boeing et Airbus par la fourniture de deux cents avions, le négociateur Chinois était l'Etat Chinois et non pas telle ou telle entreprise de l'aéronautique chinoise.

[143] Les dirigeants chinois n'acceptent évidemment pas ce qualificatif de « capitalisme » : ils construisent en effet le « socialisme » grâce à une économie de marché, disent-ils, en tenant compte des spécificités « nationales » de la Chine… un socialisme « national » en quelque sorte. On peut remarquer ici que le monde a déjà connu une nation développant un capitalisme totalitaire sous l'égide d'un parti à la fois socialiste et national !

change de combat, base des excédents extérieurs et de la croissance économique[144].

Dans ces conditions, il est hors de question que le PCC laisse surgir la démocratie en Chine ! Beaucoup d'essayistes occidentaux prétendent avoir démontré que la démocratie est nécessaire au développement du capitalisme : la Chine leur offre un démenti de taille ! Le modèle de la société chinoise d'aujourd'hui est radicalement distinct de celui des pays capitalistes avancés à un point tel que cela ne peut que déboucher sur une rivalité de plus en plus forte avec l'Occident, prélude à une confrontation inéluctable à laquelle se préparent les dirigeants chinois.

A cet égard, très significative semble être une déclaration récente du « numéro deux » de la Banque centrale de Chine cité par *La Tribune*[145] : « La Chine est un pays à l'économie planifiée ; les pays à l'économie planifiée représentent déjà 40 % du PIB mondial » ; dans cette déclaration, « économie planifiée » est une expression codée désignant la forme de société à son image et dans son sillage que la Chine entend promouvoir à travers le monde, le terme « déjà » indique une volonté de progression. Les dirigeants chinois, attentifs au maintien et au développement de leurs privilèges politiques, économiques et sociaux en Chine ont besoin à la fois du maintien sur le territoire national du capitalisme totalitaire, et de son extension à l'échelle planétaire.[146]

Il leur faut néanmoins avancer masqués et dissimuler les éléments essentiels de leur stratégie, en premier lieu la sous-évaluation de leur monnaie.

6. Transferts de technologie et puissance commerciale

La Chine a, depuis longtemps, une politique systématique concernant les transferts de technologies. L'établissement de « joint ventures » dans les années 1980 et 1990 lui permit de capter les technologies de base pour une

---

[144] Le modèle mercantiliste à forts excédents commerciaux permet en effet une croissance économique très forte, ce qui signifie aussi une croissance très forte des dépenses intérieures. Si le renminbi devenait convertible et si, par conséquent, le commerce extérieur chinois devenait équilibré, il en résulterait une nécessité absolue, pour maintenir la croissance, de stimuler la demande intérieure et, par conséquent, d'augmenter les salaires ; les profits seraient alors moins élevés : ce n'est donc certainement pas le souhait de l'oligarchie chinoise.
[145] *La Tribune*, 15 avril 2008.
[146] On retrouve ainsi le lien très fort qu'il y a dans la doctrine mercantiliste entre la recherche de la richesse et celle de la puissance. Toutefois le « modèle » mercantiliste correspondant à la société anglaise du temps de W. Petty et celui correspondant à la Chine contemporaine présentent une différence importante ; dans le premier cas, ce modèle est au service de la noblesse du Royaume, et la liberté religieuse et de pensée y apparaît comme une condition de son efficacité alors que dans le second cas, il est au service d'une oligarchie de la politique et des affaires qui, pour se maintenir, a besoin d'une organisation totalitaire.

grande partie des secteurs de l'industrie ; ces opérations combinant 51% de capitaux chinois et 49% d'investissements directs étrangers (IDE) furent bien davantage favorables à la partie chinoise qui avait ainsi accès à des technologies qu'à ses partenaires qui étaient, en cas de conflit, presque toujours perdants du fait du contrôle du PCC sur les institutions chargées d'assurer l'application des règles de droit.

Depuis le début des années 2000, les joint ventures ont perdu de leur importance : c'est désormais la puissance commerciale de la Chine qui constitue un levier pour obtenir des transferts de technologie significatifs à l'occasion de marchés énormes, notamment dans le secteur des biens d'équipement. Il faut avoir présent à l'esprit le fait que la Chine importe chaque mois de l'ordre de cent milliards de dollars de biens et que, pour certains d'entre eux, cela représente 50% du marché mondial !

A titre d'exemple, deux concurrents étaient en lice, il y a trois ans, pour un « marché du siècle » de centrales nucléaires destinées à produire de l'électricité à construire en Chine : le français Areva et l'américain Westinghouse qui emporta le marché car, à l'inverse d'AREVA, il acceptait de transférer sa technologie. Autre exemple significatif : le marché de deux cents avions moyen-courriers pour lequel l'européen Airbus fut choisi plutôt que son concurrent Boeing car il acceptait de fabriquer ces avions en Chine, ce qui, en dépit des dénégations de la direction d'Airbus, implique un transfert massif de technologie[147].

Désormais, grâce aux transferts de technologie dont elle a pu bénéficier et dont elle continue de bénéficier, la Chine est en mesure d'occuper, au moins à terme, la première place mondiale dans presque tous les secteurs, que ce soit sur le plan quantitatif ou, dans un avenir prévisible, sur le plan qualitatif. Comment ne pas voir que cela constitue un danger mortel pour les firmes multinationales, même si celles-ci, prises individuellement, peuvent trouver un intérêt à court terme évident dans leurs relations avec la Chine ?

Certes, il est légitime, pour un citoyen américain ou européen, de blâmer les nombreux groupes américains qui ont fait dans les années 1990 du lobbying destiné à l'Administration Clinton et au Congrès aboutissant à ce que les Etats-Unis donnent en 1999 leur feu vert à l'entrée de la Chine, sans aucune condition sur son taux de change, à l'OMC ; il est de même légitime de blâmer les nombreux groupes industriels occidentaux qui pratiquent maintenant un lobbying sur leurs gouvernements pour que le statu quo sur le yuan soit maintenu et, avec lui, le privilège de change dont dispose la Chine et les profits élevés qu'ils pourront réaliser.

Le paradoxe, c'est qu'on ne peut toutefois pas reprocher aux entreprises occidentales individuelles de céder à la logique du « plus offrant », tant en

---

[147] On peut remarquer que peu de temps après la conclusion de cet accord, la Chine a annoncé son intention de produire un avion « gros porteur » directement concurrent de l'avion A380 d'Airbus-Industries.

matière d'approvisionnements qu'en matière d'investissements. Même si elles sont faussées, les règles de la concurrence demeurent : une entreprise occidentale courrait à sa perte si, pour des raisons éthiques, elle était la seule à refuser les approvisionnements très bon marché en provenance de Chine ou les opportunités d'investissements très avantageux en Chine.

Dès le moment où les dirigeants politiques occidentaux cèdent au lobbying de ces groupes de pression et où ils optent pour la passivité face aux initiatives agressives de la Chine, on assiste au spectacle navrant où un nombre croissant d'entreprises occidentales, en dépit d'elles mêmes, sont amenées à « jouer contre leur camp ».

Chaque fois qu'une entreprise occidentale, à la poursuite de ses intérêts individuels, est amenée à investir en Chine, ou même à y baser complètement sa production, cela constitue un atout industriel supplémentaire pour la Chine et cela contribue à alimenter le mouvement de désertification industrielle qui affecte les pays développés.

L'efficacité de la stratégie économique mise en place par la Chine est indissociable des relations politiques que celle-ci développe avec le reste du monde ; cela commence en 1972…

7. Le rapprochement Chine - Etats-Unis au détriment du Japon (1972 – 1995)

Peu de présidents américains auront eu une importance égale à celle de Richard Nixon ; celui-ci non seulement mit fin à une partie significative des accords de Bretton-Woods mais aussi attacha son nom à l'établissement de relations entre la Chine communiste et les Etats-Unis, en 1972 ; ce sera là le début d'une alliance à l'apparence circonstancielle dont l'importance économique s'avérera être décisive par la suite.

A cette époque-là, la Chine – qui revendique la souveraineté de territoires immenses en Sibérie et en Extrême-Orient russe[148] – craint beaucoup la puissance militaire soviétique[149] ainsi que celle de son allié, le Vietnam, ennemi traditionnel de la Chine, qui est lui-même en guerre contre l'Amérique. Cette situation va faciliter ce rapprochement dans la grande tradition de la realpolitik ; celui-ci facilitera à son tour les relations

---

[148] « En septembre 1964, les lecteurs de la Pravda sont scandalisés par un article expliquant non seulement que Mao réclame les territoires asiatiques perdus par l'empire Chinois au profit de la Russie aux dix-neuvième siècle, mais aussi qu'il dénonce l'URSS pour son appropriation des îles Kouriles, d'une partie de la Pologne, de la Prusse-Orientale et d'un morceau de Roumanie. Du point de vue de Mao, il faut réduire la taille de l'URSS, et la revendication chinoise porte sur 1,5 million de kilomètres carrés. », Paul Kennedy, op. cit., p. 626.

[149] En 1964 une véritable guerre, sur les frontières, va opposer l'Union Soviétique et la Chine ; contrairement à ce qui a été dit à l'époque, il ne s'agissait nullement de simples « escarmouches ».

économiques de la Chine avec le principal allié des américains dans la région, le Japon : dès cette époque, les productions de firmes de ce pays effectuées en Chine, dans le cadre de contrats de sous-traitance, se multiplient.

Dans les années 1980, de plus en plus de firmes américaines recourent aussi à la sous-traitance chinoise alors même que, par ailleurs, se multiplient les joint ventures qui sont désormais possibles[150] et qui vont permettre d'appréciables transferts de technologie.

Pour les Etats-Unis, la Chine devient un partenaire économique de première importance au moment même où la concurrence des produits américains par les produits japonais se fait durement sentir ; à partir de ce moment-là, les milieux d'affaires américains joueront « la Chine contre le Japon ». La première manifestation en sera la volonté du gouvernement américain de mettre fin au déficit du commerce extérieur de leur pays avec le Japon : les accords du Plaza (1985) et du Louvre (1987) vont obliger le Japon à modifier sa politique économique, dont le rôle a sans doute été décisif dans le déclenchement de la crise économique et financière prolongée qui suit, de 1990 à 2002.

En 1992, les milieux d'affaires américains, très attachés au développement de leurs bonnes relations avec la Chine et aux profits qu'elles permettent, contribueront de façon probablement décisive à l'élection à la présidence de M. Clinton pour la raison qu'il était supposé être plus favorable à la Chine et plus hostile au Japon que M. Bush.

Durant le premier mandat de M. Clinton, les Etats-Unis mènent une sorte d'opération « anti Japon » conduisant à une montée inexorable du yen de 1992 à 1995, alors même que la Chine procède à une dévaluation massive de sa monnaie par rapport au dollar, fin 1993 et début 1994. Au moment où le Japon essaie de sortir de la crise qui est la sienne, cette conjonction porte une atteinte grave à ce qui constitue le moteur de sa croissance, son commerce extérieur.

La conjonction d'intérêts entre industriels américains et oligarques chinois aura une traduction sur le plan politique plus éclatante encore durant le deuxième mandat de M. Clinton ; le président américain fait en sorte que la Chine intègre l'Organisation mondiale du commerce (OMC). Le feu vert américain est donné en 1999, sans que personne ne s'émeuve du fait que la Chine entende conserver, malgré cela, le taux de change qui est le sien et qui est sous-évalué dans des proportions considérables ; il est vrai que depuis l'abandon de fait des accords de Bretton Woods en 1973, le FMI, dont c'était l'une des missions, ne s'intéresse plus guère à la « loyauté » des taux de change ! La Chine entre donc dans l'OMC en 2001 : c'est le point de départ

---

[150] Ceci explique le fait que le commerce extérieur chinois enregistre des déficits dans les années 1980 : les joint ventures suscitent des importations de biens d'équipement.

d'une envolée de ses exportations et, par conséquent, d'un grave déséquilibre du commerce mondial.

Pourquoi donc une telle envolée des exportations chinoises ? Tant que la Chine ne faisait pas partie du « club OMC », les différents pays du monde avaient la possibilité de répondre au « dumping de change » de celle-ci par des taxes sur les produits qu'elle leur envoyait ; à partir du moment où la Chine fait partie de l'OMC, les autres membres n'ont plus les moyens de mettre en place des protections douanières vis-à-vis d'elle. De même, tant que la Chine ne faisait pas partie du « club OMC », il était relativement hasardeux, pour une multinationale, de focaliser son schéma de production international sur la Chine : la Chine à l'OMC, il n'y a plus de risques à le faire, ou ils sont en tous cas bien moindres. Il n'y a, par ailleurs, plus d'obstacle à ce que les entreprises chinoises elles-mêmes produisent plus que par le passé, à leur propre compte, des produits finis qu'elles pourront exporter dans le monde entier. La Chine n'a plus besoin désormais de se cantonner principalement dans les activités de sous-traitance.

Ce faisant, elle retrouve ainsi le « modèle japonais » dans son intégralité[151]. En effet, l'un des aspects essentiels du développement du Japon durant la période 45-85 est qu'il a pu, grâce à un taux d'accumulation élevé, faire travailler le capital japonais à une échelle géographique bien plus large que celle de son territoire national, et profiter ainsi de la division internationale du travail que cela suscitait. De cette façon, les revenus moyens au Japon ont pu croître rapidement sans pour autant qu'il soit nécessaire d'augmenter sensiblement le taux de rémunération des différentes catégories de salariés. Dans le développement chinois, les provinces intérieures pauvres jouent alors, par rapport aux provinces côtières, le rôle qui était celui des pays à main d'œuvre bon marché par rapport au Japon[152].

8. Un exemple du lien entre les affaires et la politique : les pressions à propos de Taïwan

Le rapprochement qui s'était opéré entre la Chine et l'Amérique n'a pas été sans interférer sur les relations qu'entretenaient l'un et l'autre de ces pays avec le Japon, on l'a vu sur les plans économiques et commerciaux, mais aussi sur les plans politiques et militaires, avec la place particulièrement importante de la question de Taïwan ; on verra ainsi le lien très fort que font les dirigeants chinois entre le commerce et la politique extérieure.

---

[151] On fait référence ici à un « modèle économique » ; de ce point de vue, la Chine retrouve bien le modèle japonais. Toutefois, il y a, bien sûr, une différence politique fondamentale entre la Chine et le Japon de l'an 2000 : la première est totalitaire, le second est démocratique.
[152] Même au sein des provinces côtières de la Chine, il y a une segmentation profonde de la main d'œuvre, entre les « minjongs » et la main d'œuvre « normale ».

En 1995-1996, les chinois développent une compagne d'intimidation destinée à infléchir les orientations politiques de Taïwan : déploiement de missiles en face de l'île, manoeuvres aériennes et navales dans le détroit de Formose. Alors même qu'ils avaient orchestré la montée du yen afin, en quelque sorte, de punir le Japon pour la concurrence de ses firmes faite à celles des Etats-Unis, les dirigeants américains comprennent alors qu'ils ont à nouveau[153] besoin de leur allié japonais ; une première rencontre, en février 1996 à Santa Monica entre le premier ministre japonais, M. Hashimoto, et le Président Clinton conduit ce dernier à infléchir fortement la politique américaine à l'égard du Japon : la montée du cours du yen qui asphyxiait l'économie de ce pays est stoppée car il est nécessaire de relancer la coopération militaire.

Les Etats-Unis envoient alors deux porte-avions dans le détroit de Formose, geste fort peu apprécié par le Gouvernement chinois, et surtout relancent la coopération militaire avec le Japon qui, jusque là, avait un caractère purement défensif ; le Japon, qui ne disposait que d'une armée très réduite sans aucun potentiel stratégique, est désormais invité à prendre une part active à la défense commune en développant son potentiel aérien et naval ; les deux pays signent dès avril 1996 une déclaration dans ce sens puis, dans les mois qui suivent, des accords plus précis.

Le Gouvernement chinois n'a pas ménagé ses efforts pour faire pression sur le Gouvernement japonais afin de dissuader celui-ci de donner suite à ces projets[154], sans succès. Dès lors, la Chine va organiser de façon immédiate, une riposte à la fois politique et économique.

Sur le plan politique, en avril 1996, au moment même où MM. Clinton et Hashimoto signent leur déclaration commune, les Présidents Jiang Zemin et Boris Eltsine annoncent un accord stratégique russo-chinois ; quand on sait l'importance stratégique de la façade maritime russe dans la mer du Japon, on mesure la portée d'un tel accord[155].

---

[153] Au milieu des années 1990, les Etats-Unis sont dans une période d'euphorie : l'Union Soviétique s'est effondrée, leur croissance est forte, ils peuvent régner sans partage sur le monde et se permettre, par conséquent, de rudoyer leurs alliés, notamment le Japon.

[154] Pour Pékin, l'alliance défensive Japon/USA fait place à une alliance « offensive ». Une personnalité officielle du Centre chinois d'Etudes Stratégiques déclare ainsi, en 1996: « We don't care about the American defense of Japan, but we do care about the expansion of the treaty to cover the entire Asia-Pacific region, and about encouraging Japan to play a military role. That is very negative ». (*The coming conflict...*, page 170).

[155] Cet accord entre la Russie et la Chine totalitaire peut apparaître comme un « remake » du désastreux pacte germano-soviétique conclu en 1939 par Staline et Hitler! A court terme, il permet à la Russie d'exporter en Chine des avions de combat perfectionnés et d'exporter les technologies qui vont avec! A terme, il pourrait se révéler désastreux pour la Russie, compte tenu des appétits territoriaux chinois. Toutefois, de la même façon que la France et la Grande-Bretagne ont une responsabilité, par leurs atermoiements, dans la conclusion du pacte de 1939, il faut noter que les Etats-Unis de 1996 ont une responsabilité analogue dans la mesure où ils continuaient, de fait, leur politique de « containment » de l'époque Soviétique.

Sur le plan économique, les punitions vont être, elles aussi, très rapides. Boeing perdait un contrat d'un milliard et demi de dollars au bénéfice d'Airbus Industries et Li Peng se félicitait de l'attitude des responsables Européens : « They do not attach political strings to cooperation with China, unlike the Americans who arbitrarily resort to the threat of sanctions or the use of sanctions »[156] ; ce que les Chinois reprochent ainsi aux Américains est très exactement ce qu'ils pratiquent eux-mêmes à grande échelle !

Il fallait aussi punir, et punir sévèrement, le complice des Américains, le Japon ! Dès le mois de juin 1996, un mois seulement après la déclaration américano-japonaise, un officiel chinois signale qu'un changement est intervenu dans le choix final du consortium devant fournir des biens d'équipement pour une valeur de quatre milliards de dollars pour l'immense projet des Trois Gorges sur le fleuve Yangtze. Le consortium japonais (Mitsubishi, Toshiba, Hitachi), qui avait virtuellement gagné la partie est remplacé par un consortium germano-canadien ! Il convenait d'être très « pédagogique », de bien faire comprendre à la partie japonaise les raisons de son échec : « Japan's close association with objectionable American policies is not easily forgotten ». La Chine souhaite que le Japon soit faible, notamment sur le plan militaire, afin d'être en mesure d'atteindre plus facilement les objectifs d'hégémonie en Asie qui sont les siens.

Dans ce contexte, la situation du Japon est tout sauf confortable. D'un côté il est inquiet de la montée en puissance économique, politique et militaire de la Chine susceptible de compromettre à terme ses intérêts économiques en Asie, d'autant plus que le Gouvernement chinois encourage de façon récurrente le développement des sentiments anti-japonais au sein de la population de la Chine ; ces inquiétudes peuvent inciter le Gouvernement japonais à jouer à fond la carte de l'alliance militaire avec les Etats-Unis. D'un autre côté, les entreprises japonaises qui sous-traitent une grande partie de leurs productions en Chine, craignent pour leurs profits et souhaitent en conséquence que leur gouvernement mène à l'égard de la Chine une sorte de « politique d'apaisement » ; elles sont prêtes à soutenir pour cela les milieux « pacifistes »[157] partisans d'une armée réduite.

On le voit, les pressions politiques du gouvernement chinois sont d'autant plus aisées qu'elles peuvent s'appuyer sur des alliés de choix : les firmes industrielles, que celles-ci soient japonaises ou occidentales.

---

[156] « The coming conflict... », op. cit., page 109.
[157] Les milieux pacifistes tirent un partie de leur influence des sentiments de culpabilité liés au passé militariste du pays; la propagande chinoise utilise largement ce registre.

9. Un système de sanctions gratifications des firmes au service de la politique chinoise

Au niveau macroéconomique, la Chine, avec ses bas salaires et son taux de change sous-évalué, est un Eldorado pour les firmes des pays développés qui s'y approvisionnent ou qui sous-traitent certaines de leurs productions ou certains de leurs segments de production, et qui le font d'autant plus volontiers que la monnaie chinoise est largement sous-évaluée. Ces firmes ont un intérêt direct et puissant à ce que cette situation se perpétue puisqu'elle leur permet d'obtenir des niveaux de profit exceptionnellement élevés.

Le financement par la Chine de déficits publics occidentaux constitue un moyen pour elle de maintenir au niveau qu'elle souhaite son taux de change en même temps, on le verra, que cela constitue une facilité, un piège, pour les pays concernés qui sont, de ce fait, dans une situation de dépendance croissante.

A un autre niveau, celui des contrats d'entreprises, la Chine a une pratique très bien rodée de sanctions ou de gratifications liée à l'attitude des gouvernements ou des entreprises des pays développés vis-à-vis de la politique chinoise. Cela concerne des entreprises qui ont des filiales en Chine, qui sous-traitent des productions en Chine, qui achètent des fournitures en Chine, qui vendent des biens à la Chine. Et cela concerne aussi les États. La règle générale est que, pour faire des affaires avec la Chine, il faut dire du bien de celle-ci ; à tout le moins, il ne faut pas critiquer la politique de son gouvernement et il vaut mieux s'abstenir d'aborder certains sujets sensibles : les droits de l'homme, le Tibet, les relations avec Taïwan, les conflits interethniques, etc.

« For China, resisting pressure on human rights is a matter of political survival for the sake of which Beijing has waged an unremitting, sometimes – oblique, always – multifront war against the United States. It is a war that has involved fierce diplomatic pressure on other countries, appeals to Pan-Asian cultural solidarity, energetic lobbying inside the United States, and, most effective of all, the adoption of a cunning system of economic rewards and punishments aimed at bringing American corporations onto China's side »[158]. La pression sur les entreprises, américaines ou européennes, depuis vingt ans va s'avérer être très efficace. Ainsi en 1992 et 1993, au début de son mandat, le président Clinton prétendait établir un lien entre les droits de l'homme et le développement des affaires entre son pays et la Chine; cela concernait notamment l'application à la Chine de la « clause de la nation la plus favorisée » ; cela fut interprété, du côté chinois, comme un bluff d'amateur : à juste titre !

---

[158] Richard Bernstein, Ross H. Munro *The coming conflict with China*, op. cit., page 101.

C'est qu'en effet les entreprises américaines risquaient de perdre beaucoup dans cette affaire, ce qu'elles ne souhaitaient pas ; elles savaient parfaitement que les Chinois ne bluffaient pas ! « Briefly put, the Chinese dangled billions of dollars worth of trade and investment deals in front of American corporations, and they threatened to, and in some instances did, go elsewhere to punish the United States for its human rights meddling. Many deals were concluded well (...) others were still being negotiated but close to agreement (...) the Chinese made it clear that these deals would collapse if the Clinton administration carried out its threat to suspend MFN[159] for China. The American business community, naturally eager for a larger share of the China market, was unhappy about the threat of economic retaliation for Chinese human rights abuses. In just a few months, China transformed several Fortune 500 companies[160] into a formidable New China Lobby. »[161]

Face à Boeing, IBM, ATT, Time warner, Caterpilar, Motorola, Microsoft et bien d'autres, les droits de l'homme ne pesaient pas bien lourd ; après quelques atermoiements de l'administration de M. Clinton et la visite, en avril 1994, de sept cent businessmen chinois à trois cent entreprises américaines, la cause était entendue : le 26 mai 1994, M. Clinton renonçait à ses efforts pour les droits de l'homme[162].

Déjà, en 1994, la Chine, du fait de son poids économique et, surtout, des profits que faisaient grâce à elle les grandes firmes occidentales, était capable de faire plier la politique américaine ; depuis, la puissance chinoise s'est considérablement renforcée de sorte qu'elle peut faire reculer, par ces pressions, n'importe quel Etat ou firme ; ainsi, après la visite en France du Dalaï-Lama, a-t-on pu constater la forte baisse du chiffre d'affaire de Carrefour en Chine ainsi que celle du tourisme chinois en France : bien entendu, aucune « consigne » n'avait été donnée, il ne s'agissait là que de l'expression du mécontentement légitime et « spontané » des consommateurs chinois s'exprimant sur les marchés ! De tels comportements constituent autant de signaux qui indiquent ce qu'il faut faire ou ne pas faire. Si la Chine n'hésite pas à user de menaces, suivies le cas échéant de sanctions, contre les pays ou les firmes qui ne se conforment pas à ce qu'elle souhaite, à l'inverse elle sait gratifier les firmes qui jouent son jeu. Que ce soit par des prêts aux Etats ou par les opportunités de profits qu'elle offre aux firmes étrangères, la Chine produit ainsi, à travers le monde, une sorte d'addiction économique à la politique qu'elle met en œuvre qui, en l'absence d'un « sevrage », ne peut déboucher que sur la servitude.

---

[159] MFN: Most favored-nation treatment, clause de la nation la plus favorisée.
[160] Il s'agit de compagnies figurant dans la liste des 500 plus grandes entreprises de la revue *Fortune*.
[161] *The coming conflict with China*, op.cit. pages 100 et 101.
[162] « After months of intensive effort, China had won a complete victory over the United States on human rights », « The coming conflict with China », op.cit., page 108.

Chapitre 6

L'EXCEDENT COMMERCIAL CHINOIS DESTABILISE LE MONDE

On va le voir, c'est la Chine qui, par sa politique d'excédents commerciaux, va provoquer les difficultés américaines et la crise mondiale. Il y a une sorte d'association relativement ancienne entre le bourreau et sa victime ; le président Nixon, sans en mesurer toutes les implications, passe en 1978 un pacte avec le diable. La connivence politique plus ou moins affirmée qui en résulte débouche par la suite sur une entente économique de fait, dont l'allié japonais fera les frais. C'est qu'en effet la Chine s'affirme dans les années 1990 comme un véritable Eldorado pour les capitaux américains, avec ses bas salaires et son taux de change sous-évalué (pour les autres aussi mais dans une mesure moindre).

Les relations de sous-traitance qui se multiplient et qui concernent les grandes firmes mondiales permettent à celles-ci d'obtenir des taux de profit fabuleux, de sorte que s'établit, au début des années 2000, la norme d'un rendement de 15 % qui concernera aussi le secteur des services. Il en résulte un puissant mouvement de désindustrialisation et un déficit croissant des échanges extérieurs. La perte de compétitivité des emplois industriels aux Etats-Unis, en même temps que l'exigence d'un rendement élevé pour les capitaux, vont conduire les banques et les autorités américaines à adopter des comportements financiers et monétaires aventureux qui permettent, après le krach de la bulle internet, de donner un sursis de quatre ans (2003/2007) à l'économie américaine. La crise, dont l'origine remonte, selon nous, à 2001 (entrée de la Chine dans l'OMC) se manifeste à partir de 2007 : crise immobilière, crise de la titrisation, crise bancaire, crise boursière, récession majeure et prolongée.

La large participation chinoise au financement du déficit public américain, qui permit de maintenir les taux d'intérêt à un niveau faible, loin de constituer une opportunité positive fut bien plutôt un piège, une drogue plus qu'un remède. Si les pratiques qui ont eu cours ces dernières années devaient se renouveler, l'avenir pourrait être bien sombre pour la plupart des pays du monde.

1. La fin de Bretton-Woods et la concurrence japonaise

Si la crise actuelle est bien le produit de la politique mercantiliste de la Chine, il convient de comprendre comment celle-ci a pu mener cette politique ; il faut pour cela replacer les choses dans leur contexte, la dynamique mondiale depuis quelques décennies à la lumière du rôle joué par la puissance dominante, les Etats-Unis.

Deux dispositifs importants mis en place à la suite des accords de Bretton-Woods vont être supprimés sous la présidence de Richard Nixon (1969-1974) : la convertibilité or du dollar pour les banques centrales en 1971, l'abandon du système des taux de change fixes et de la surveillance de ceux-ci par le FMI en 1973. Cela aura des conséquences considérables. La fin de la convertibilité du dollar permettra aux Etats-Unis de ne plus trop se soucier de leurs déficits commerciaux en tant que tels ; cela ne signifie nullement qu'ils vont se désintéresser de la concurrence faite à leurs industries par des productions étrangères, notamment japonaises, bien au contraire !

Le début des changes flottants va alors permettre au Japon de transformer les modalités de sa politique protectionniste et mercantiliste ; il pratiquera le « dirty floating » qui, grâce à des interventions régulières de sa banque centrale, permettra une large sous-évaluation de sa monnaie. Comme le FMI ne peut plus jouer le rôle de « gendarme » des taux de change, la concurrence japonaise, entre 1975 et 1985, devient redoutable pour les firmes occidentales. Le temps est bien fini où le Japon était considéré comme un pays important seulement en tant qu'allié indispensable des USA en Asie, et où son économie était considérée avec quelque condescendance ; son niveau technologique, « le miracle japonais » comme disent certains, permet désormais à ses produits de concurrencer ceux du monde entier.

Cela ne concerne plus seulement les textiles et autres produits à faible valeur : cela concerne désormais la construction navale, les cycles, l'automobile, l'électronique, la photo, l'électroménager, etc. Le Japon mène une politique mercantiliste efficace : il exporte beaucoup de marchandises et de capitaux, ce qui lui permet de mettre en œuvre une large division du travail, en Asie principalement, et donc d'assurer chez lui une forte progression des revenus alors même qu'à qualifications données, ses salaires sont faibles et stables comparés à ceux des pays occidentaux.

2. L'émergence de la Chine et la désindustrialisation américaine

L'établissement de relations entre les Etats-Unis et la Chine communiste, en 1972, dans un contexte de guerre du Vietnam et de rivalité avec l'Union soviétique, aura assez rapidement des conséquences économiques, au fur et à mesure que la Chine va s'ouvrir au commerce mondial. Sans doute le Président Nixon espérait-il contribuer à transformer progressivement la Chine en un pays capitaliste « ordinaire » : ce fut là le début d'illusions américaines car les chinois, que ce soit avant ou après la mort de Mao, entendaient bien conserver leur organisation totalitaire.

A partir du retour de M. Deng, la Chine imitera largement le Japon, surtout à partir de 1989 : entre cette date et 1994, elle procède à d'importantes dévaluations de sa monnaie qui restera dès lors fortement sous-évaluée. Alors que dans les années 1980, sa balance commerciale était déficitaire du fait des importations de biens d'équipement pour les joint-ventures, celle-ci devient excédentaire à partir de 1990.

En dépit de ces ressemblances, Japon et Chine sont très différents du point de vue des firmes occidentales : les firmes japonaises sont de redoutables concurrents alors que celles de Chine ne le sont pas mais constituent par le biais de contrats de sous-traitance, des opportunités de profits énormes pour les firmes occidentales ; plus la monnaie chinoise est sous-évaluée, plus les profits de ces firmes sont élevés.

A partir des années 1980, et plus encore dans les années 1990, les opérations de sous-traitance se développent en Chine, permettant des profits prodigieux pour les uns et pour les autres : certains paysans des rizières des environs de Canton deviennent milliardaires en quinze ou vingt ans, et les firmes occidentales réalisent des taux de profits globaux de 15 % pour l'ensemble de leurs activités, grâce aux profits fantastiques de leurs opérations de sous-traitance. Ce chiffre extravagant va même devenir la « norme » de rendement du capital au début des années 2000 pour les grandes firmes. 15 % ! Cette norme s'établit, ce n'est pas un hasard, au moment même où la Chine entre à l'OMC, en 2001. Avec toutes les conséquences qui en découlent[163].

Avec de pareils profits, les opérations deviennent vite massives : le processus de désindustrialisation, d'abord de l'Amérique du Nord, puis de l'Europe et même du Japon, est ainsi enclenché.

Dans les années 1990, cette désindustrialisation est encore peu perceptible : seuls, quelques esprits éclairés comme Maurice Allais ou Emmanuel Todd sont conscients des dangers qu'elle comporte. Les firmes suppriment des lignes de production qui sont transférées en Asie, et donc aussi des emplois d'ouvriers ; mais dans le même temps, elles étoffent leurs effectifs consacrés à la recherche-développement ou au management. Et, par ailleurs, même si les firmes industrielles perdent globalement des emplois,

---

[163] Jean Peyrelevade, *Le capitalisme total*, Seuil, 2005.
L'auteur relève que cette norme de 15% a surgi autour de l'année 2000 ; il ne fournit toutefois pas d'autre explication à cela que celle d'un étonnant surgissement de l'avidité des investisseurs. Pour nous, il a fallu la Chine avec son taux de change et ses salaires de rêve pour que les rendements de 15% puissent devenir accessibles.

ce n'est pas grave, nous disent la plupart des économistes, cela illustre tout simplement le grand mouvement de « tertiarisation »[164] des sociétés développées, c'est également l'expression d'une division internationale du travail utile pour tous : aux nations développées les activités de recherche et de conception, aux pays en développement la production ! C'est à un historien anthropologue, Emmanuel Todd, qu'il revient de bien avoir mis en exergue ce mouvement de désindustrialisation déjà très avancé en 2000[165], en soulignant sa nocivité et son caractère déstabilisateur pour la société ; avant lui, des auteurs américains, R. Bernstein et R. Munro, avaient montré aussi le danger dans un livre remarquable écrit en 1997, *The coming conflict with China*[166].

On ne voit pas bien pourquoi un tel mouvement s'interromprait si le taux de change chinois reste sous-évalué, et si les Etats-Unis, et les autres pays avec eux, ne prennent pas des mesures de protection. Les segments de production sous-traités seront de plus en plus larges ; après la production de biens manufacturés viendra le tour de la production de biens d'équipement (y compris les avions, les centrales nucléaires, etc.), puis celui de la recherche développement. C'est d'ailleurs bien le constat que font Bernstein et Munro[167] : "No matter at what level they are applied, all of China's export subsidies distort trade relations with China's largest customer, the United States. But even as it subsidizes certain industries, including some that operate at a loss, China is becoming increasingly sophisticated in focusing its subsidies on higher-value-added exports, which are then priced artificially low in the American market, unfairly undercutting what would otherwise have been competitive American-made products. This is one of the more direct ways in which China has learned from earlier Japanese industrial strategy. The method has produced a rapid shift in the nature of Chinese exports, away from low-wage, labor intensive activities and toward more high-tech, value-added ones. And so, popular perception to the contrary, the share of the American trade deficit with China represented by cheap products made by cheap labor has been declining steadily since 1990."

---

[164] Le « concept » de tertiarisation n'est qu'une notion plutôt frelatée qui n'explique rien, analogue à la « vertu dormitive » de Molière...
[165] Emmanuel Todd, *Après l'empire, essai sur la décomposition du système américain*, Gallimard, 2002. Il cite notamment une statistique gouvernementale du « bureau of economic Analysis » qui, en 2000, attribue 15,9% du PIB du pays aux industries manufacturières et 19,6 % à l'ensemble « finance, assurance, immobilier ».
[166] Bernstein Richard and Munro Ross H. *The coming conflict with China*, Vintage Edition, New York, 1998.
[167] Bernstein Richard and Munro Ross H, op. cit., p. 138.

3. Complaisance à l'égard de la Chine et dureté avec le Japon

Le mode d'articulation entre les firmes occidentales, notamment américaines, et la Chine, constitue la base d'une entente profonde entre, d'une part, une oligarchie chinoise en plein essor faite de hiérarques du PCC et de nouveaux capitalistes affiliés au Parti et, d'autre part, l'oligarchie industrielle et financière américaine, plus généralement le capital des économies développées. Les seconds ont encore pour l'instant la maîtrise des procès de production et de l'accès à la demande finale alors que les premiers disposent d'une main-d'œuvre fonctionnant dans des conditions inouïes.

Dans ces conditions on comprend bien la nature des oppositions politiques qui se manifestent aujourd'hui aux Etats-Unis, notamment à l'intérieur même du parti démocrate. Dans un premier temps, le « parti de la Chine » fut largement soutenu par la classe politique américaine : Nixon et les Républicains en furent les initiateurs, les Démocrates leur emboîtèrent le pas.

Toutefois, de nos jours, nombreux sont ceux, notamment parmi les supporters d'Obama, qui sont effrayés par les conséquences de cette complaisance à l'égard de la Chine.

Les industriels américains, dans les années 1980 et 1990, en même temps qu'ils découvraient avec une certaine ivresse l'étendue des opportunités de profits offerts par la Chine, souhaitaient mettre un terme une fois pour toutes à la concurrence des produits japonais.

Les conférences du G5 du Plaza et du Louvre, au milieu des années 80, obligent le Japon à revoir sa politique afin de diminuer ses excédents extérieurs, et à faire monter le cours de sa monnaie. A cet effet le Japon se résout à libéraliser les conditions d'entrée de capitaux, afin qu'elles puissent contribuer à la hausse de son taux de change. En même temps, il accepte d'augmenter ses dépenses publiques, de telle sorte que l'épargne du pays soit davantage canalisée sur des emplois intérieurs afin de tarir les flux de capitaux sortants qui contribuaient à maintenir le cours du yen à un niveau très bas. De plus, c'est le plus important, la Banque du Japon s'engage à s'abstenir pendant toute une période de pratiquer ses interventions.

Le gouvernement japonais se plie à ces conditions mais de mauvaise grâce ; il fixe en effet les taux d'intérêt à un niveau extrêmement bas afin de contrer le mouvement d'appréciation du yen suscité par les mesures qu'il a pris par ailleurs.

Cela n'aura pas vraiment les effets attendus sur le plan du change puisque le yen s'apprécie malgré cela, tout en restant sous-évalué, mais cela va déterminer un essor considérable du crédit, et mener l'économie du pays sur la voie de l'euphorie immobilière et boursière. Ce sera aussi un grand moment d'orgueil national avec l'envolée de la valeur des patrimoines et ce sans qu'il y ait pour autant d'inflation, véritable défi lancé au vainqueur de la guerre de 1945. Malheureusement l'euphorie n'eut qu'un temps : le gouvernement dut enfin se résoudre, un peu trop tard sans doute, à hausser les taux d'intérêt provoquant l'éclatement de la bulle en 1990.

Après deux années difficiles, le Japon est sur la voie du rétablissement de son économie ; de façon délibérée, l'administration Clinton va provoquer une très forte hausse du yen contre dollar entre 1992 et 1995[168].

En 1992, année d'élection présidentielle, le président sortant M. Bush (père) prend la décision de vendre cent cinquante avions de combat F16 à Taïwan : pour des raisons de maintien de la stabilité en Asie et aussi, peut-être, parce qu'un tel marché induit une importante activité pour l'État du Texas. Cette décision est fort mal accueillie à Pékin ; tout se passe comme si le lobby prochinois des industriels, à l'instigation de ses partenaires chinois en affaires, avait décidé de compromettre la réélection – qui semblait pourtant aller de soi – du président sortant. L'oligarchie américaine pense à ses profits : il lui faut se protéger de la concurrence japonaise et maintenir en même temps de bonnes relations avec la Chine ; elle souhaite donc l'élection d'un candidat susceptible de poursuivre ces deux objectifs. C'est dans ce but qu'elle suscite alors l'entrée en lice d'un troisième candidat, M. Perot, ce qui permet l'élection de M. Bill Clinton, dont les deux mandats seront conformes à ce qu'on attendait de lui : le « danger » japonais écarté, l'entrée de la Chine à l'OMC, sans aucune condition relative au dispositif de change de la Chine. M. Clinton donne le feu vert américain à l'entrée de la Chine à l'OMC fin 1999, et fin 2001 celle-ci adhère officiellement. M. Clinton s'acquitte ainsi fort bien des deux mandats implicites donnés par l'oligarchie américaine.

Ce n'est que durant les présidences de M. Bush junior que des voix commencent à se manifester au Congrès, ou au sein des syndicats, mettant en relief les effets du taux de change de la Chine sur l'économie américaine. La désindustrialisation commence à faire sentir durement ses effets : fermeture d'établissements industriels et développement de poches de chômage, tendance à la baisse des salaires.

4. L'exigence d'un rendement de 15% dans le tertiaire et la fuite en avant des pays développés

Le développement de la sous-traitance industrielle, et même par la suite de service, principalement avec la Chine, permet aux capitaux des groupes industriels des pays développés de se valoriser sur la base d'un taux prodigieux de l'ordre de 15% aux environs de l'an 2000 en même temps

---

[168] A la même époque, fin 1993 et début 1994, la Chine dévalue fortement sa monnaie : cela aura son importance dans la « rechute » de l'économie japonaise de 1997.

qu'il induit le mouvement de désindustrialisation qui affecte ces pays. Mais où donc les capitaux occidentaux pouvaient-ils s'investir ?

Certes, la Chine pouvait constituer pour eux une bonne solution ; toutefois, dans ce cas, rien n'est simple : les Chinois ne laissent pas entrer des capitaux chez eux autrement que par le biais de *joint ventures* dans lesquelles le capital étranger est toujours minoritaire et pas toujours bien rémunéré. Les Chinois exigent en contrepartie l'accès à la technologie. Par ailleurs le droit chinois et la façon de l'appliquer laissent souvent place à l'arbitraire lorsqu'il faut trancher dans les litiges de la vie des affaires.

Bref, la solution chinoise ne pouvait concerner qu'un volume relativement limité de capitaux : les capitaux désireux de s'investir devaient donc chercher, en priorité ou pour la plupart d'entre eux, à se fixer au sein même des pays développés, mais en dehors des activités industrielles[169] généralement, celles-ci étant de moins en moins compétitives du fait, précisément, de la Chine... Fort heureusement pour ces capitaux, des opportunités de placement existaient dans la construction, les commerces, les services, notamment aux Etats-Unis où les commerces, l'immobilier, les services financiers, les nouvelles technologies de l'information, compensent alors largement le déclin industriel. Comme pour les groupes industriels, ces placements se font sur la base de la nouvelle et fantastique norme de rendement de 15% !

Du fait que le déficit extérieur constitue un fort handicap pour la croissance, la politique économique suivie aux Etats-Unis consiste alors à stimuler fortement la demande intérieure afin d'obtenir un taux de croissance du PIB de l'ordre de 3% par an.

La demande intérieure est d'autant plus facile à stimuler qu'un « effet richesse » intervient, résultat de l'accroissement des patrimoines. Les profits réalisés déterminent en effet une envolée de la Bourse qui incite les ménages à dépenser toujours davantage : biens de consommation courante, biens durables d'équipement (voitures, électroménager, hi-fi, ordinateurs, etc.), logements. Le crédit est largement sollicité : crédits immobiliers, crédits pour l'achat des biens de consommation ou d'équipement des ménages. Tout cela détermine une très forte croissance du secteur « banque-assurance » : en volume d'affaires et aussi, mais dans une mesure bien moindre, en effectifs employés ; la valeur ajoutée par employé de ce secteur va augmenter, de même que les profits qui peuvent donc respecter la norme des 15 % ; la déréglementation de ce secteur y aidera d'ailleurs puissamment. A cet égard, l'abrogation par M. Clinton en 1999 du Glass-Steagall Banking Act de 1933,

---

[169] En 2006, l'ensemble « agriculture, industries extractives et industries manufacturières », représente moins de 15% du PIB des États-Unis alors que l'ensemble « finance, croissance, immobilier » dépasse les 20% - Source : Bureau of Economic Analysis.

qui organisait la séparation entre les activités des banques commerciales et celles des banques d'affaires, jouera un rôle non négligeable[170].

Le secteur de la grande distribution, lui aussi, à l'image de son entreprise-phare Wal Mart, enregistre une croissance forte de ses effectifs employés et une croissance encore plus forte de ses profits. A la fin des années 1990, la Chine offre non seulement des opportunités exceptionnellement intéressantes de sous-traitance aux industriels américains, mais aussi, et c'est relativement nouveau, un grand nombre de produits finis à des prix imbattables pour les importateurs. Dans ces conditions, la grande distribution, qui fait de plus en plus appel aux importations en provenance de Chine, est alors en mesure de rendre compatibles une baisse progressive des prix de vente aux Etats-Unis des biens de consommation manufacturés et une hausse considérable de ses profits : là encore la « norme » des 15 % peut être respectée, et même au-delà.

Le crédit bon marché, en même temps que l'effet de richesse découlant de l'évolution des valeurs boursières, va susciter un boom immobilier, important à la fois pour l'activité immobilière elle-même et pour l'effet de richesse qu'elle renforce.

En cette fin de siècle, tout semble vraiment aller pour le mieux dans l'économie des Etats-Unis ; en plus de tout ce qui vient d'être évoqué, les « nouvelles technologies » et la « nouvelle économie » confortent cette image. Les valeurs boursières des nouvelles technologies de l'information et de la communication (NTIC) connaissent une ascension fulgurante. Cela tient à un fait bien réel : les technologies informatiques se répandent dans tous les secteurs de l'activité humaine. En même temps, les activités de production qui leurs sont associées sont systématiquement sous-traitées en Asie, sans pour autant que les effectifs employés aux Etats-Unis, au Japon ou en Europe soient en baisse, tellement forte est la croissance globale du secteur ou plutôt des secteurs concernés. Cette croissance et ce recours massif à la sous-traitance asiatique, particulièrement chinoise, détermine une augmentation très forte des profits, ce qui va alimenter la constitution d'une « bulle »[171] qui sera appelée, après qu'elle eut éclaté, la « bulle Internet ».

L'euphorie règne à la fin du deuxième mandat de M. Clinton : nombreux sont les économistes qui, avec une grande assurance, théorisent sur la « nouvelle économie » basée sur les « NTIC » et la création de biens

---

[170] Il s'agit d'une décision importante, qui aura de l'influence sur le déroulement de la crise ; soutenue par le républicain A. Greenspan, patron de la Fed, elle est votée à l'instigation de Robert Rubin, secrétaire au Trésor, à la fin de la présidence de B. Clinton. On remarquera, cela illustre les liens étroits entre la haute administration et les milieux d'affaires, que M. Rubin devient, le lendemain même de ce vote, le numéro 2 de City-Bank !

[171] La « bulle » résultera aussi des anticipations de profits qui sont celles des agents économiques : ces anticipations seront parfois d'un optimisme délirant du fait de l'euphorie ambiante ; les PER (price earning ratios) seront donc parfois très élevés : 30, 40, 50, 80 et même plus !

immatériels. On est, dit-on, arrivé au stade des sociétés « postindustrielles » fondées sur l'information et la connaissance ; certes, on admet bien qu'il faut encore des ordinateurs et tout un ensemble de biens matériels qu'il faut bien fabriquer, mais on en parle assez peu : ces tâches seront dévolues à de « petites mains », dans les pays « émergents » ; les Etats-Unis, l'Europe et le Japon sont appelés à connaître une croissance fondée sur ces technologies de l'information et les emplois hautement qualifiés que celles-ci suscitent.

Le krach boursier de 2001 ne change pas fondamentalement le mode de développement esquissé dans ce qui précède[172]. Il s'agit toutefois d'un craquement important dans l'édifice de l'économie mondiale qui révèle beaucoup de choses, à qui sait observer. On s'aperçoit brutalement que nombre de nouvelles firmes de la « nouvelle économie », que le marché avait valorisées à des niveaux incroyables, sont loin d'avoir le potentiel de profits qu'on leur attribuait, et qui justifiait la tolérance des bénéfices négatifs dans l'horizon de court terme qui était le leur. Le retour à la « réalité » – à tout le moins à une autre réalité – va signifier pour certaines d'entre elles la faillite, pour d'autres une réduction drastique des moyens qui leur sont alloués[173].

Le fait de devoir valoriser le capital au taux de 15 % oblige certains détenteurs ou gestionnaires de capitaux à prendre des risques. Cela concerne l'Amérique en premier lieu mais aussi l'Europe : déréglementation, prise de risque, on assiste à une véritable fuite en avant.

La spéculation dans l'économie Internet est une impasse : qu'à cela ne tienne, l'imagination des apprentis sorciers de la finance ne sera pas prise en défaut, elle va produire des « innovations financières »… dont le point d'application privilégié sera le secteur de l'immobilier. De la sorte, l'économie américaine va pouvoir retrouver rapidement une croissance relativement forte basée sur la stimulation de la demande intérieure, sans souci du commerce extérieur qui enregistre des déficits de plus en plus colossaux ; une croissance basée sur un double processus d'endettement : l'endettement interne qui stimule la demande intérieure, l'endettement vis-à-vis de l'extérieur, contrepartie des déficits du commerce extérieur.

Le krach de 2001-2002 va mettre provisoirement dans l'embarras le patron de la Fed, Alan Greenspan qui, depuis longtemps, considérait que la parité du yuan ou celle du déficit extérieur n'étaient pas des problèmes car, disait-il en substance, le déficit extérieur se finance et n'empêche pas la croissance ! Le krach boursier, avec sa dynamique d'effet richesse négatif, faisait problème : il fallait donc au plus vite casser cette dynamique et, pour cela, organiser la montée d'autres actifs, ceux de l'immobilier notamment.

---

[172] Pour l'économie réelle, il y aura seulement une pause dans la croissance, sans récession. Pour ce qui concerne la bourse, celle-ci s'orientera à nouveau à la hausse regagnant assez rapidement une grande partie du terrain perdu.
[173] L' « affaire Enron » illustre bien ce « retour à la réalité ».

La Fed adopte alors une politique de taux d'intérêt maintenus à un niveau très bas : il faut stabiliser Wall Street en stimulant l'immobilier de telle sorte que soit restaurée la dynamique ascendante de la dépense intérieure, moteur de la croissance, permettant de compenser un déficit extérieur, toujours plus considérable mais néanmoins accepté à l'avance, à l'égard de la Chine. La catastrophe de 2007 était ainsi préparée à partir de l'année 2001…

5. « Une des plus grandes puissances de la planète détruit l'industrie des autres pays »[174]

Autour de la Chine tend à se constituer une constellation de pays liés à elle par le commerce : leurs monnaies respectives sont sous-évaluées par rapport aux monnaies occidentales mais moins que ne l'est le yuan, leurs économies enregistrent des taux de croissance certes notables mais toutefois moindres que celui de la Chine. La reproduction dans le temps d'un tel système de taux de change, avec les déséquilibres commerciaux qu'il implique, ne peut que conduire à la poursuite du processus de désindustrialisation des pays développés. Celui-ci pourra concerner désormais, outre les activités conduisant à la production de biens matériels, les activités qui concourent à la production de biens immatériels, ce qu'on appelle le « tertiaire supérieur ».

Les programmes publics d'aide aux entreprises innovantes, même s'ils sont très ambitieux et mobilisent des moyens considérables et, par conséquent, suscitent de nombreuses innovations, ne pourront très probablement pas compenser, et de loin, le handicap pour la croissance que constitue un déficit commercial renouvelé. Les prévisions de croissance qui circulent, pour 2010-2011, montrent des écarts de croissance encore supérieurs à ceux de la période 2002-2007 ; les taux de croissance seraient de 9 à 11% pour la Chine, de 3 à 8% pour les pays en développement, de 0 à 2% seulement pour les pays développés du G7 ; pour ces derniers, qui connaissent une croissance démographique comprise entre 0 et 1%, la croissance économique ne sera donc pas suffisante pour stabiliser le chômage, compte tenu des gains prévisibles de productivité. L'écart de croissance, de l'ordre de 8 à 9%, entre la Chine et les pays du G7 indique la rapidité exceptionnelle de la montée en puissance de ce pays par rapport au monde développé. Pour certains pays, la croissance pourrait même devenir négative : les expédients qui furent mis en place, notamment le relais de l'endettement privé par l'endettement public, ne peuvent plus être reconduits ; on imagine mal que le Royaume-Uni puisse rééditer en 2010 et 2011 son déficit budgétaire record de 2009, de l'ordre de 15% du PIB !

---

[174] Philippe Crouzet, *Les Echos*, 28 septembre 2009.

Dans nombre de pays (Etats-Unis, Royaume-Uni, Espagne, France, Italie, etc.), sachant que l'endettement privé va diminuer et que l'endettement public sera contraint lui aussi de diminuer, il est facile de prévoir que la dépense intérieure ne sera plus à même de compenser les déficits extérieurs : une dépression persistante pourrait alors être au rendez-vous !

A l'évidence la situation est bien précaire et fragile : elle le restera tant que les États différeront la prise de mesures susceptibles de restaurer l'équilibre des échanges extérieurs. Pour l'instant, force est de constater qu'ils subissent une véritable agression qui déstabilise leur équilibre économique et social ; une agression qui conduit à déplacer vers l'Asie les capacités de production ainsi que certaines activités de services, comme en témoigne le transfert à Hong-Kong de la direction de HSBC[175].

L'interview récente d'un grand patron français, Philippe Crouzet, est claire à ce propos: « La Chine investit sans compter et se met en position de déverser ses surcapacités dans le reste du monde grâce à une monnaie clairement et volontairement sous-évaluée (...) Si la Chine continue ainsi, on va à la catastrophe ! On ne peut pas rester dans un schéma où l'une des plus grandes puissances de la planète détruit l'industrie des autres pays... ».[176]

La poursuite d'une croissance à un taux de 1% d'an, ou même moins, dans les conditions actuelles du déséquilibre commercial du monde, conduirait inéluctablement à la destruction progressive de ce qui subsiste encore d'activités industrielles au sein des pays développés. Cela pourrait s'étendre, qui plus est, à certaines activités agricoles. Sous la pression conjuguée de l'OMC et de la bureaucratie bruxelloise, ferventes adeptes du libre échange dans le monde, sous la pression aussi des membres de l'Union européenne dont l'agriculture est peu développée, comme la Grande-Bretagne, l'Europe a renoncé peu à peu à maintenir l'un des éléments essentiels de l'utopie ayant présidé à sa naissance en 1957 : la politique agricole communautaire (PAC). Désormais, l'absence de protections douanières de l'Union vis-à-vis du reste du monde place une grande partie des agriculteurs européens dans une situation très difficile, qu'il s'agisse des producteurs de lait ou de ceux de fruits et légumes ; le malaise paysan qui se manifeste avec force à la fin de l'année 2009 en est une illustration. Si cette absence de protection réelle devait se prolonger dans le temps, sachant que les aides distribuées au nom de l'écologie, de l'environnement, de la lutte contre la désertification humaine de certaines régions ne sont le plus souvent, à l'échelle des problèmes relatifs au monde rural, que des palliatifs,

---

[175] Fondée en 1865, la Hong-Kong and Shangaï Bank Corporation (HSBC) était bien une banque anglaise dont le siège était à Hong-Kong; le transfert de celui-ci à Londres en 1993 après acquisition de la Midland Bank et avant le transfert de souveraineté de Hong Kong le montre bien. Le retour du siège à Hong-Kong signifie que la plus grande banque du monde est désormais chinoise.

[176] Interview de Philipe Crouzet, Président du directoire de Vallourec, sous le titre *La Chine détruit l'industrie des autres pays*, Les Echos, 28 septembre 2009.

on aboutirait à une accentuation de l'exode rural dont des pays comme la France ou l'Italie n'ont surtout pas besoin, compte tenu de l'état de leurs marchés du travail respectifs.

Le démantèlement des protections agricoles a été réalisé, il faut le rappeler, sous l'effet d'une insistante campagne, à l'OMC, des pays en développement, dont le leitmotiv était de se plaindre de l'égoïsme supposé des pays riches. Dans cette affaire, la Chine, qui se range toujours dans le club des amis des pays pauvres, n'avait rien à craindre, protégée qu'elle était et qu'elle est toujours par le taux de change de sa monnaie ; elle n'apparaît pas en première ligne dans la lutte pour l'ouverture des marchés occidentaux aux produits agricoles du Tiers-Monde : elle laisse ce soin à des pays comme le Brésil ; on retrouve ici, de fait, la problématique de L.C. Bresser-Pereira, selon laquelle l'Europe est engagée inexorablement sur la voie d'un déficit extérieur croissant du secteur agro-alimentaire, d'un exode rural persistant et d'une désertification de plus en plus poussée de certaines de ses belles campagnes !

Que va-t-il donc rester aux pays développés s'ils sont déficitaires dans leurs échanges industriels, dans ceux de l'agro-alimentaire, dans ceux de l'énergie et bientôt peut-être, au train où vont les choses, dans ceux qui concernent certaines activités de « services aux entreprises » ? Les seules activités produisant des biens et services exportables que pourront conserver ces pays seront alors certaines activités *high-tech* et celles, très diverses, se rapportant au tourisme.

6. Scenario catastrophe ; le salut est-il à Châteauroux ?

Dans un tel scénario à long terme, comportant nécessairement une dépopulation globale importante[177], les pays « riches » pourraient créer des emplois de gardiens de musée, de guides touristiques, de garçons de café, de chefs-cuisiniers en même temps qu'ils continueraient à se vider des activités ayant fait leur richesse et leur dynamisme dans le passé.

Ce n'est pas tout, malheureusement : ce scénario tout à fait inacceptable signifie que de nombreux jeunes devraient s'exiler en Asie pour trouver du travail, qui sera alors payé sur des bases « asiatiques ». Il induit évidemment aussi la montée du chômage et de l'exclusion, et les pathologies sociales qui

---

[177] L'apport de la « théorie de la base exportatrice », en économie régionale, est utile pour comprendre cela. Les activités d'une région sont divisées en deux catégories: les activités « induites » par la population (du tertiaire pour l'essentiel) dont le volume est proportionnel à celle-ci et les activités « fondamentales » susceptibles de donner lieu à des exportations (les activités agricoles, industrielles, ainsi qu'une partie des « services aux entreprises »). Le volume de population étant proportionnel à l'emploi total, une forte diminution du volume des activités fondamentales ne peut que conduire à long terme à une baisse des volumes de la population et des activités « induites ».

leur sont associées, que l'on peut déjà observer aujourd'hui[178]. De la sorte, les pays développés seraient profondément déstabilisés : non seulement leurs tissus économiques respectifs seraient en partie démantelés et déstructurés, mais leur tissu social serait lui aussi très fortement affecté, encore plus déchiré qu'il ne l'est aujourd'hui. La cohésion sociale s'affaiblirait encore, un facteur supplémentaire majeur de faiblesse. Cette dynamique d'ensemble, qui apparaît plus crument avec la crise, s'était enclenchée avant même que celle-ci ne se fut concrétisée : elle résulte, certes de la libéralisation très excessive du commerce mondial qui est ancienne ainsi que le montre avec pertinence Maurice Allais, mais aussi et surtout de l'accélération formidable de ce processus consécutivement à l'entrée de la Chine à l'OMC en 2001.

Face à un tel mouvement de perte de substance économique, la Chine se présente en sauveur ; pas seulement dans des régions un peu périphériques de l'Europe comme l'est la Grèce[179] mais aussi au cœur même de l'Europe, à Châteauroux par exemple ! Là, dans une région qui a vécu péniblement la perte de ses activités industrielles, avec l'aval de la classe politique locale[180], est né un projet « franco-chinois ». L'idée de base de ce projet est d'utiliser les installations d'une ancienne et très importante base américaine de l'OTAN comportant notamment une piste d'aéroport de 3 500 m de longueur afin d'acheminer par voie aérienne les pièces détachées produites en Chine qui seraient assemblées localement puis réexportées vers les autres régions d'Europe et du monde. Au contact de cette piste, il est ainsi prévu que soit aménagée par la puissance publique une zone de 500 hectares destinés à accueillir des entreprises chinoises (au nombre de 10 à 50 selon les documents !).

Ces entreprises seraient sélectionnées au départ par des « syndicats patronaux chinois »[181] : il s'agirait de petites et moyennes entreprises spécialisées dans les « hautes technologies », les nouveaux matériaux, les

---

[178] Ces pathologies sont connues et en pleine expansion: consommation de drogues, suicides, violences et insécurité dans des zones de plus en plus étendues, apparitions de groupuscules politiques adeptes de la lutte armée et d'actions terroristes. Il y a lieu ici de souligner que la mesure du chômage (autour de 10% dans les principaux pays) ne rend que très imparfaitement compte du phénomène de sous-emploi qui concerne actuellement au moins 20% de la population des pays développés, peut-être même davantage. Le non emploi des jeunes de certaines banlieues qui dépasse souvent 50% ne peut que contribuer à faire basculer ceux-ci dans la délinquance ou dans cette forme de désespoir que constitue la consommation de drogues.

[179] On remarquera à ce propos la prise de contrôle du Port du Pirée en vue de son développement au service de la pénétration des produits chinois en Europe.

[180] Le projet de « Châteauroux bussiness district », a donné lieu à un accord signé en 2009 pour une « zone de coopération économique » ; il implique la région Centre (à direction socialiste), le Conseil Général de l'Indre (UMP), la Communauté d'agglomération de Châteauroux ainsi que la Chambre de commerce.

[181] C'est-à-dire par l'Etat chinois ! On peut se demander si les autorités françaises auront un droit de regard sur ces éventuelles implantations comme c'est le cas dans les zones d'activité « normales »…

économies d'énergie ; il y aurait, à terme, 4 000 salariés dont 800 cadres chinois[182]... Certains documents, manifestement destinés à rassurer et à faire taire les critiques, indiquent que les entreprises qui s'implanteraient seraient de droit français et que leur management serait « assuré par des français, les chinois jouant essentiellement un rôle d'expertise » ; pour faire bonne mesure, on précise que cette zone serait aussi ouverte à des entreprises françaises (mais oui !), qu'il y aurait des « instituts de recherche sino-français », enfin qu'une université « sino-française associerait l'Université d'Orléans – Tours à une Université chinoise.

Ces dispositif peut apparaître à certains comme très positif : un apport dans une région en difficulté répondant à une nécessité pour la Chine qui serait celle d'européaniser ses productions[183]. En réalité, ces activités prévues d'importations et d'assemblage sont déjà, pour l'essentiel, assumées par des entreprises occidentales ; il n'y aurait, somme toute, qu'une substitution d'entreprises chinoises à celles-ci avec c'est important, une substitution partielle de main d'œuvre chinoise à de la main d'œuvre européenne[184]. On peut ajouter à cela le risque que ces établissements chinois puissent constituer à l'avenir, via un turn over soigneusement planifié, une porte d'entrée aisée pour des immigrants chinois. On le voit bien, ce qui peut être intéressant à l'échelle de l'agglomération de Châteauroux ne l'est pas du tout nécessairement à l'échelle de l'Europe ! La création de zones d'activité chinoises en Grèce, au Portugal, en Irlande ou en France n'est pas une bonne solution.

7. La crise est en préparation à partir de 2001

L'année 2001 marque un tournant dans les relations internationales : il y a certes le terrible drame du 11 septembre, mais ce qui constitue le fait le plus significatif n'est autre que l'entrée de la Chine à l'Organisation mondiale du commerce[185], qui aura des conséquences très importantes sur le

---

[182] A été constituée une « Société d'exploitation sino-française de la zone de développement économique de Châteauroux » qui, à l'inverse des « joint ventures » présentes en Chine (51% de capitaux locaux), aurait un capital majoritairement détenu par la partie étrangère, chinoise ici, à la hauteur de 6%. Les documents indiquent que 80% des salariés seraient français ; compte tenu du fait qu'il y aurait 800 cadres chinois, cela signifie que la totalité des autres salariés seraient français (3200) ; on peut avoir des doutes sur ce point, voir notamment l'article de *La nouvelle république* du 6/11/2010.
[183] Telle est la thèse, très optimiste, que développe le Maire de Châteauroux : « Certainement que la Chine est arrivée à un moment où elle a besoin de présenter une image plus vertueuse, et le choix qu'ils font, c'est d'européaniser leur production, de peut-être marquer dessus made in Europa ou made in France. »
[184] On peut faire ici une comparaison avec le secteur de la distribution ; les maires des villes qui reçoivent de « grandes surfaces » et s'en réjouissent ne prennent pas en compte la destruction du petit commerce que ces implantations suscitent.
[185] La Chine reçut successivement, pour son entrée à l'OMC, le feu vert de M. Clinton et des

devenir des échanges économiques. La Chine réussit à entrer à l'OMC en maintenant son privilège de change qui est proprement exorbitant : elle n'aura donc plus, de ce fait, à redouter le protectionnisme douanier de ses partenaires membres du club OMC alors qu'elle bénéfice pleinement du protectionnisme monétaire qu'elle maintient par son taux de change « administré ».

Le cours de change dollar/yuan est fixé unilatéralement par la Chine à 8,28 yuan pour un dollar jusqu'en juillet 2005, puis à 6,85 pour un dollar depuis juillet 2008 avec une montée assez régulière et très contrôlée entre ces deux dates. L'appréciation globale du taux de change effectif nominal de la monnaie chinoise, mesurée au milieu de l'année 2009 est d'environ 20 %. On est toutefois bien loin d'un taux de change qui équilibrerait les échanges extérieurs, en dépit de ce qu'en disent certains économistes[186], puisque le commerce extérieur chinois demeure toujours massivement excédentaire. On notera que le FMI considère que le cours qui équilibrerait les échanges extérieurs de la Chine est de 3,6 yuan pour un dollar, ce qui correspond à un taux de sous-évaluation de la monnaie chinoise de l'ordre de 50 % alors que nos propres estimations nous fournissent une fourchette de deux à trois yuans seulement pour un dollar.

Ainsi protégée d'éventuelles mesures de rétorsion par son appartenance à l'OMC, la Chine peut développer son commerce extérieur à une vitesse foudroyante : en sept ans, de fin 2001 à fin 2008, la part des exportations chinoises dans les exportations mondiales passe de 5 % à 12 %. Il s'agit pourtant là de statistiques qui sous-évaluent, de par leur mode même de constitution, la place d'un ensemble considérable comme la Chine ; si on ne prenait en compte, dans le commerce mondial, que des ensembles d'une taille comparables à ce pays, nul doute alors que la Chine pèserait beaucoup plus dans les exportations mondiales, 25 % peut-être, voire même davantage.

L'excédent extérieur vis-à-vis du reste du monde devient de plus en plus considérable ; les Etats-Unis seront la victime la plus notoire de ce déséquilibre. De fin 2001 à fin 2007, leur déficit extérieur en volume se creuse et passe de 2,5 % à 6,0 % du PIB ; cette évolution globale se produit alors même que le dollar ne cesse de se déprécier fortement contre les principales monnaies convertibles (euro, yen, sterling, franc suisse) ; la détérioration brutale des échanges des Etats-Unis vis-à-vis de la Chine l'a emporté, de loin, sur le redressement pourtant significatif vis-à-vis des pays avancés !

Etats-Unis fin 1999 puis celui de l'OMC en mai 2000 ; enfin son entrée fut effective à la fin de 2001.
[186] Pour Michel Aglietta, la « sous-évaluation supposée du yuan » est une « opinion préconçue ». *La Chine*, sous la direction de Patrick Artus, *les cahiers du cercle des économistes*, PUF, Paris 2008, p. 36 et suivantes.

Les Etats-Unis, grâce au rôle particulier du dollar qui est une monnaie de réserve, ont pu échapper – provisoirement – à la difficulté « classique » que rencontrent tous les pays qui ont à financer une dette extérieure de plus en plus importante. Pour autant, ils n'ont pu se soustraire à la terrible pression récessionniste qui résulte nécessairement du déficit extérieur renouvelé (et croissant jusqu'en 2008) qui est le leur. Si la Chine impose un déficit extérieur égal à 6 % du PIB trimestriel, le pays ne peut échapper à la récession que si sa demande intérieure courante excède de plus de 6 % son PIB du trimestre précédent[187].

D'une certaine façon, tout se passe comme si M. Greenspan n'avait pas compris que le déficit extérieur constituait un handicap énorme pour la croissance des Etats-Unis. Il a cru, en effet, qu'il pouvait accommoder durablement la politique économique de son pays à la politique de change pratiquée par la Chine et cela, en maintenant les taux d'intérêt courts et longs à des niveaux très bas en termes réels afin de décourager l'épargne et, au contraire, d'encourager l'endettement des ménages. Ainsi, l'impulsion donnée à la demande intérieure – la différence entre celle-ci et le PIB du trimestre précédent – fut-elle portée de 3 % à presque 7 % entre mars 2003 et septembre 2007, autorisant une croissance de l'ordre de 0,75 % par trimestre (3 % par an) pendant ces quatre années de sursis.

Ce n'était évidemment qu'un sursis car l'accroissement de l'endettement des ménages ne peut pas se poursuivre indéfiniment. Le « miracle » de la croissance de l'économie américaine « tirée » par la dépense des ménages tourne brusquement au fiasco : l'endettement net[188] des ménages a tendance à plafonner puis même à décliner car il a ses limites et, en conséquence, à ne plus pouvoir compenser le déficit extérieur. D'une façon générale, les emprunteurs solvables sont en nombre limité et leur capacité d'endettement finit par être saturée. De plus le développement du crédit immobilier, vecteur principal de l'endettement des ménages[189], va provoquer une hausse importante du prix des logements ; au début, cela est un bon argument de vente et renforce donc la tendance dynamique ; arrive toutefois nécessairement un moment où les prix atteignent un tel niveau qu'ils constituent un obstacle infranchissable aux nouveaux emprunteurs potentiels et où la tendance des ventes de logements se retourne (mi 2006) avant que les prix des logements s'orientent à la baisse (mi 2007).

---

[187] On rappelle que : $(PIB_n - PIB_{n-1}) / PIB_{n-1} = (DINT_n - PIB_{n-1}) / PIB_{n-1} + SEXT_n / PIB_{n-1}$, où DINT désigne la dépense intérieure et SEXT le solde du commerce extérieur.

[188] Durant un trimestre donné, une partie des dettes déjà contractées est remboursée ; l'endettement net est l'accroissement du volume des dettes entre la fin et le début du trimestre.

[189] Le crédit à la consommation, destiné à permettre des achats de biens de consommation durables, notamment d'automobiles, bien qu'important, reste néanmoins fort en deçà de l'importance qui est celle du crédit immobilier.

En dépit de cette double limite tangible, les banques vont inventer de nouveaux « produits » afin de pouvoir trouver de nouveaux emprunteurs ; il faut bien voir qu'elles sont dans l'obligation d'innover : leur capital doit, on l'a vu, tout comme celui des grandes firmes industrielles ou commerciales, être rémunéré sur la base de 15 % ! Un tel rendement[190] suppose une croissance forte du chiffre d'affaires… et des prises de risque ! Les banques vont donc convaincre des ménages non solvables (qualifiés de *subprime*) de contracter des emprunts hypothécaires alors même que le prix des logements est au plus haut. Ensuite, elles « titrisent » les créances qu'elles détiennent afin de les vendre, ce qui leur permet de respecter formellement, mais formellement seulement, les ratios prudentiels auxquels elles sont astreintes. Ce faisant, non seulement elles vont pouvoir se débarrasser ainsi d'une bonne partie de leurs mauvaises créances au profit d'investisseurs mais, de plus, une partie appréciable de ces créances, achetées par des investisseurs étrangers, seront exportées dans le reste du monde ; ce sera là un excellent canal de diffusion de la crise à venir.

Cette pratique très *border line* ne soulèvera pas la moindre objection de la part des autorités chargées du contrôle du fonctionnement des banques : il faut dire qu'en ce début de nouveau millénaire marqué par le libéralisme, l'heure est à la déréglementation et non au contrôle…

Au-delà d'un discours en forme de jugement de valeurs sur le laxisme des autorités ou bien sur les défauts rédhibitoires de toute forme de libéralisme, il importe ici de souligner la cohérence de l'ensemble des comportements évoqués dans ce qui précède. Il était nécessaire que la Federal Reserve (Fed) maintienne des taux d'intérêt réels bas, que le gouvernement s'endette vis-à-vis de l'étranger pour financer son déficit, que les banquiers innovent pour développer le crédit, que les autorités de contrôle soient complaisantes ou aveugles…

L'ensemble de ces comportements, qu'on peut qualifier d'ahurissants, constituaient malgré tout la condition indispensable pour que, pendant quelques années encore, les Etats-Unis réussissent à maintenir une croissance correcte (de 3.25% l'an) en dépit de leur déficit extérieur colossal et croissant.

Malgré cette cohérence des comportements, ou plutôt à cause d'elle, la catastrophe était inévitable dès lors que la communauté internationale, Etats-Unis en tête, avait accepté de donner en 2001 un blanc-seing à la Chine lui permettant d'inonder le monde de ses produits. Les premiers signes de cette catastrophe apparaissent en juin 2006 : c'est le début de la crise immobilière avec le retournement des ventes de logements. Fort peu de gens ont alors conscience de la gravité de la situation et encore moins de son origine ! Il conviendra d'ailleurs de s'interroger sur la cause de cet aveuglement.

---

[190] Ce rendement de 15%, il faut le rappeler, résulte pour une très large part des opérations de sous-traitance réalisées en Chine par les grands groupes industriels, opérations dont la profitabilité extrême tient au taux de change pratiqué par la Chine.

Les reculs boursiers qui se manifestent alors successivement au milieu de l'année 2006, suivis d'une reprise, puis à nouveau au début de 2007, qui expriment des craintes des marchés, ne suscitent pas de grandes inquiétudes chez les analystes de la finance.

L'un d'eux, M. Partick Artus, dans un article de mars 2007 intitulé « Les marchés croient n'importe quoi »[191], reproche aux marchés de redouter que « la crise du crédit immobilier *subprime* (et des crédits à taux variables, ARMs) aux Etats-Unis ne déclenche une crise bancaire et financière ». Or dit-il, « toutes ces affirmations sont fausses. La crédulité et l'absence de sang froid des marchés financiers sont donc remarquables. » Cette prédiction pour le moins optimiste subit un démenti cinglant : trois mois plus tard, en juin 2007, la crise bancaire éclate et sera suivie par une crise boursière dès octobre 2007. Au printemps 2008, deuxième vague de crise bancaire et de crise boursière (Affaire Bear Starns). A l'automne 2008, troisième vazgue (Affaire Lehman). Enfin, en mars 2009, la crise de la dette publique américaine ne peut être évitée que par l'achat, par la Fed, de bons du Trésor à moyen et long terme[192] pour un montant de 300 milliards de dollars, une innovation considérable sur laquelle il faudra revenir. Avec cette mesure, l'État américain émet lui-même de la monnaie au lieu d'avoir à placer sur le marché obligataire des obligations à moyen et long terme ; elle lui permet donc de se passer, au moins pour un certain temps, du concours de créanciers étrangers, notamment de la Chine.

La dynamique interne de l'endettement, et donc de la dépense intérieure, ne pouvait qu'être profondément affectée par cette crise qui est multidimensionnelle. Au cours de l'année 2007, la croissance de l'économie américaine ralentit ; celle-ci entre en récession à partir de décembre 2007 ; la situation s'aggrave en 2008, dont le quatrième trimestre voit un recul de 1,6 % du PIB (une baisse de 6,5 % en données annualisées) ; bien que le déficit du commerce extérieur se soit contracté pour revenir à 3 % du PIB (en grande partie du fait de la Chine), le handicap qui demeure reste trop lourd compte tenu de l'essoufflement de la demande intérieure qui n'est plus supérieure au PIB du troisième trimestre que de 1,4 %.

L'Europe connaîtra un parcours très similaire avec des Etats conduits à s'endetter très fortement afin de sauver des systèmes bancaires en péril, ce qui débouche au printemps 2010 sur la chaude alerte de la crise des finances publiques de certains pays.

A l'évidence, mais cette « évidence » n'apparaît pas à la plupart des analystes, les pays développés ne pourront sortir de la nasse dans laquelle ils sont enfermés qu'à partir du moment où leur commerce extérieur retrouvera

---

[191] Bulletin *Flash marchés*, №110, Natixis, 22 mars 2007.
[192] Il s'agit ici de « treasury notes », des titres de 2 à 10 ans ; rappelons que les autres bons du Trésor américain sont les « treasury bills », des titres à moins de 2 ans, et les « treasury bonds » des titres à plus de 10 ans.

l'équilibre[193], ce qui supposerait une formidable appréciation du yuan... dont les chinois ne veulent surtout pas !

A ce propos, il faut souligner que l'appréciation de l'ordre de 20% du yuan par rapport au dollar entre 2005 et 2008 n'était qu'une mesure bien trop limitée pour pouvoir déboucher sur un équilibre des échanges entre la Chine et le monde[194].

Depuis 2008, il s'agit bien, pour la Chine, ainsi que le remarquent P. Artus et M.P. Virard, de stabiliser le renminbi face au dollar « afin de soutenir les firmes exportatrices [...]. Or, pour affaiblir le renminbi par rapport au dollar [...] Pékin doit augmenter ses achats de dollars [...]. Pékin est en quelque sorte condamné à financer le déficit extérieur américain, quels que soient les taux d'intérêt sur le dollar et la taille du déficit »[195]. Et d'ajouter, cette phrase étonnante : « le Trésor américain peut sans crainte augmenter massivement son déficit public ».

On pourrait poser cette simple question à M. Artus : mais que vaudrait le dollar si le déficit public américain atteignait 40% du PIB, dans l'hypothèse où le Gouvernement des Etats-Unis supprimerait les impôts ?

8. La Chine est responsable de la crise

Le mercantilisme chinois, qui s'exprime par une sous-évaluation forte et très organisée du yuan conduit, on l'a vu, à des déficits globaux importants pour les Etats-Unis et pour les pays du G7 pris dans leur ensemble ainsi qu'à leur désindustrialisation. Toutefois ceux qui font partie de ce que Jean-Luc Gréau appelle « la corporation des économistes médiatisés »[196] ne manquent pas de dire qu'il s'agit là d'une thèse extrémiste, tout à fait exagérée ! La Chine, disent-ils, a des problèmes à l'image de son territoire, immenses ; il faut lui donner du temps et vous verrez, avec l'accroissement des revenus des ménages, ses importations augmenteront : des arguments qui sont du ressort de ce qu'on appelle « l'économie de manuels » qui caractérise « la vulgate néolibérale ».

En réalité, même si les dirigeants chinois ont su trouver avec les firmes industrielles des pays développés des alliés de choix, ce sont eux qui, par

---

[193] On doit noter que deux pays importants, l'Allemagne et le Japon, ont un commerce extérieur excédentaire. Toutefois, dans la présente analyse, on doit considérer l'ensemble des pays développés dans leurs relations avec la Chine. Ainsi, le commerce extérieur de l'Allemagne est-il globalement excédentaire grâce à un très fort excédent avec les pays de l'Europe du Sud, France en tête, alors qu'il accuse un déficit avec la Chine ; l'excédent allemand constitue l'indice d'un problème intra européen et ne saurait constituer un contre-exemple aux analyses présenté ici.
[194] Son but était tout autre : il s'agissant, on verra, de calmer l'exaspération de certains membres du Congrès américain désireux de mettre la pratique de la Chine en accusation.
[195] Artus, Patrick et Virard, Marie-Paule, *Est-il trop tard pour sauver l'Amérique ?*, la Découverte, Paris, 2009, p.67.
[196] Voir, de Jean-Luc Gréau, *La trahison des économistes*, Gallimard, 2008.

leur politique constante et très consciente, sont à l'origine de la crise ; ils l'ont préparée de 2001 à 2007, ils s'attachent à l'aggraver depuis qu'elle s'est déclenchée. Cette politique s'inscrit dans la durée avec la grande cohérence que lui confère un objectif à long terme bien défini : remplacer l'hégémonie américaine par celle de la Chine et diffuser dans le monde les normes d'un capitalisme totalitaire.

Pour comprendre cela, un retour en arrière dans le temps est indispensable. La contestation du printemps 1989 à Pékin n'était sans doute pas fortuite : elle se produit au moment même où M. Gorbatchev vient à Pékin pour normaliser les relations entre l'Union soviétique et la Chine et les efforts de celui-ci pour promouvoir dans son pays démocratie et « glaznost » ne laissent pas indifférent... Mais justement, un conflit couvait depuis longtemps au sein du PCC qui opposait ceux qui, autour de Zhao Ziyang, voulaient faire évoluer les pays vers une sorte de social-démocratie et ceux qui, autour de Deng Xiaoping, voulaient la poursuite d'une politique visant à reproduire l'organisation totalitaire de la société. Le développement du mouvement étudiant et de l'agitation qui l'accompagnait fut probablement instrumentalisé par les « durs » afin de faire basculer le rapport des forces en leur faveur : il fallait montrer aux éléments hésitants du Parti jusqu'à quelles « extrémités » pouvait mener le laxisme et le « révisionnisme ».

La répression sanglante de Tiananmen répond ainsi au choix du capitalisme totalitaire pour la Chine « populaire » contre l'alternative du capitalisme démocratique ; le choix d'une société sans libertés organisée autour d'un État puissant lui-même aux mains d'un parti unique ; le choix d'une organisation économique laissant une certaine liberté aux entrepreneurs au sein du parti, afin qu'ils puissent faire des profits importants et assurer une accumulation forte ; le choix de l'union intime de l'État et des entrepreneurs, conformément au schéma mercantiliste, qui implique une croissance forte, tirée par les exportations[197].

Dès l'année 1990 ce choix est appliqué sur le plan monétaire : deux dévaluations du yuan en février et décembre conduisent à une appréciation du dollar de 40 % contre le yuan. Commence alors la série croissante des excédents commerciaux. En février 1994, une nouvelle et importante dévaluation renforce encore la compétitivité de l'économie chinoise...

Au début de cette même année 1994, une réunion au sommet du parti communiste chinois conclut de façon solennelle que les Etats-Unis sont devenus « l'adversaire principal » de la Chine, à l'instar l'URSS qui avait tenu ce rôle de 1962 à 1989. Cette déclaration ne fait qu'avaliser l'orientation décidée en 1989 avec la normalisation des relations avec

---

[197] Dans le schéma mercantiliste d'origine, celui de William Petty dans *L'arithmétique politique*, l'union de l'État et des entrepreneurs a pour base la noblesse. Dans le cas du capitalisme totalitaire de la Chine d'aujourd'hui, cette union a pour base le parti communiste de Chine.

devenus « l'adversaire principal » de la Chine, à l'instar l'URSS qui avait tenu ce rôle de 1962 à 1989. Cette déclaration ne fait qu'avaliser l'orientation décidée en 1989 avec la normalisation des relations avec l'URSS[198] (la visite de Gorbatchev à Pékin le 15 mai se déroule au moment du « printemps de Pékin ») et le choix d'un taux de change sous-évalué.

Entre le milieu de l'année 1989 et le début de 1994, l'URSS et le Japon se sont effondrés, laissant face à face la Chine et les Etats-Unis, les deux plus grandes nations de la planète. Toutefois, les américains sont alors enivrés par la « victoire » que représente pour eux l'écroulement de l'URSS ; ils n'ont absolument pas conscience de l'importance de la montée en puissance de la Chine, ni du fait que celle-ci leur assigne le rôle « d'ennemi principal ». A l'inverse, les dirigeants du PCC comprennent bien l'antagonisme absolu entre leur modèle de capitalisme totalitaire qu'ils promeuvent et celui du capitalisme démocratique des nations occidentales et du Japon.

Le projet chinois de ravir l'hégémonie mondiale aux Américains est concomitant à la désignation de ces derniers comme « l'ennemi principal » (en 1994) ; il est servi par une stratégie graduelle et patiente.

Les Etats-Unis l'ignoreront ou voudront l'ignorer, préférant considérer leur relation avec la Chine comme un « partenariat stratégique » plutôt que comme une « rivalité stratégique » ! Il faudra attendre la crise, la montée du chômage, l'élection de M. Obama à la présidence en 2009, pour que s'opère aux Etats-Unis une prise de conscience très timide et encore très limitée de cette réalité internationale majeure : les Etats-Unis et la Chine sont entrés dans une phase prolongée et multidimensionnelle de confrontation, même si celle-ci reste encore *soft* en apparence, comme l'avaient d'ailleurs bien montré R. Bernstein et R. H. Munro dès 1997 dans leur remarquable livre *The coming conflict with China*.

La Chine, appuyée sur un protectionnisme monétaire de combat, impose à l'ensemble du « G7 » un déficit extérieur global colossal et croissant. La sous-évaluation du yuan par rapport aux grandes monnaies (dollar, euro, yen, livre sterling) se perpétue grâce à des interventions massives et répétées sur le marché des changes. En même temps, la Banque Populaire de Chine (BPC) procède à des achats massifs de titres publics, notamment américains ; dans ce dernier cas, il s'agit de bons du Trésor, les « Treasuries », ou bien d'obligations servant au financement ou au refinancement de l'immobilier, les « Agencies ».

Ces apports de capitaux apparaissant comme providentiels pour l'économie américaine ; celle-ci, cous l'impulsion de M. Greenspan, devait en effet impérativement compenser le handicap du déficit extérieur – qui

---

[198] La normalisation avec, non plus l'URSS, mais la Russie donnera lieu ultérieurement à un traité de partenariat stratégique en 1997 suivi par un traité d'amitié, de coopération et de bon voisinage en 2002.

d'encourager simultanément les ménages à consommer et à s'endetter, d'une part, et à épargner pour prêter à l'Etat, d'autre part.

Il était donc nécessaire de maintenir des taux d'intérêt réels à un niveau très bas afin de stimuler l'endettement privé et, simultanément, de trouver de l'argent pour financer le déficit public. Les apports de capitaux chinois apportaient une solution au problème du déficit public en même temps qu'ils permettaient à la Fed de maintenir les taux courts à des niveaux très bas, ce qui avait pour conséquence de maintenir aussi le taux long à un niveau bas.

La « courbe des taux » était ainsi positionnée à un niveau très bas, que ce soit en termes nominaux ou réels. C'était là un encouragement très fort à l'endettement, privé et public, un découragement de l'épargne alors même que régnait l'euphorie sur les marchés d'actifs ce qui, par l'intermédiaire de l'effet richesse, contribuait encore un peu plus au développement de l'endettement. La dépense intérieure ainsi fortement stimulée, compensait de ce fait le handicap du déficit extérieur et assurait au pays une croissance à taux positif. Cette croissance est alors toutefois de plus en plus déséquilibrée, de plus en plus artificielle, faible, fragile. En guise d'adaptation à l'adversité du commerce extérieur, les Etats-Unis et la Fed ont été amenés à pratiquer des taux de plus en plus faibles, notamment entre 2001 et 2004 : il faut bien comprendre toutefois qu'une baisse des taux réels n'est pas un signe de bonne santé pour une économie ; bien au contraire, cela traduit une absence de projets rentables dans l'économie considérée.

Ce caractère artificiel de la croissance apparait en pleine lumière en juin 2007 ; il y a alors deux déséquilibres majeurs : un solde extérieur lourdement déficitaire (6% du PIB), un degré d'endettement extrême des ménages, des entreprises, des banques.

Après coup, il est facile de discourir sur l'imprudence des banques ou sur le mauvais fonctionnement des institutions chargées de les contrôler : il faut noter toutefois que si la pratique de ces dernières avait été satisfaisante, le degré d'endettement eut certes été moins élevé qu'il n'a été mais, pour cette raison même, la stimulation de la dépense intérieure eut été plus faible qu'elle n'a été et n'aurait alors pu suffire à compenser le handicap du déficit extérieur de sorte que le taux de croissance serait devenu négatif bien avant 2008. Bref, dès lors que les Etats-Unis acceptaient, de fait, des déficits extérieurs récurrents, ils n'avaient pas le choix de faire autre chose que la fuite en avant qui fut la leur. La responsabilité de la crise revient bien au pays qui a sciemment organisé le gigantesque déséquilibre commercial du monde par la manipulation de son taux de change : la Chine.

Quelques sénateurs américains en avaient conscience et souhaitaient que le Congrès prenne position sur le dumping de change chinois, ce qui eut obligé l'exécutif américain à prendre des sanctions contre la Chine. Pour désamorcer de telles initiatives et donner le change si l'on peut dire, la Chine fit semblant de s'engager dans la voie de l'appréciation de sa monnaie entre juillet 2005 et juillet 2008 ; en trois ans, le yuan s'apprécia ainsi de 20% par rapport au dollar, mesure quasi dérisoire puisque le déficit commercial imposé aux Etats-Unis et aux autres nations continuait à se creuser ; il ne s'agissait là que d'un leurre, une façon pour la Chine de faire croire au monde qu'elle jouait un jeu coopératif ; or, en dépit de ses déclarations de bonne volonté, force est de constater que l'appréciation d'un panier de devises reflétant le commerce extérieur chinois ne fut que de 6% sur l'ensemble de ces trois années : les faits montrent clairement que la Chine développe une stratégie agressive, davantage encore, comme on le verra, à partir de 2007.

9. Faut-il continuer à jouer le jeu de la Chine ?

Paradoxalement, de nombreux analystes présentent la Chine comme une sorte de « sauveur » de l'économie américaine et, au-delà, de l'ensemble des pays développés. Alors que M. Tim Geithner, peu après l'élection de M. Obama, avait pris la liberté de faire une déclaration critique sur le niveau de la monnaie chinoise, il fut très vite désavoué, non seulement par son Président mais aussi, en France, par M. Patrick Artus ! Pour celui-ci, c'est tout juste si l'Amérique ne devrait pas dire merci : « La protestation de l'Administration Obama contre la sous-évaluation de la monnaie chinoise paraît saugrenue, puisqu'un renminbi sous-évalué réduit le coût des importations américaines (sachant que la substitution est impossible, car de nombreux produits importés de Chine ne pourront être fabriqués à nouveau aux Etats-Unis) et surtout permet de financer une dette publique en très forte croissance en gardant des taux d'intérêt faibles »[199].

On le sait, ces placements chinois constituent une condition indispensable pour permettre la sous-évaluation du yuan en même temps qu'ils sont permis par les excédents commerciaux que cette sous-évaluation implique ; ce n'est nullement un « cadeau » qui serait fait à l'économie américaine et aux économies européennes, ou plutôt si : un cadeau empoisonné ! Ces placements ont permis la réalisation d'une politique d'endettement tout à fait excessive, une drogue dont il est difficile de se défaire. De plus, cela a entretenu une illusion : l'idée que, somme toute, le déficit du commerce extérieur n'avait pas d'importance et qu'on pouvait indéfiniment compenser celui-ci par la stimulation de la dépense intérieure ; ce fut là l'erreur de M. Greenspan et de l'Administration Bush ! Si un endettement intérieur modéré et le crédit qui lui donne naissance sont bien nécessaires à la croissance de toute économie en équilibre sur le plan de ses échanges extérieurs, un endettement extérieur excessif ne peut conduire qu'à des situations très dangereuses. C'est avec le financement du déficit budgétaire américain que la Chine fit avaler à l'économie américaine la pilule plutôt amère de ses déficits commerciaux récurrents et croissants.

---

[199] Artus et Virard, op. cit., p. 67.

Que faire ? Refuser de se laisser prendre dans ce piège, bien sûr. Face au protectionnisme monétaire que la Chine pratique à l'aide de son taux de change et qui constitue une agression caractérisée, il est de l'intérêt du peuple des Etats-Unis et des autres peuples du monde de se protéger, même si cela ne correspond pas à l'intérêt immédiat des grandes firmes industrielles en affaires avec la Chine.

Les pays du G7 auraient pu, par exemple, menacer de quitter l'OMC si la Chine ne modifiait pas son dispositif de change ; c'est ce qu'il faudrait faire, le plus tôt serait le mieux !

La crise actuelle devrait amener l'ensemble des pays du monde, on peut au moins le souhaiter, à se révolter contre l'agression mercantiliste. La première des choses, dans cette voie, est de rompre avec l'idéologie libre-échangiste – entendons par là, la croyance selon laquelle le « libre échange » est bon pour chacun quelles que soient les circonstances, et même si un grand pays comme la Chine triche massivement avec un cours de change déloyal –, que colportent les économistes « médiatiques » et qui les amènent à parler de tout sauf de « ce qui fâche » les Chinois, leur taux de change!

A cet égard, le propos de Christian de Boissieu relatif à la réunion du « G20 » à Londres[200] est révélateur : « Le nouveau Bretton-Woods emprunte au premier le principe d'une large concertation [...] mais son contenu est différent, car il doit traiter de banque et de finance plutôt que de monnaie et de taux de change. [...] Organiser un nouveau Bretton-Woods autour de la question des taux de change serait d'ailleurs la façon la plus sûre de le faire capoter. La crise financière internationale impose de le centrer sur trois aspects complémentaires : la régulation bancaire et financière, le rôle et les moyens du FMI et les liens entre la finance et l'économie réelle ». Exit le taux de change ! On ne prend même pas la peine de dire pourquoi, ou à cause de qui, il n'est pas « pertinent » de parler de monnaie et de taux de change... En somme, ce qui est recommandé par le « consensus des économistes », et par les Chinois évidemment, c'est de ne rien faire qui puisse aller à l'encontre de la politique de la Chine ; c'est de s'intéresser non pas à la cause de la crise – le taux de change de la Chine – mais à ses effets...

Cela revient à dire, en quelque sorte : « Continuons comme par le passé ! ».[201] Nous pensons, quant à nous, que jouer un tel jeu serait suicidaire, non seulement pour l'économie américaine mais aussi pour les économies de la plupart des pays du monde.

---

[200] Cercle des économistes, *Fin du monde ou sortie de crise ?*, Perrin, 2009. Voir : Christian de Boisseau, p.315.
[201] Cela revient à dire aussi que la Chine joue un jeu coopératif : nous pensons que ce n'est pas le cas.

Chapitre 7

UNE GUERRE ÉCONOMIQUE NON DISSIMULÉE

1. Les leçons stratégiques que la Chine a retirées des échecs de l'URSS et du Japon

L'année 1989 a constitué un tournant important pour la Chine, notamment du fait de l'implosion simultanée de deux grandes puissances, l'URSS et le Japon. Depuis quelques décennies, ces deux puissances avaient, l'une et l'autre et de façons séparées, entrepris de ravir l'hégémonie mondiale aux Etats-Unis. Mais en 1989, l'une et l'autre en même temps, durent constater à la fois l'échec définitif de leurs stratégies respectives et les effets de la déstabilisation économique et politique qu'elles commençaient à subir.

La même année, le Parti Communiste Chinois refusait définitivement, à Tiananmen, toute démocratisation du pays. Cinq années plus tard, en 1994, après avoir muselé toute contestation intérieure, il assignait pour objectif stratégique à long terme à la Chine de ravir l'hégémonie mondiale aux Etats-Unis.

Le PCC a sans doute tiré toutes sortes d'enseignements des échecs parallèles de ces deux puissances face aux Etats-Unis :

- Un pays qui veut l'emporter sur les Etats-Unis doit exister sur le plan militaire : ce n'était pas le cas du Japon ;
- Un pays qui veut l'emporter sur les Etats-Unis ne peut toutefois pas espérer y parvenir au terme d'un affrontement militaire direct, ce qu'a tenté de faire en vain l'URSS ;
- Pour renverser l'hégémonie des Etats-Unis, le capitalisme totalitaire est la forme d'organisation économico-politique la plus efficace : elle est à la fois supérieure au collectivisme totalitaire qui caractérisait l'URSS et au capitalisme démocratique qui avait cours au Japon ;
- La stratégie la plus efficace pour ravir l'hégémonie mondiale aux Etats-Unis consiste, pour le pays rival, à prendre l'initiative d'une guerre économique, graduelle mais prolongée, à leur encontre et à celle de leurs alliés, ce qu'avait entrepris le Japon mais ce que n'a jamais pu faire l'URSS ;

- La stratégie la plus efficace de guerre économique consiste, pour le pays rival des Etats-Unis, à s'emparer d'une part croissante du marché mondial des marchandises grâce à un avantage absolu ; dans un même mouvement, cela renforce la croissance et la puissance du pays agresseur et cela affaiblit la croissance et la puissance des Etats-Unis et de leurs alliés ; la médiation la plus évidente pour y parvenir consiste à s'assurer un coût horaire du travail en dollars durablement très inférieur à celui des Etats-Unis, ce qu'avait fort bien compris et entrepris le Japon ; la Chine a compris que le Japon n'avait pu aller assez loin dans cette voie ;
- La « guerre économique » que mène le pays rival doit viser aussi à porter atteinte le plus tôt possible à l'atout majeur dont disposent les Etats-Unis et leurs alliés, les deux monnaies de réserve du monde, le dollar et l'euro ; on se souvient que l'URSS s'est beaucoup affaiblie dans la compétition de la « guerre des étoiles » avec les Etats-Unis de Reagan qui faisait financer leurs efforts par les pays pétroliers grâce au statut particulier du dollar comme monnaie de réserve ; de son côté le Japon n'a jamais rien entrepris à l'encontre du statut du dollar ;
- Il est décisif pour le pays rival des Etats-Unis de s'assurer des complicités fortes et solides au sein même des Etats-Unis et de leurs alliés ; l'URSS avait cherché, maladroitement, à établir de telles complicités avec les partis communistes nationaux qui lui étaient liés ; on peut remarquer que, dans les années 1980 et 1990, la société américaine était mobilisée contre la concurrence japonaise et le yen trop bon marché : le Japon ne disposait pas d'appuis importants aux Etats-Unis alors que, de nos jours, la majorité des milieux d'affaires américaines est favorable à un yuan bien plus faible que ne l'était le yen ;
- Il est habile pour le pays rival des Etats-Unis de rester le plus longtemps possible secret et muet sur ses intentions, ce qu'avait assez bien réussi le Japon mais qui était à l'opposé de la stratégie développée par l'URSS.

2. Une stratégie de guerre économique visant à déstabiliser les pays occidentaux

Reprenant à son compte toutes ces leçons issues du passé récent ou ancien, et renouant avec la tradition chinoise qui vise à gagner des guerres sans livrer bataille, la Chine a manifestement opté, en 1994, pour une stratégie de « guerre économique ».

Cette guerre économique est à la fois une « guerre-éclair » et une « guerre graduelle ». Une « guerre-éclair » car les 16 années qui séparent 1994 de 2010 sont peu de choses à l'échelle historique et géopolitique. Une « guerre graduelle » dans la mesure où l'offensive, menée depuis 16 ans dans une grande discrétion, réussit à maintenir endormis et passifs les populations occidentales et leurs dirigeants alors même que, d'année en année, la Chine inscrit des points majeurs dans sa montée en puissance et dans sa rivalité avec les Etats-Unis. Les étapes successives de cette guerre en sont les suivantes.

a) Dans le domaine commercial et économique

Il s'agit d'asphyxier délibérément les Etats-Unis et leurs alliés. Le yuan, maintenu à un niveau volontairement extrêmement sous-évalué, permet à la Chine de renouveler des excédents commerciaux colossaux qui sont aussi des déficits commerciaux colossaux pour les pays du G7. Ces déficits commerciaux asphyxient l'activité et l'emploi des pays de ce groupe. Les gouvernements occidentaux y répondent par toutes sortes d'artifices aventureux qui, en définitive, aggravent encore leur situation économique, bancaire et budgétaire.

b) Dans le domaine monétaire et financier

Attaquer sur les plans monétaire et financier les Etats-Unis et leurs alliés quand l'asphyxie économique a commencé à les déstabiliser et pour cela :
- Retirer aux Etats-Unis leur privilège essentiel, celui du dollar monnaie de réserve, et à l'Europe son privilège, plus embryonnaire, de l'euro deuxième monnaie de réserve ; que deviendraient donc les Etats-Unis si l'OPEP et les autres pays pétroliers finissaient par facturer leur pétrole en or et exigeaient d'être réglés en or ? Après avoir été obligés de se dessaisir de leurs réserves en or, les Etats-Unis ne tarderaient pas à se voir obligés d'emprunter, à la Chine et à quelques autres pays, les quantités d'or nécessaires au règlement de leur facture pétrolière…. On mesure dans quel corset contraignant se trouveraient alors enfermés les Etats-Unis !
- Retirer aux pays occidentaux la soupape que constitue pour eux leur déficit budgétaire en catalysant le problème du financement de leur dette publique. En suscitant une défiance à l'égard des dettes publiques occidentales, la Chine espère priver les pays occidentaux de l'arme de la relance budgétaire et les obliger même à pratiquer au pire moment une politique de restriction budgétaire. En agissant ainsi, la Chine œuvre, patiemment mais délibérément, à provoquer soit une crise systémique dans les pays occidentaux qui lui assurerait un succès géopolitique immédiat, soit à provoquer un processus de stagnation et de déflation prolongées dans les pays occidentaux, qui lui assurerait aussi un succès géopolitique, même s'il devait alors être plus tardif.

c) Dans les autres domaines

En parallèle à tout cela, la Chine s'efforcera de capitaliser ses succès sur les plans commercial et économique, monétaire et financier pour marquer toutes sortes de points sur les autres plans de l'affrontement qu'elle a programmé.

- Sur le plan technologique : la dynamique de ses entreprises, la puissance financière de son Etat continueront à aider la Chine à développer sa politique audacieuse en matière universitaire et, surtout, de recherche-développement.
- Sur le plan militaire, la Chine, grâce à sa croissance forte, bénéficie de recettes fiscales en forte progression et peut donc accroître facilement ses dépenses militaires, chose impossible pour les Etats-Unis, empêtrés dans la stagnation, qui voient leurs recettes fiscales reculer et leurs dépenses sociales (chômage) s'accroître, tandis que la perte de statut du dollar leur interdit d'envisager des financements extérieurs importants. Au total, des pressions financières extrêmes pourraient finir par contraindre les Etats-Unis à réduire le budget du Pentagone.
- Sur le plan géographique, la puissance financière acquise par la Chine lui permettra d'acquérir à l'étranger des gisements miniers, des territoires agricoles, de mettre en coupe réglée des pays entiers en achetant au besoin des gouvernements trop faibles ou trop corrompus. La méthode s'inspire du comportement des Etats européens à la fin du 19ème siècle qui, transformaient très naturellement leurs excédents commerciaux récurrents avec le Maroc, l'Egypte ou la Turquie en positions créancières puis, lorsque les positions créancières étaient devenues trop fortes pour être remboursables, exigeaient et obtenaient de s'approprier à bon compte les actifs réels du pays débiteur contre un abandon partiel de leurs créances. C'est un tel engrenage qui a conduit au protectorat ou au quasi protectorat de l'Angleterre sur l'Egypte, de la France sur le Maroc et de l'Allemagne sur la Turquie ; il y a toutefois une différence entre cette époque et aujourd'hui : seule la Chine a la volonté et est en mesure de prendre des protectorats de fait sur des Etats en passe de perdre leur souveraineté réelle. De la sorte, la Chine accroit l'étendue des territoires qu'elle contrôle et s'assure un accès « hors marché international » à certaines matières premières tout en diminuant l'étendue du territoire qui reste accessible aux Etats-Unis et à leurs alliés.
- Sur le plan diplomatique, la Chine est en mesure de transformer certains pays partenaires en des pays « politiquement clients », grâce à la puissance que lui confère sa forte croissance économique et commerciale, son aptitude à prêter facilement grâce à ses énormes réserves de change, son potentiel militaire de plus en plus impressionnant. Ces pays clients soutiennent et soutiendront le point

de vue chinois dans tous les forums internationaux (ONU, OMC, FMI, Banque mondiale, G20, APEC, etc.).
- Sur le plan culturel, grâce à sa puissance financière, la Chine peut se permettre de subventionner l'apprentissage du mandarin par une fraction croissante de la population mondiale de façon à ce qu'ultérieurement le mandarin puisse concurrencer l'anglais, dans de nombreux domaines, notamment afin de détrôner à terme Hollywood et les séries télévisées américaines. De même, Pékin accorde des subventions pour lancer des chaînes de télévision prochinoises déclinées dans toutes les langues de la planète.
- Sur le plan idéologique, comme tous les pays totalitaires avant elle, la Chine s'attache à acheter à l'étranger des intellectuels, des medias, des hommes politiques qui prêcheront à leurs compatriotes la passivité ou même la collaboration avec elle. Sur un autre plan, la Chine développera des campagnes de propagande vantant ses succès dans de multiples domaines pour tenter de convaincre d'autres pays d'abandonner la démocratie et d'adopter le capitalisme totalitaire dont elle est le prototype.

Les stratèges au service de la Chine ne sont pas naïfs : ils savent bien que l'affrontement à venir avec les Etats-Unis sera multidimensionnel et ils savent bien aussi que, pour l'emporter encore plus nettement, la Chine doit se donner les moyens de marquer des points sur chacun de ces fronts.

d) *Neutraliser les alliés des Etats-Unis*

La neutralisation des alliés des Etats-Unis, l'étape ultime conduisant au succès total de la Chine. Certains pays occidentaux actuellement alliés des Etats-Unis, épuisés économiquement et financièrement, déstabilisés socialement et politiquement, finiront par sortir de l'orbite des Etats-Unis. Quelques-uns deviendront « neutralistes », pendant que d'autres accepteront même de s'inféoder à la Chine devenue encore plus puissante désormais.

La Chine isole ainsi de plus en plus les Etats-Unis sur la scène internationale de telle sorte que même leur supériorité militaire, à supposer qu'elle subsiste encore, ne soit plus qu'un atout dérisoire entre leurs mains.

Comment la superpuissance américaine, qui serait affaiblie dans tous les domaines, sauf peut-être dans le domaine militaire, et qui serait par ailleurs devenue très isolée sur le plan international, pourrait-elle oser livrer bataille à une superpuissance chinoise devenue outrageusement dominante sur les plans commercial, économique, monétaire, financier, diplomatique, technologique, culturel, idéologique ?

Si elle parvient à cette étape ultime, la Chine aura alors réussi à ravir l'hégémonie mondiale aux Etats-Unis sans même leur avoir livré bataille. Tel est en tout cas son but stratégique.

3. Le monde devrait trembler, mais il vit dans l'inconscience

La Chine, comme on l'a vu, a déroulé la stratégie qu'elle a définie et adoptée en 1989 - 1994. Le premier succès important qu'elle a remporté eut lieu en 2001 : ce fut son admission à l'OMC. Son deuxième succès important eut lieu en 2007 : ce fut l'éclatement de la crise grave qui vint frapper, pour longtemps, les Etats-Unis et leurs alliés occidentaux.

C'est seulement depuis ce moment d'ailleurs qu'ont surgi, comme une évidence qui devrait être incontestable, quatre réalités qui devraient être atterrantes pour les populations occidentales et leurs dirigeants.
- Tout d'abord, la crise a encore accentué et solidifié l'écart de croissance en faveur de la Chine ;
- De plus, depuis la crise des pays occidentaux, la Chine manifeste à la fois une puissance financière éclatante et une détermination à utiliser cette dernière pour affaiblir les pays occidentaux ;
- Surtout, au lieu de concrétiser l'attitude coopérative que la très grande majorité des experts occidentaux lui attribuaient à tort, la Chine s'emploie manifestement à porter des coups supplémentaires aux pays occidentaux pour mieux approfondir la crise qu'ils subissent ;
- Enfin, la Chine exploite effectivement ses avancées sur les plans commercial, économique et financier en marquant, mois après mois, des points supplémentaires sur le plan géopolitique et sur le plan militaire.

4. Les pays occidentaux ont l'exclusivité d'une crise grave et prolongée

Quand la crise a éclaté, au milieu de 2007, les commentateurs occidentaux s'étaient initialement persuadés qu'il s'agirait d'une crise mondiale et que la Chine serait touchée, davantage même que les pays occidentaux. Ils avaient tort ; il est très vite apparu en effet que le seul ensemble G7 (Etats-Unis + Europe + Japon) était atteint par une récession franche et qu'il se trouvait menacé de crise systémique ; ce n'est que très difficilement que ces deux difficultés ont été provisoirement surmontées.

Dans l'ensemble, la récession franche dans le G7 aura duré six trimestres (de fin 2007 à mi-2009) pour faire place à ce que les experts officiels désignent comme une reprise : mais peut-on parler de reprise quand, au deuxième trimestre 2010, le PIB de la zone G7 reste inférieur d'environ 1% au sommet qu'il avait atteint au quatrième trimestre 2007 ? Ce résultat médiocre a été obtenu alors même qu'étaient mises en œuvre des mesures exceptionnelles et aventureuses de relances monétaire et budgétaire qui rendent maintenant les dettes publiques très vulnérables. La situation est si grave que, au colloque de Jackson Hole (Wyoming, Etats-Unis), fin août 2010, Carmen et Vincent Reinhart, économistes notoires et proches des milieux dirigeants américains, ont même présenté un papier qui conclut à la prédiction d'une stagnation, pour les pays du G7 considérés globalement, d'au moins sept années supplémentaires.

Durant cette période 2007-2010, l'économie chinoise offrait un contraste saisissant : sa conjoncture ne subissait qu'un trou d'air éphémère surmonté très facilement par le recours, seulement brièvement d'ailleurs, à une relance budgétaire massive. A la différence des pays occidentaux, la Chine avait les moyens d'une telle politique. Parce qu'elles avaient été très peu sollicitées depuis 1995, ses finances publiques étaient en effet initialement en très bon état (dette publique à 20% de son PIB). Cette relance budgétaire effectuée dans le contexte d'un excédent commercial qui restait colossal en dépit d'une légère diminution initiale, lui permirent de renouer rapidement et facilement avec une croissance supérieure à 10%.

Au total, grâce à sa robustesse qui résulte de ses excédents extérieurs récurrents, la croissance chinoise accentue encore son écart avec celle de l'ensemble des pays du G7. En dépit du choc majeur qu'aurait pu représenter pour elle le basculement en récession franche de la plupart des pays occidentaux, l'économie chinoise, qui n'a subi aucune récession depuis trente ans, a démontré une nouvelle fois sa solidité ; face à elle, les économies occidentales restent asphyxiées dans la stagnation après avoir épuisé les munitions dont elles disposaient : la baisse des taux directeurs et le recours au déficit budgétaire. La Chine réussit à maintenir une croissance de son PIB de l'ordre de 10% à 11% par an alors que les pays occidentaux ont bien du mal à échapper à la stagnation prolongée qui est la leur depuis mi-2007. L'écart de croissance en faveur de la Chine se stabilise ainsi aux environs de 10%, ce qui constitue une accentuation significative de l'écart déjà très élevé de 7% qui prévalait avant 2007.

5. La coopération supposée « Chinamerica » n'est en réalité que « Chimerica »

En intervenant depuis quinze ans sur son marché des changes pour empêcher que le yuan ne s'apprécie, la Chine a accumulé des réserves de change colossales : près de 4000 milliards de dollars, montant que l'on peut comparer à celui de l'ensemble des fortunes que gère l'ensemble des hedge funds anglo-saxons qui est de 2.700 milliards seulement ! Cette puissance financière la dispense de rechercher une véritable coopération avec ses partenaires économiques.

Depuis la crise, elle a commencé à utiliser ses réserves de change comme une véritable force de frappe financière : les mouvements de cours de l'euro contre dollar et du dollar contre yen répondent de plus en plus aux directions successives que la Chine entend leur imprimer ; le cours de l'or ne s'écarte plus de son fort trend haussier depuis que la Chine a fait comprendre aux hedge funds que la meilleure façon pour elle de décrédibiliser le dollar en tant que monnaie de réserve consistait à le dévaloriser par rapport à l'or. Dans le même ordre d'idée, on peut remarquer que la crise de la dette publique européenne a fait l'objet d'une accalmie, en juin 2010, seulement après que l'Etat chinois eut acheté avec ostentation des obligations émises par l'Etat espagnol et après qu'il eut déclaré ensuite que l'Europe restait pour lui une zone privilégiée pour ses placements.

Toutefois, entre 2001 et 2007, la Chine aura réussi à faire croire aux dirigeants et aux experts occidentaux qu'elle avait passé au plus haut niveau un deal secret avec les Etats-Unis, un deal communément dénommé *Chinamerica,* ce que d'autres désignaient comme un nouvel accord de *Bretton-Woods, Bretton-Woods II.*

Il était ainsi supposé que les Etats-Unis s'étaient engagés envers la Chine à dépenser toujours plus en décourageant l'épargne de leurs ménages et en encourageant leur endettement, ce qui stimulait les exportations de la Chine aux Etats-Unis et renforçait la croissance et l'emploi en Chine.

En contrepartie, la Chine, après avoir récupéré, à travers son excédent commercial, une bonne partie des dollars émis par les Etats-Unis à l'occasion de leur déficit commercial, conservait passivement les dollars obtenus et acceptait même de les employer en obligations à long terme du Trésor américain (*Treasury notes* et *Treasury bonds*).

Dès que la crise eut éclaté en 2007, la Chine a adopté une attitude très révélatrice qui a manifestement surpris nombre de dirigeants occidentaux parce que, non seulement elle n'était pas coopérative, mais elle était même franchement anti-coopérative. De 2008 à 2010, elle dévoile clairement son jeu agressif à qui sait l'observer : spéculation contre les « agencies », interruption de la réévaluation graduelle du yuan, refus de parler du yuan aux sommets successifs du G20, dénigrement public de la politique américaine.

- Entre mars 2008 (Crise de Bear Stearns) et septembre 2008 (crise de Lehmann Brother), l'Etat chinois se positionne comme vendeur sur les obligations « agencies », Fannie Mae et Freddie Mac, au prétexte qu'il n'a pas obtenu de garantie formelle de l'Etat américain sur ces obligations. Cette crise provoquée oblige l'Etat américain à opérer un sauvetage en catastrophe – la nationalisation de ces deux institutions – au plus mauvais moment pour lui car il aurait fallu qu'il s'attelle en priorité à désamorcer l'amplification de la crise immobilière et bancaire qui menaçait. Alors que les autorités américaines avaient toujours tablé sur le fait que la Chine les aiderait en cas de crise obligataire, c'est exactement le contraire qui se produisit : la Chine donna un coup de poignard à l'économie américaine en accentuant la crise obligataire de celle-ci.

- De façon concomitante, en juillet 2008, la Chine interrompt unilatéralement et à la surprise générale, le processus de réévaluation très graduelle du yuan contre dollar qu'elle avait initié trois ans plus tôt : c'est un nouveau coup de poignard donné à l'économie américaine.

- En novembre 2008, à l'approche du premier sommet du G20 à l'initiative de M. Sarkozy, la Chine subordonnera sa participation à une condition expresse : que la question du yuan ne figure pas à l'agenda de façon à prolonger le statu quo sur son taux de change. Cette réunion aurait pu constituer une occasion privilégiée, à ne pas manquer, pour que les pays occidentaux blâment collectivement la Chine pour son énorme responsabilité dans le murissement des conditions amenant au surgissement de la crise ; ils auraient dû exiger, et ils auraient pu obtenir s'ils avaient alors exercé une forte pression collective, une réévaluation significative du yuan. Cela aurait neutralisé le principal facteur de crise et permis alors un rebond salutaire à court et moyen terme des économies occidentales. Hélas, ce fut Munich ! Avant même l'ouverture du sommet, les jeux étaient faits, la Chine avait gagné. Les dirigeants occidentaux s'entêtaient à ne voir en elle qu'un acteur coopératif de l'économie mondiale... dont la coopération était indispensable. Le statu quo exigé et maqintenu par la Chine sur le yuan attestait pourtant de son attitude non-coopérative, ce qui exposdait à l'avance le sommet G20 à l'échec.

- Le printemps 2010 allait donner lieu à un épisode montrant tout à la fois la pusillanimité américaine et l'arrogance d'une Chine sure de sa puissance. Depuis plusieurs années, le Secrétaire au Trésor avait deux rendez-vous semestriels programmés avec le Congrès, les 15 avril et 15 octobre ; si, au terme du rapport fait au Congrès, l'une de ses conclusions est que le pays « X » manipule sa monnaie, alors le Congrès a la pouvoir de décider des sanctions douanières immédiates à l'encontre de ce pays, même si cela risque d'entraîner par la suite des sanctions de l'OMC pour les Etats-Unis. C'est par crainte d'une telle décision du Congrès que la Chine se résigna à laisser le yuan s'apprécier de 21% contre dollar entre juillet 2005 et juillet 2008. Toutefois, ayant interrompu le processus d'appréciation du yuan, dont la valeur était toujours fortement inférieure à ce qu'elle aurait dû être, les dirigeants chinois étaient un peu nerveux à l'approche de l'échéance du 15 avril ; cela explique sans doute le long coup de téléphone de M. Hu Jintao à M. Obama, le 1er avril 2010, rapporté par l'agence Bloomberg.

Que se sont dit les deux hommes ? On peut supposer que M. Hu Jintao a brandi quelques menaces... Toujours est-il que M. Geithner, l'actuel Secrétaire au Trésor, faisait le 9 avril un voyage-éclair à Pékin à l'issue duquel il déclarait qu'il renonçait à considérer que la Chine manipulait sa monnaie ; mieux même, il annonçait dans la foulée que le rendez-vous avec le Congrès était reporté ad libitum. C'était Canossa ! Pourtant les commentateurs et les diplomates occidentaux s'empressèrent de suggérer « qu'un accord secret avait été trouvé en coulisse pour que la Chine puisse ne pas perdre la face » et qu'elle ne manquerait pas de « renvoyer l'ascenseur » en annonçant elle-même un nouveau mouvement de réévaluation du yuan. Ces mêmes « milieux bien informés » nous laissaient supposer que ce serait le 1er mai 2010 à l'occasion de l'inauguration de l'exposition universelle de Shanghaï, ou le 24 mai pour le sommet semestriel sino-américain ou encore le 26 juin à l'occasion du sommet semestriel des chefs d'Etat du G20.

Qu'en a-t-il été ? Le 23 juin, trois jours avant le début du G20 au cours duquel on devait quand même parler du yuan, la Chine publiait un communiqué officiel annonçant son intention de « flexibiliser le yuan » sans délai, ce qui fut interprété assez logiquement par les diplomates comme l'annonce que la Chine acceptait enfin la concession que l'on attendait d'elle sur le yuan. Sur cette base, confiants dans la parole de la Chine, les chefs d'Etat du G20 retiraient le 26 juin la question du yuan de leur ordre du jour !

Cette confiance n'était pas justifiée : le cours dollar/yuan était à 6.83 le 23 juin, il est à 6.80 le 1er septembre 2010 !

L'ensemble de ces faits montre tout à la fois l'arrogance et le cynisme du comportement de la Chine face à la faiblesse et au manque de courage américains. Tout se passe comme si la véritable intention de la Chine était d'enfermer les pays occidentaux dans une crise profonde analogue à celle de 1929 ; lorsque la Chine s'est aperçue que, conformément à la stratégie qui est la sienne, cela devenait possible, elle s'est alors départie de sa prudence antérieure afin d'accélérer le mouvement qu'elle entend donner aux affaires du monde ; ce faisant, elle a levé le voile qui dissimulait ses intentions, laissant apparaître à qui sait observer, son immense appétit, celui de remplacer les Etats-Unis à la tête du monde. Le grand historien britannique Niall Feruson[202] ne s'y est pas trompé : celui-là même qui avait inventé le concept de « Chinamerica », l'idée qu'un partenariat consensuel entre le Chine et les Etats-Unis constituait la base de la dynamique mondiale contemporaine, faisait machine arrière dans un article du 15 août 2009. « Chinamerica » était chimérique !

6. Un nœud coulant autour des économies du G7 pour les asphyxier

La Chine montre les dents, de plus en plus, au fur et à mesure que se resserre le nœud coulant économique passé au cou de ses victimes. Elle le fait non seulement en utilisant sa puissance financière croissante que lui procurent ses excédents commerciaux colossaux mais aussi en développant très rapidement son potentiel militaire et géostratégique. A ce propos, on peut citer la constitution d'une vaste flotte de sous-marins nucléaires équipés de missiles atomiques et basés sur l'Ile de Hainan, l'acquisition de ports pour

---

[202] Niall Ferguson, historien anglais enseignant à Harvard ; auteur notamment de l'ouvrage « *the ascent of money, à financial history of the world* ».

sa flotte de guerre à Ceylan, la fin de la construction d'un immense tunnel très profond, de 5 500 km de longueur[203], destiné entre autres à « l'artillerie de la deuxième frappe » (une riposte nucléaire contre tout agresseur), l'expérimentation réussie de la destruction d'un satellite par un missile[204], le développement en cours d'une technologie nouvelle de missiles terre/mer à longue portée qui rendraient très vulnérables les porte-avions américains.

Plus inquiétant encore : un réseau de cyberespionage chinois, GhostNet, ayant permis d'infiltrer de nombreuses organisations gouvernementales et les milieux d'exilés tibétains partisans du Dalaï-Lama, est mis à jour en mars 2009 ; un peu plus tard, un chercheur chinois, Dong Niao, publie un livre en Chine dans lequel il présente « les conflits culturels, médiatiques, financiers et militaires qui ont lieu sur la toile dans la lutte pour l'hégémonie virtuelle et annonce qu'un affrontement entre la Chine et l'Occident est inévitable »[205]. Très récemment, grâce à l'affaire WikiLeaks, on a appris qu'un télégramme de l'Ambassade américaine à Pékin « affirme que le gouvernement chinois a coordonné les récentes intrusions dans les systèmes de Google (…) ces opérations ont été pilotées au niveau du comité permanent du bureau politique du parti ». Le journal Le Figaro[206] précise que deux de ses neuf membres auraient coordonné l'affaire : Li Changchun (n° 5 et patron de la propagande) et Zhou Yongkang, le plus haut responsable en matière de sécurité.

Sur le plan géopolitique, la Chine a refusé de désavouer, au printemps 2010, son allié nord-coréen qui avait froidement coulé une frégate de la marine sud-coréenne, faisant 46 morts. De plus, toujours en 2010, elle a osé revendiquer comme « chinoise » la mer de la Chine du Sud[207] ; il s'agit, évidemment, de s'approprier les richesses du sous-sol marin ; c'est aussi une première initiative en vue d'obtenir, mer par mer, l'évacuation de la flotte américaine de toute l'Asie orientale (celle située à l'est de la péninsule indienne). Il s'agit pour la Chine de rendre impraticable toute défense militaire de Taïwan par les marines américaine et japonaise et, plus généralement, d'évacuer de cette vaste région la marine américaine qui est le seul contrepoids à l'armée et à la marine chinoises.

---

[203] Comment ne pas penser, à propos d'un tel ouvrage dont la profondeur atteint parfois 1 000 mètres, à la grande muraille de Chine ?
[204] Il faut rappeler qu'il s'agit d'un objectif que l'Union Soviétique ne put atteindre dans sa confrontation, avec les Etats-Unis, de la « guerre des étoiles ».
[205] Compte rendu du journal *Courrier international* (n° 1034 du 26 août au 1er septembre 2010) ; le titre du livre est *Cyberguerres : une brève histoire de la façon dont internet change le monde*. Les pratiques chinoises de cyber-haking inquiètent de plus en plus les américains comme en témoigne le communiqué conjoint qu'ils viennent de signer avec le gouvernement japonais.
[206] *Le Figaro*, lundi 6 décembre 2010.
[207] La mer de Chine du Sud va du Sud de la Chine et de Taïwan à la Malaisie ; elle baigne le Vietnam et les Philippines.

On le voit, la grande puissance qu'est la Chine a, depuis longtemps, conçu et mis en œuvre une stratégie très cohérente visant à ravir aux Etats-Unis leur hégémonie, ce qui l'amène à défier de plus en plus ouvertement ces derniers ainsi que leurs alliés. C'est dans le domaine économique que l'agression chinoise est la plus redoutable.

Tout se passe comme si, en dictant depuis fin 2001 aux pays occidentaux le maintien d'un yuan sous-évalué alors qu'elle venait d'obtenir de leur part la renonciation à tout droit de douane sur ses produits, la Chine avait alors disposé une corde munie d'un nœud coulant autour du cou des économies occidentales.

En effet, le désarmement douanier à l'égard du « made in China », qui venait s'ajouter au privilège de change de la Chine, a sans tarder fait surgir un excédent commercial considérable en Chine et, symétriquement, a creusé un déficit commercial colossal pour l'ensemble du G7[208].

Le déficit commercial établit durablement une forte tendance dépressive sur les niveaux d'activité et d'emploi de ces pays dont les économies sont peu à peu asphyxiées : le nœud coulant est de plus en plus serré.

Dans cette image, il y a deux réactions possibles : essayer de couper la corde ou de défaire le nœud afin de sortir indemne de cette situation dangereuse ou bien se débattre dans une agitation brouillonne et vaine pour finir étranglé. C'est, malheureusement, la deuxième voie qui a été choisie depuis 2001 par les dirigeants occidentaux, avec successivement des actions :
- de relance budgétaire et immobilière entre 2001 et 2008,
- de relances budgétaires massives et simultanées en 2009 et 2010,
- de restrictions budgétaires en Europe depuis le printemps 2010.

7. Une première réaction : relance budgétaire puis immobilière (2001-2008)

Les pays du G7 qui étaient entrés fin 2000 dans une récession cyclique catalysée par les excès de « l'économie Internet » puis par l'affaire Enron, ont éprouvé des difficultés inhabituelles à sortir de cette récession débordant largement sur l'année 2001.

Dès les premiers signes de récession, la Fed avait classiquement abaissé son taux directeur de 7% à 3% fin 2001 ; pour assurer une reprise significative, M. Bush avait institué, début 2002, un plan de relance budgétaire qui avait été salué par tous les économistes keynésiens comme audacieux et d'une ampleur historique. Pourtant, début 2003, la reprise n'était pas vraiment au rendez-vous. Pourquoi ? Parce que la baisse d'impôts

---

[208] On considère ici les pays du G7pris dans leur ensemble, sachant bien que, au sein de cet ensemble, un pays comme l'Allemagne a une position singulière.

sur le revenu et la baisse du taux d'épargne des ménages, conséquences de la première vague de baisse du taux de la Fed, ne suffisaient pas à compenser la tendance dépressive provenant du déficit commercial extrême du pays.

Les dirigeants américains, les Républicains avec l'accord tacite des Démocrates, ont alors décidé de jouer à fonds la carte d'une reprise de l'immobilier qui soit assez marquée pour qu'elle fasse franchement sortir l'économie américaine de son trou. A leur insu, semble-t-il, ils cherchaient alors une première rustine pour boucher la fuite dans l'économie américaine associée au déficit commercial colossal et renouvelé dont M. Greenspan avait répété au Congrès qu'il ne posait aucun problème aux Etats-Unis. Il fallait pour cela atteindre un niveau jamais vu pour le rendement « Treasury 10 ans », celui qui gouverne le taux pratiqué sur le crédit immobilier. A mesure qu'elle les accumulait, la Chine, qui jouait alors « coopératif », au moins en apparence, plaçait ses réserves de dollars en « Treasuries » à long terme, ce qui mécaniquement faisait déjà reculer beaucoup le rendement du « Treasury 10 ans ». Pour aller encore plus loin, les autorités américaines chargèrent leur bras séculier, la Fed, de prendre, début 2003, une autre mesure exceptionnelle, celle d'abaisser son taux directeur à un nouveau point bas historique, seulement 1%, alors même que la hausse des prix était de 2.5% l'an ! Au total, le rendement à 10 ans a lui-même fini par atteindre en 2003 le point bas, lui aussi historique, de 3.0%.

Grâce à cela et à toutes sortes d'autres dispositifs (instauration en particulier des fameux crédits « subprime » par lesquels le gouvernement et les banques encourageaient des ménages pauvres à accéder à crédit à la propriété immobilière), l'immobilier redémarrait sur les chapeaux de roue : hausse spectaculaire des emprunts immobiliers, des ventes, des mises en chantier, hausse formidable du prix des logements, puis nouvelle hausse des ventes, etc. L'impact fut énorme : de mi-2003 à mi-2007, le PIB américain, en dépit du déficit commercial et grâce à l'immobilier, put s'installer dans une croissance à 3,5% l'an qui réussit alors à tirer à nouveau l'emploi vers le haut.

Malheureusement, cette croissance était en réalité hypothéquée. On connaît la suite : crise immobilière, crise bancaire, crise boursière, récession franche aux Etats-Unis, chômage extrême, finances publiques déstabilisées une première fois par la récession et plus encore ensuite par le renflouement jugé incontournable des banques et des maisons de titres, perte de confiance à court et à moyen terme des ménages[209], dégoût prononcé des ménages à l'égard de l'endettement et de l'immobilier.

La relance immobilière s'est donc au total avérée être une parade lamentable et contreproductive au déficit commercial qui se maintenait au niveau insupportable de 6% du PIB. Après avoir fonctionné durant quatre

---

[209] On enregistre en 2008 et 2009 une formidable baisse de la natalité aux Etats-Unis, supérieure à celle enregistrée dans les années 1930.

années (mi-2003 à mi-2007), elle a déclenché un orage qui a fait des dégâts sur l'activité et sur l'emploi, de loin très supérieurs à l'avantage initialement obtenu. Le nœud coulant s'est ainsi resserré une première fois.

8. Une deuxième réaction : des relances budgétaires massives et simultanées (2009-2010)

Fin 2008, au premier anniversaire de la récession franche, les dirigeants des Etats-Unis et de leurs alliés occidentaux sont dans un désarroi majeur. Ils viennent de consacrer des montants considérables d'argent public pour renflouer leurs systèmes financiers, mais ils savent que cela ne suffira pas à sortir leurs économies de la récession car le nœud coulant est toujours en place ! Avec la récession, le déficit commercial global de la zone G7 s'est mécaniquement un peu résorbé mais il reste encore colossal ; en juillet 2008, la Chine s'est même délibérément permise d'interrompre l'appréciation très lente du yuan qui prévalait depuis juillet 2005. En octobre 2008, les pays du G7 commettent l'énorme erreur d'admettre que la question du yuan, pourtant à la source de leur crise, ne figure pas à l'agenda du premier Sommet G20. Une nouvelle fois, faute de dénouer le nœud coulant, ils vont se débattre en vain et le resserrer un peu plus.

Ils portent les taux directeurs de leurs banques centrales à un nouveau point bas, autour de 0,25% pour l'ensemble du G7[210]. Malheureusement les banques n'avaient pas d'appétit à prêter ni les ménages à emprunter. La portée de cette mesure pourtant extraordinaire s'avère donc dérisoire et insuffisante. Clairement, après les excès commis, la carte de l'immobilier n'est durablement plus disponible, ni aux Etats-Unis, ni au Royaume-Uni, ni en Espagne, ni en Irlande….

Alors, en octobre 2008, intervient le fameux accord du G20 sous les auspices du FMI : les pays du G7 et la Chine s'engagent à pratiquer une relance massive et simultanée : une coopération saluée à tort comme « exemplaire » par trop de commentateurs occidentaux.

- Peut-on parler de coopération de la part de la Chine ? Pas vraiment. La Chine était en effet tenue de lancer un plan de relance budgétaire massif dès lors qu'elle s'était assignée, pour parfaire sa stabilité sociale interne, l'objectif de maintenir la croissance de son PIB à un rythme supérieur à 10% l'an, en dépit du repli momentané de ses exportations. Cela ne constituait par ailleurs pas un problème pour elle car sa dette publique atteignait seulement 20% de son PIB. Si la Chine avait voulu vraiment aider les pays du G7, elle aurait consenti sans délai

---

[210] Il y a des différences selon les pays ; toutefois le niveau atteint est le plus bas qu'il était techniquement possible d'attendre.

une appréciation très significative du yuan, ce qu'elle a refusé de faire délibérément et durablement.

- Etait-ce là l'expression d'une politique intelligente des pays occidentaux ? Non ! Dès lors qu'ils renonçaient à se défaire du nœud coulant, c'est-à-dire à traiter le paramètre central de leur adversité, le niveau du yuan maintenu à un niveau très bas par l'Etat chinois, les pays occidentaux ne pouvaient que s'embarquer dans une nouvelle politique de gribouille. C'est ainsi qu'il faut bien caractériser une politique mobilisant d'énormes déficits budgétaires (autour de 10% de leur PIB, en 2009 et en 2010, aux Etats-Unis et au Royaume-Uni), alors même que le niveau initial des dettes publiques nationales atteignait déjà un niveau extrême en proportion de leurs PIB.

Ce qui devait arriver arriva. A la fin de 2009 et au début de 2010, le thème de la non-remboursabilité des dettes publiques occidentales a fini par surgir sur les marchés. Sur ce point une explication est nécessaire.

Ce n'est pas parce que la dette publique n'est jamais remboursée (les obligations souveraines sont le plus souvent remboursées grâce à l'émission de nouvelles obligations) qu'il faut en déduire que les créanciers se désintéresseraient de la *remboursabilité* des dettes souveraines qu'ils financent. Ils connaissent trop bien le mécanisme : dès que la dette publique d'un pays n'apparaît plus remboursable à certains de ses créanciers, une panique peut très vite surgir. Le retrait précipité de premiers créanciers fait alors baisser, brutalement et parfois définitivement, la valeur liquidative des obligations souveraines, occasionnant des pertes importantes aux créanciers qui ont été les derniers à réagir.

C'est ce mécanisme redoutable qui peut rendre très nerveux, les porteurs de dettes souveraines lorsque, comme ce fut les cas fin 2009/début 2010, ils ont le sentiment qu'un certain nombre de pays souverains perdent le contrôle du montant de leur dette.

Lorsque la facture des relances budgétaires, ajoutée à celle du renflouement des systèmes financiers, vint, comme il était prévisible, alourdir les finances publiques de la plupart des pays occidentaux, la réaction de panique qu'on vient d'évoquer commença à s'enclencher.

Naturellement, ce sont les pays les plus vulnérables qui ont été les premiers à perdre la confiance des créanciers : les dettes souveraines de la Grèce mais aussi de l'Espagne, du Portugal et de l'Irlande firent l'objet d'une attaque en règle parce que leurs finances publiques avaient nettement dépassé la ligne rouge.

En deuxième ligne, d'autres pays, l'Italie, la Belgique, la France et le Royaume-Uni découvrirent avec effroi que leur propre dette était menacée d'être attaquée sur les marchés, en partie par un mécanisme de contagion, en partie parce que leurs finances publiques s'étaient dégradées avec l'exercice de relance massive et simultanée alors même qu'elles n'étaient déjà pas brillantes auparavant.

Enfin en troisième ligne, les Etats-Unis et même l'Allemagne, partageaient une inquiétude diffuse : leurs finances publiques ne sont pas beaucoup plus brillantes que celles des pays de la deuxième ligne. Ce qui protège la tenue de leur dette souveraine, c'est qu'ils sont encore considérés par les marchés comme « les rochers centraux », ceux qui ne tomberont que si les Etats de la première et de la deuxième ligne devaient préalablement chuter.

Or, précisément, les quatre pays de la première ligne, à leur insu, avaient fini par dépasser la ligne rouge, à partir de laquelle les investisseurs prennent peur. Ceux-ci, effectivement, prirent peur avant même que la Chine ne vienne catalyser leurs craintes.

Il faut bien voir que nous sommes dans un contexte très différent de celui du temps de la crise mexicaine qui est, en effet, définitivement révolu. Quand en 1994, le Mexique avait « jeté l'éponge » sur sa dette publique parce qu'il ne parvenait plus à emprunter pour payer les intérêts dus sur sa dette, une issue amiable et coopérative avait alors été trouvée par le FMI : le Mexique s'engageait à réserver une partie de ses recettes pétrolières aux règlements futurs de sa dette tandis que les créanciers, qui étaient essentiellement quelques grandes banques commerciales occidentales, consentaient un effort et, de facto, admettaient au détriment de leurs bilans un défaut partiel de l'Etat mexicain.

Pourquoi cette époque est-elle révolue ? D'une part, parce que, côté occidental, les créanciers ne sont plus seulement quelques grandes banques commerciales, ils se sont multipliés et diversifiés ; d'autre part surtout, parce que, de très loin, le premier des créanciers internationaux en face des dettes publiques occidentales n'est autre que l'Etat chinois lui-même ; fin avril 2010, celui-ci détenait à lui seul 850 milliards de dollars de la dette publique américaine et 630 milliards d'euros de la dette publique des pays de la Zone euro. On mesure ainsi la position de force qui serait celle de l'Etat chinois lorsqu'il s'agirait de discuter du traitement de la dette publique d'un Etat occidental en difficulté : il n'entendrait faire aucune concession gratuitement. Les seules concessions qu'il admettrait auraient pour contrepartie l'appropriation par la Chine de certains actifs stratégiques appartenant à l'Etat débiteur en difficulté.

En réalité, plus la crise des finances publiques occidentales s'aggrave, plus progresse la stratégie de la Chine qui, rappelons-le, cherche à imposer une crise systémique aux pays occidentaux qui lui permettrait de les vassaliser sans avoir même à leur livrer bataille. Il serait donc incohérent pour l'Etat chinois créancier de se montrer coopératif et d'accepter facilement un cadre de négociations amiables.

Au total, la relance budgétaire simultanée de tous les pays occidentaux s'est avérée impraticable et a avorté avant même qu'elle ait pu enclencher la reprise significative qui était recherchée. Pire, en voulant à toutes forces jouer une carte qui n'était pas vraiment jouable, les dirigeants occidentaux ont très inopportunément initié une crise de confiance embryonnaire dans la signature des souverains occidentaux chez les autres créanciers internationaux que la Chine : certains pays d'Asie, les pays du Golfe, la Russie. Cette crise de confiance ne va pas s'estomper rapidement. Une deuxième fois donc, le nœud coulant, au lieu de se dénouer, s'est au contraire resserré encore davantage !

9. Troisième réaction en 2010 : des restrictions budgétaires en Europe, fuite en avant aux Etats-Unis

Face à la prise de conscience de la vulnérabilité des obligations souveraines qu'ils émettent, vulnérabilité renforcée par l'hostilité secrète du principal créancier, l'Etat chinois, on a vu, au deuxième semestre 2010, les pays occidentaux se partager entre deux options : en Europe, des restrictions budgétaires extrêmes, aux Etats-Unis un laxisme monétaire et budgétaire très aventureux.

a) L'Europe
En Europe, du fait de la crise de confiance qui les atteint successivement, certains pays, notamment d'Europe du sud, ont été contraints à annoncer et à mettre en application des plans de restrictions budgétaires extrêmes. Le Royaume-Uni a surpris en adoptant un plan de restrictions budgétaires plus dur encore que celui de Madame Thatcher dans les années 1980 ; clairement, ce pays préfère prendre le risque d'une nouvelle récession plutôt que d'exposer son marché obligataire à une crise de confiance.

L'Allemagne elle-même, à la surprise générale, a considéré qu'elle était obligée d'annoncer des mesures très significatives de restriction budgétaire pour au moins deux raisons ; tout d'abord la population allemande est réticente à des déficits budgétaires trop marqués du fait de mauvais souvenirs historiques[211] ; ses dirigeants, par ailleurs, redoutent in fine que la Grèce fasse un défaut partiel de paiement sur sa dette, ce qui infligerait des pertes sensibles aux banques et à l'Etat allemand : ils préfèrent donc ne pas alourdir inopportunément des finances publiques qui sont déjà médiocres.

Il est un signe de détresse qui ne trompe pas : sous la pression du marché obligataire, l'Allemagne diminue ses effectifs de militaires alors que la France diminue ses effectifs de policiers ! On le voit, la déstabilisation économique commence à se répercuter sur les domaines essentiels que sont

---

[211] La population allemande conserve sans doute un souvenir diffus mais amer d'avoir perdu à deux reprises son épargne monétaire et financière, conséquence d'un gonflement excessif de la dette publique couronnée par une crise ouverte de la signature de l'Etat allemand : après la première guerre mondiale avec l'inflation galopante, en 1946 avec la conversion forcée des billets sur la base de quatre anciens marks pour un nouveau mark.

la sécurité extérieure ou intérieure, conformément aux objectifs de la politique machiavélique que nous prêtons au PCC.

La France se singularise en se permettant de reporter à plus tard une restriction budgétaire significative alors que son déficit public atteint 8% de son PIB en 2010 ; la France, il est vrai, s'est concentrée en 2010 sur l'adoption de la réforme de son système de retraites : elle a jugé qu'elle ne pouvait pas ajouter un plan significatif de restriction budgétaire car le climat social ne le permettait pas et que son économie ne l'aurait pas supporté ; elle se trouve donc à l'opposé du Royaume-Uni ; le report à plus tard des restrictions budgétaires a comme contrepartie de rendre son marché obligataire plus vulnérable.

Au total, en Europe, l'option forte qui a été prise, consiste à redresser brutalement les finances publiques, alors même que les économies restent convalescentes. L'Europe, pour garder la confiance des créanciers obligataires, dont l'Etat chinois, s'expose donc à une possible récession en 2011 2012.

b) Les Etats-Unis

Après le plan de relance budgétaire, début 2009[212], pour la modique somme de 787 milliards de dollars, les Etats-Unis ont pris, à la fin de 2010, une toute autre option que celle de la restriction budgétaire : la « fuite en avant » à la fois monétaire et budgétaire. Après le triomphe du *tea-party* et du Parti Républicain à l'élection « *mid-term* » de novembre 2010, l'Administration Obama a passé un pacte avec le parti Républicain : les baisses d'impôt sur le revenu prises par l'Administration Bush à titre provisoire (2003 – 2010) sont en définitive reconduites pour deux ans (2011 et 2012) alors qu'une baisse de l'impôt sur les salaires est décidée pour treize mois (en fait pour 2011 ; son coût est de 120 milliards de dollars). Par ailleurs, l'élément le plus important est qu'il n'y a aucune réduction de la dépense publique ; au contraire : les allocations chômage exceptionnellement consenties aux chômeurs de longue durée sont reconduites jusqu'à la fin de 2011. Au total, le déficit public devrait se maintenir en 2011 et 2012 à un niveau voisin de 10% du PIB, ce qui était déjà son niveau depuis 2008 ! Une telle audace budgétaire rend très vulnérable le marché des obligations de l'Etat américain, surtout quand on sait que l'Etat chinois détient pour 850 milliards de dollars de titres publics US. Pour parer au risque d'une crise sur le marché obligataire, la Fed a annoncé un dispositif exceptionnel, dit de

---

[212] En 2009, lorsque le Gouvernement fédéral joue la relance, les Etats fédérés, eux, se voyaient contraints, sans attendre, à une restriction budgétaire jamais vue : des textes de loi leur interdisent en effet de devenir débiteurs ; or leurs recettes fiscales ayant chuté avec la crise, ils sont devenus débiteurs et se sont depuis débattus interminablement pour cesser de l'être : la Californie a ainsi supprimé des milliers d'emplois d'enseignants, d'infirmières, de pompiers, de policiers…Elle a même, par souci d'économie, fermé des prisons entières, libérant des prisonniers par anticipation et renvoyant des gardiens de prison au chômage.

« quantitative easing » : elle est prête à acheter des titres publics pour au moins 600 milliards de dollars, sur huit mois. Nul doute que les trois agences américaines de rating vont désormais être très embarrassées si elles veulent maintenir la note AAA qu'elles accordent encore à l'Etat américain.

On le voit, les Etats-Unis privilégient le maintien de la reprise, tout en limitant le risque sur le marché obligataire, en sollicitant de façon outrancière le statut de monnaie de réserve du dollar. Les Etats-Unis ont ainsi pris l'option d'une fuite en avant délibérée en matière monétaire et budgétaire ; la sollicitation excessive du privilège qu'a le dollar d'être monnaie de réserve expose ce privilège majeur à être remis en cause.

*
* *

Une troisième fois, le nœud coulant va se resserrer parce qu'on s'est abstenu de le dénouer. L'Europe s'expose à une nouvelle récession en même temps qu'elle subit une crise monétaire grave. Les Etats-Unis s'exposent à une crise de confiance majeure dans le dollar qui se traduirait par de nouvelles hausses de l'or et par le fait que le dollar cesserait alors d'être la monnaie de facturation et de règlement du pétrole et des autres matières premières.

L'image du nœud coulant qui asphyxie de plus en plus les pays du G7 doit faire comprendre qu'il est temps pour eux de rompre avec leur déni de la situation réelle dans laquelle ils se trouvent ; sauf à accepter par avance la défaite face à la Chine et l'asservissement, il faut comprendre que l'affrontement avec elle sur le terrain du commerce extérieur est nécessaire. Le plus tôt sera le mieux !

Chapitre 8

L'AFFRONTEMENT DEVIENT DÉSORMAIS GÉNÉRALISÉ

Pendant la crise, le comportement de la Chine n'a pas du tout aidé les Etats-Unis, bien au contraire, alors que certains analystes pensaient naïvement qu'elle y trouvait son intérêt puisque, selon eux la santé de l'économie chinoise dépendait étroitement du niveau de ses exportations aux Etats-Unis. Non seulement la Chine n'a pas été coopérative avec les Etats-Unis mais elle a œuvré à les enfoncer encore un peu plus dans les difficultés. C'est révélateur de ce que sont les objectifs à long terme de la Chine et de la stratégie que celle-ci met en œuvre pour les atteindre. Pour faire court, on peut dire que les objectifs économiques chinois sont subordonnés à son objectif politique d'hégémonie mondiale. La stratégie de la Chine est extrêmement cohérente ; elle combine des objectifs et moyens économiques et ce que nous pourrions appeler des objectifs et des moyens géopolitiques.

En ce qui concerne les objectifs purement économiques, il y en a deux pour l'essentiel, mais ils sont particulièrement importants : d'une part, creuser l'écart de croissance entre les pays du G7 et la Chine grâce au commerce extérieur ; d'autre part, « destituer » le dollar et faire en sorte qu'en 2025 Shanghaï puisse remplacer Londres et New-York et devenir l'unique grand centre de finance mondiale, avec le yuan pour remplacer le dollar comme monnaie du monde.

Les objectifs et moyens géopolitiques qui complètent ce dispositif et qui sont indispensables ont le plus souvent un caractère « mixte », à la fois économique, politique, militaire, idéologique. Ainsi on envisagera, successivement, le système des alliances que s'efforce de mettre en place la Chine, la prise de contrôle de matières premières dans le monde, la prise de contrôle de grandes sociétés occidentales stratégiques, l'utilisation sélective des importations à des fins politiques, la constitution d'un outil militaire « à nul autre second », l'utilisation de flux migratoires pour créer des colonies chinoises à l'étranger (notamment dans des pays limitrophes de la Chine), enfin les actions de nature à favoriser la diffusion à travers le monde d'images positives sur le « modèle » de développement de la Chine.

1. Objectifs et moyens économiques

On a eu l'occasion de voir que la stratégie de la Chine était, dans une très large mesure, bâtie autour de la pratique d'une monnaie très fortement sous-évaluée, lui permettant de réaliser des excédents commerciaux considérables et de creuser ainsi un écart de croissance non moins considérable entre elle et les pays du G7.

Notre maître Maurice Allais nous disait : « Il n'y a que deux sortes d'économies : l'économie monétaire et l'économie militaire. » Sans rien négliger dans le domaine militaire, la Chine mène une guerre économique qui est d'abord monétaire ; l'objectif d'hégémonie qui est le sien lui interdit de s'accommoder du rôle actuel joué par le dollar ; la chute de celui-ci est donc une priorité pour elle.

a) Creuser l'écart de croissance entre la Chine et la G7 grâce au commerce extérieur.

L'objectif premier de la Chine, dans la mesure où elle entend obtenir à terme l'hégémonie mondiale, est certainement de faire en sorte que la différence entre le taux de croissance de son produit intérieur brut (PIB) et celui des Etats-Unis et celui des pays du G7 soit la plus élevée possible. Tous les spécialistes de géopolitique s'accordent sur ce point : les rapports de puissance vont de pair avec les rapports de richesse ; même si le PIB n'est qu'une mesure imparfaite d'un flux de richesse, un écart important entre le taux de croissance de deux PIB entraîne inévitablement, à long terme, un écart de richesse important. C'est la raison pour laquelle la Chine tient non seulement à ce que le taux de croissance de son PIB soit fort mais aussi à ce que celui du G7 soit faible.

Certes la croissance « absolue » a son importance ; une croissance forte stimule en effet la prospérité générale, le dynamisme des entreprises, la recherche technologique, les investissements productifs. À travers l'évolution de l'emploi, elle permet la stabilité et la cohésion sociale et politique. Elle assure par ailleurs une évolution favorable des recettes fiscales, ce qui limite d'autant l'endettement public ; elle permet une évolution favorable de la taille de son marché intérieur, de la taille et de la puissance de ses entreprises, notamment à l'étranger ; enfin elle permet d'envisager des objectifs ambitieux sur le plan des programmes militaires.

Toutefois, pour un pays qui aspire à l'hégémonie mondiale, ce qui est le plus important, c'est la croissance « relative », celle qui exprime l'écart entre les taux de croissance[213] : lorsque cet écart se maintient durablement élevé, il

---

[213] Si r est le taux de croissance du PIB de la Chine et r' celui des Etats-Unis, alors le rapport « PIB Chine/PIB US » croit à un taux égal à $[(1+r)/(1+r')]-1$ ce qui est peu différent de $r-r'$. Dans le cas présent, si $r=10\%$ et $r'=2\%$ il en résulte que $r-r'=8\%$. A ce rythme là, le rapport des PIB double en dix ans.

induit un changement radical dans le rapport de puissance. La stratégie des excédents commerciaux avec les Etats-Unis est donc doublement efficace pour la Chine : d'une part elle lui permet d'obtenir, dans la longue durée, un taux de croissance élevé, d'autre part, du fait des déficits commerciaux qu'elle impose aux Etats-Unis, elle contraint ceux-ci à une croissance faible, de plus en plus déséquilibrée. Au total, la stratégie mercantiliste de protectionnisme monétaire qu'elle met en œuvre conduit donc à une modification du rapport de puissance en sa faveur et au détriment des Etats-Unis. Ce n'est pas tout : l'écart énorme entre les croissances économiques signifie aussi la désindustrialisation et la montée du chômage dans les pays développés, et leur dépendance de plus en plus marquée vis-à-vis de la Chine pour tous leurs approvisionnements en produits manufacturés[214] ; à terme, cela pourrait signifier un mouvement de dépopulation des pays occidentaux, c'est-à-dire un scénario « catastrophe » pour les pays développés.

b) Mettre fin au rôle du dollar.

La question du dollar est elle aussi au centre de la stratégie de la Chine, qui souhaite que lui soit retiré son statut de monnaie de réserve avec, en ligne de mire, l'horizon 2025 où Shangaï deviendrait le centre de la finance mondiale et le yuan la monnaie du monde ; néanmoins, pour l'instant le dollar[215] tient encore sa position, et cela tient, pour une très large part, au fait que le commerce du pétrole s'effectue toujours en dollars[216].

Tant que le dollar reste la monnaie de réserve du monde, les Etats-Unis n'ont pas de problème de financement extérieur. Leur déficit extérieur s'autofinance : les dollars qui quittent les Etats-Unis du fait du déficit commercial s'accumulent comme réserves de change à l'actif des banques centrales étrangères ; le déficit extérieur se finance donc facilement, à très bon marché ! Mieux encore : du fait que le financement du commerce extérieur ne pose pas de problème, les Etats-Unis peuvent se permettre, malgré leurs énormes déficits, d'avoir une croissance de leur PIB presque honorable grâce à une stimulation budgétaire et financière extrême. Si toutefois le dollar perdait son statut de monnaie de réserve, alors les choses se compliqueraient pour la conduite des affaires américaines : la contrainte extérieure ne pourrait pas, dans ce cas là, ne pas se faire sentir ; de la sorte la croissance du pays en serait profondément affectée. De même, dès lors qu'il

---

[214] On sait par exemple que la Chine produit de l'ordre de 80% ou même davantage de tous les jouets produits dans le monde. Il y a mieux : désormais, la société « Apple » fait réaliser la totalité de ses fabrications en Chine.

[215] Certains objecteront à cela qu'il y a d'autres monnaies de réserve présentes dans les bilans des banques centrales (l'euro, le yen, le sterling, le franc suisse, l'or, les DTS) ; toutefois toutes ces monnaies réunies représentent au sein de ces réserves une place moins importante que celle occupée par le dollar.

[216] Les transactions commerciales portant sur le pétrole ont un montant journalier moyen de cinq milliards de dollars.

n'y aurait plus l'assurance d'un financement extérieur abondant et bon marché, le niveau des dépenses militaires devrait redevenir fortement dépendant de celui des recettes fiscales, recettes qui sont elles-mêmes très mal orientées depuis que la croissance américaine est devenue très problématique. En fin de compte, tout concourt à ce que la capacité militaire des Etats-Unis soit significativement affaiblie au cas où le dollar perdrait son statut privilégié. Il n'est pas inutile de rappeler ici un fait historique ; l'Amérique du président Reagan, pour imposer une défaite patente à l'URSS de Brejnev, avait développé un programme extrêmement coûteux intitulé « guerre des étoiles » : ce programme a été financé en grande partie par une émission massive de dollars venus s'accumuler à l'actif des banques centrales étrangères, notamment celles des pays du Golfe, qui ont alors accepté de les conserver passivement[217]. Visiblement, la Chine a retenu cette leçon : elle entend bien dessaisir les Etats-Unis de leur privilège majeur qui avait si bien contribué à leur victoire sur l'URSS, incapable financièrement d'assumer des dépenses militaires comparables.

L'enjeu du dollar comme monnaie de réserve est ainsi un enjeu géopolitique. Les Chinois l'ont bien compris qui ont entamé depuis le début de 2009 une compagne de dénigrement de la politique américaine[218], des *Treasuries* et du dollar. Tout en maintenant solidement verrouillé le cours dollar/yuan à 6,83, cette campagne a eu comme conséquence de faire baisser le dollar contre les autres monnaies[219], principalement contre l'euro, de faire monter le cours de l'or[220], d'organiser une hausse prématurée et non souhaitable des rendements des *Treasuries* à long terme (10 ou 30 ans) et surtout, c'est peut-être le plus grave, d'organiser une hausse du prix du pétrole exprimée en dollar[221], handicap majeur pour la croissance de

---

[217] Les pays du Golfe, à l'instigation des américains, avaient même fait beaucoup mieux : ils avaient accepté d'organiser un contre-choc pétrolier, une baisse très forte du prix du pétrole. Dans une interview récente sur France 2 avec M.Védrine, M. Gorbatchev a lui-même évoqué l'efficacité de l'asphyxie économique organisée par les USA : recettes pétrolières tirées vers le bas, épuisement des réserves de change et d'or de l'URSS.

[218] Le fait de critiquer la politique américaine est très habile : le fait de dire que les Etats-Unis « dépensent trop » et qu'ils doivent s'imposer de redécouvrir les vertus de l'épargne pour redresser leur commerce extérieur revient, en quelque sorte, à faire porter le chapeau de la crise sur les Etats-Unis...alors même que celle-ci résulte, on l'a vu, de l'énorme sous-évaluation de la monnaie chinoise.

[219] Accessoirement on remarquera que le fait de faire baisser le dollar contre les autres monnaies tout en maintenant fixe la parité dollar/yuan revient, tout simplement, à faire encore baisser le yuan par rapport aux autres monnaies, donc à accroître encore les déséquilibres commerciaux dans le monde ... au bénéfice de la Chine.

[220] Le mouvement de hausse de l'or étant lancé, il s'auto entretient ; ainsi la banque centrale de l'Inde s'est-elle porté acheteuse à 1.045$ l'once de deux cent tonnes que le FMI mettait en vente : le cours de l'once d'or a alors immédiatement bondi de près de cinquante dollars.

[221] Les règlements relatifs au pétrole se font en dollars ; toutefois les contrats de vente sont désormais libellés en un panier de monnaies ; une baisse du dollar par rapport aux autres monnaies signifie donc un accroissement du prix à payer en dollars.

l'économie américaine, une difficulté de plus pour que celle-ci puisse renouer avec une croissance significative.

La Chine est ainsi en train d'atteindre l'un de ses objectifs, à savoir de placer le dollar au bord d'une crise de confiance internationale, de façon à contraindre les dirigeants américains à resserrer plus rapidement que prévu leur politique budgétaire et leur politique monétaire de telle sorte que le rythme de croissance de l'économie américaine soit encore davantage ralenti. Si, au lieu de s'établir à moyen terme à 2 ou 3 % l'an, la croissance atteignait seulement 1 %, cela creuserait un écart de croissance considérable entre la Chine et les USA, de l'ordre de 9 % l'an, et surtout cela impliquerait pour les Etats-Unis des difficultés considérables : montée accélérée du chômage et diminution de la cohésion sociale, baisse des recettes fiscales et difficultés budgétaires accrues.

Autre objectif de la Chine, qu'elle est peut-être en passe d'atteindre : faire perdre au dollar son statut de monnaie de réserve. Il suffit pour cela que les banques centrales du monde fassent comme celle de la Chine et remplacent progressivement leurs dollars par de l'or, de l'euro, des DTS : c'est d'ailleurs ce que viennent de faire, début novembre 2009, les banques centrales du Canada et de l'Inde, la première vendant des dollars contre des euros, la seconde contre de l'or.

La méthode que développe alors la Chine pour arriver à ses fins combine des déclarations destinées aux marchés et organisées selon une rhétorique de dénigrement de la politique américaine, et des actions sur le marché des changes visant simultanément à empêcher le yuan de s'apprécier et à affaiblir le dollar contre les autres monnaies ; il suffit pour cela à la Chine d'acheter davantage d'euros et moins de dollars qu'auparavant. Ce faisant, elle influence fortement les *traders* du *forex* qui, en règle générale, ont des comportements moutonniers : s'ils constatent que la rhétorique chinoise de baisse inévitable du dollar contre euro s'accompagne effectivement d'un puissant mouvement baissier du dollar contre euro, ils en déduiront que la Chine est devenue très influente, ce qui est le cas, et ils prendront des positions dans le sens de la poursuite de la baisse du dollar contre euro.

Cette question de la monnaie est d'une importance décisive : elle conditionne, on l'a vu, la capacité qu'auront ou non les Etats-Unis de poursuivre des programmes militaires ambitieux susceptibles de leur permettre de conserver l'avance qu'ils ont encore dans ce domaine, sachant par ailleurs que la Chine s'est lancée résolument dans la course aux armements[222].

Le coup de grâce porté au dollar, qui lui ôterait définitivement son privilège, pourrait venir du Moyen-Orient. Là en effet se traitent les marchés

---

[222] La Chine a un programme spatial, essentiellement militaire, très important de type « guerre des étoiles », avec la capacité de détruire des satellites. Dans le domaine de la marine, elle a un très important programme de construction de sous-marins nucléaires.

pétroliers les plus importants ; même si les contrats sont établis sur la base de paniers de monnaies, les paiements se font encore en dollars : il suffirait que cela cesse pour que cesse aussi le privilège du dollar. D'après un journal britannique (*The Independent* en date du 6 octobre 2009), citant des sources bancaires arabes et chinoises, il y aurait eu des « réunions secrètes » au « niveau des ministres des finances et des gouverneurs de banques centrales en Russie, en Chine, au Japon, au Brésil » à propos de la commercialisation du pétrole : « Les six pays du Conseil de coopération du Golfe (Arabie Saoudite, Bahrein, Koweit, Qatar, Oman, Émirats arabes unis) envisageraient, avec la Chine, la Russie, le Japon et la France[223] de remplacer la devise américaine par un panier de monnaies incluant le yen, le yuan chinois, l'euro, l'or et la future (et hypothétique) monnaie commune du Golfe. Le dispositif ne serait pas mis en place avant 2018 et l'or servirait de « monnaie » de transition durant les dix prochaines années »[224]. Certes, la France, ainsi que des responsables du Koweit, de l'Arabie Saoudite et de la Russie ont démenti ces propos. Toutefois, comme dit le proverbe, il n'y a pas de fumée sans feu : il est très probable qu'il y a bien des contacts, des discussions, des rencontres… à l'instigation de la Chine. Celle-ci a tout intérêt à ce que soit créée une monnaie nouvelle au Moyen Orient[225] et que les transactions se fassent désormais en or : à l'évidence, sa stratégie consiste à remplacer le dollar… le plus vite possible. Nous faisons ici l'hypothèse que la perspective de règlements dans un panier de monnaies dans dix ans n'est qu'un leurre : à pareille échéance la Chine espère bien que ce sera alors sa monnaie, le yuan, qui sera utilisée pour les matières premières ! La partie de poker ne fait que commencer, elle s'annonce passionnante.

Actuellement, les Etats-Unis semblent pris dans une sorte de nasse. Soit ils décident de s'opposer à la crise latente du dollar, et pour cela de durcir leur politique monétaire, et le rythme de leur croissance pourra difficilement dépasser 1 % par an, ce qui est assez catastrophique, mais en échange, ils sauveront au moins provisoirement le privilège du dollar. Soit, en suivant les conseils d'économistes « circuitistes » comme James Kenneth Galbraith[226], ils ne s'opposent pas à la crise du dollar et continuent à émettre de la monnaie avec les mesures de « quantitative easing » ; dans ce cas on parlera

---

[223] Il n'est pas sur que la France et le japon aient participé à ce genre de réunions ; par contre, cela est très probable dans le cas du Brésil.
[224] Article de J.M. Bezat et C. Prudhomme, journal *Le Monde* du 8 octobre 2009.
[225] Seule la perspective de créer à terme cette monnaie nouvelle pourrait vraisemblablement inciter les dirigeants des pays du Golfe à abandonner le dollar au profit de l'or ; pour l'instant leurs liens avec les Etats-Unis sont encore solides – encore qu'ils soient fragilisés par le comportement de l'Etat d'Israël – et ils ne sont pas prêts à accorder une confiance aveugle à la Chine, compte tenu notamment de la façon dont elle gère sa province turcophone et musulmane du Xinkiang.
[226] Voir l'interview de James Kenneth Galbraith dans le journal *Le Monde* du 13 octobre 2009.

d'une crise qui pourrait devenir non plus latente mais ouverte du dollar ; dans un tel scénario, les pays du Golfe finiraient par quitter la zone dollar, lequel perdrait son statut spécial, de sorte que les Etats-Unis seraient obligés de limiter leur déficit extérieur par un ajustement interne qui supposerait de fortes restrictions monétaires. En pareil cas à nouveau, leur croissance ne dépasserait pas non plus 1 % par an.

Dans un cas comme dans l'autre, la croissance américaine est promise à une grande faiblesse ; dans le premier cas toutefois le dollar conserve son statut alors qu'il le perd dans le deuxième cas. Maigre consolation face à la continuation de la montée du chômage... Ces deux voies sont sans issue et conduisent à une même impasse. En réalité, il faut absolument sortir du dilemme envisagé précédemment : cela suppose une remise en question radicale des conditions actuelles du commerce international.

2. Les objectifs et moyens « géopolitiques »

La Chine s'affirme d'ores et déjà comme une grande puissance ; elle ordonne donc ses actions selon une vision planétaire, ce qui lui permet de renforcer sa puissance. Les alliances et partenariats politiques, économiques, militaires sont différenciés et extrêmement bien articulés. C'est, tout simplement, la programmation de la fin de la civilisation européenne.

a) Le système des alliances

L'établissement d'une hégémonie mondiale ne peut pas prendre appui uniquement sur des moyens économiques : il faut y ajouter de la politique et même de l'idéologie. À cet égard, on a vu précédemment comment l'idéologie tiers-mondiste du développement pouvait contribuer à légitimer les actions internationales de la Chine qui se pose autant qu'elle le peut en chef de file et défenseur des pays émergents et des pays pauvres. La Chine noue aussi, de par le monde, des alliances, des accords, des « convergences », des partenariats, etc. dont l'objet semble politique, économique, ou encore militaire, ou bien parfois à la fois politique, économique et militaire.

Elle construit ainsi son propre système d'alliances de la même façon que les Etats-Unis, à la fin de la deuxième guerre mondiale, ont constitué un réseau de pays alliés à travers le monde, cimenté par des alliances militaires, des alliances politiques, des liens économiques.

Cette question des alliances est particulièrement importante[227] ; là encore, les dirigeants chinois ont parfaitement retenu les leçons de l'Histoire : en même temps qu'ils s'attachent à constituer le réseau de leurs propres alliances, notamment par des moyens économiques, ils sapent progressivement les fondements du système des alliances des Etats-Unis et de l'Europe. De ce point de vue, leurs principaux objectifs[228], on l'a vu, sont l'établissement de profondes divergences entre l'Europe et l'Amérique, la neutralisation progressive du Japon (et la récupération de Taïwan qui lui est associée), la sortie de la zone dollar des pays du Golfe ; cette stratégie prend appui sur l'alliance avec le Russie, fondamentale actuellement pour la Chine.

Depuis que les deux pays ont réglé récemment, formellement au moins, le contentieux qui les opposait à propos de quelques îles du fleuve Amour[229], ils s'emploient à renforcer le partenariat initié en 1996[230]. La Russie exporte ainsi du pétrole, des armements, notamment des avions de combat Soukhoï, des technologies ; en retour, elle appuie les initiatives de la Chine dans le domaine international et accepte l'émigration d'un nombre croissant de ressortissants Chinois sur son sol, ce qui à terme pourrait bien lui poser de sérieux problèmes, particulièrement dans ses provinces d'Extrême-Orient et de Sibérie Orientale.

La stratégie diplomatique chinoise est clairement et d'abord orientée vers les pays d'Asie, puis vers ceux du Moyen-Orient et de l'Amérique latine[231], enfin vers l'Afrique. Cela correspond très exactement, ce n'est évidemment pas un hasard, à l'orientation qu'entend suivre la banque HSBC sur le plan

---

[227] Pour illustrer l'importance de la question des alliances, l'exemple de la Grande Bretagne est particulièrement éclairant. A la fin du 19ᵉ siècle, ce pays voit son industrie dépassée par celles des Etats-Unis et de l'Allemagne dont les populations respectives sont bien supérieures à la sienne ; malgré l'Empire qui est immense, les dirigeants Britanniques sentent bien qu'ils n'ont plus les moyens d'assumer à eux seuls un rôle dominant dans le monde : l'alliance avec la France, scellée par l'entente cordiale en 1904, permet au vieux lion britannique de prolonger encore pour quelques décennies son règne ; celui-ci s'achèvera début juin 1940 avec l'effondrement de son principal allié.

[228] Cela donne immédiatement les grandes lignes de ce qui serait une stratégie occidentale cohérente permettant de s'opposer à un tel projet : resserrement de l'Alliance Atlantique, resserrement des liens avec le Japon, défense du dollar et resserrement des liens avec le Moyen-Orient et enfin, surtout, rapprochement avec la Russie.

[229] A la suite de cet accord, il n'y a plus, officiellement, de contentieux territorial. On peut néanmoins être un peu sceptique sur ce point; les territoires d'extrême Orient on été acquis par la Russie en 1860 par un traité qui était régulièrement qualifié d'inégal par la partie chinoise; en 1962, la Chine de Mao revendiquait ouvertement des territoires d'une surface de un million et demi de kilomètres carrés. De nos jours, nombreuses sont les cartes géographiques éditées en Chine qui montrent une « grande Chine » incluant un territoire russe bien plus considérable.

[230] En 1996, au moment même où Américains et Japonais resserrent leurs liens militaires de façon à ce que les missions imparties à l'armée Japonaise puissent être notablement élargies, MM. Jang Zemin et Boris Yeltsine annonçaient un accord stratégique entre leurs deux pays.

[231] « La Chine montre la voie » aurait déclaré Fidel Castro ; la Chine compte de nombreux appuis en Amérique latine, notamment en la personne de M. Hugo Chavez.

économique, telle que l'ont définie ses dirigeants au moment de l'annonce du transfert à Hong-Kong de sa direction. Il s'agit bien d'une stratégie mondiale : si on enlève l'Asie, le Moyen-Orient, l'Amérique Latine et l'Afrique, que reste-t-il ? Pour l'essentiel, l'Europe, les Etats-Unis, le Canada et l'Australie : les pays « riches », qu'il faut abattre ! Ce sont des pays qui appartiennent à ce qu'on pourrait appeler la « civilisation européenne » à laquelle on a soustrait par avance la Russie et l'Amérique latine.

L'alliance russe, très circonstancielle selon nous[232], doit permettre à la Chine de mener à bien sa stratégie de satellisation de l'ensemble des pays d'Asie. La récupération de Taïwan, objectif historique de la Chine continentale, suppose la neutralisation du Japon de manière à ce que les Américains, sans appui suffisant dans la région, ne soient plus en mesure de s'y opposer. Or, il se trouve que le Japon redoute beaucoup, sur le plan militaire, l'alliance entre la Russie et la Chine ; à l'opposé, ses industriels redoutent à juste titre les représailles économiques[233] que lui inflige la Chine pour maintenir l'alliance militaire avec les Etats-Unis. Ceci explique sans doute que l'opinion japonaise ait basculé en faveur d'une politique neutraliste[234], qui à terme transformerait le Japon en un satellite de la Chine. En échange d'une coopération économique accrue (développement de la sous-traitance en Chine pour des donneurs d'ordres japonais, achats par la Chine de biens d'équipement japonais), le Japon exigerait le départ des Américains d'Okinawa, se retirerait d'Afghanistan et, surtout, s'engagerait à ne pas participer à une éventuelle défense de Taïwan aux côtés des Américains.

Une telle neutralisation serait le prélude à la récupération effective de Taïwan. Dans ces conditions, la Corée du Sud, elle aussi, ne tarderait pas à devenir une sorte de protectorat de la Chine moyennant des commandes nombreuses de biens d'équipement et quelques garanties vis-à-vis de la Corée du Nord qui fait peur. Il faut bien comprendre que le régime de Pyongyang n'est qu'une marionnette aux mains de la Chine ; dans ces

---

[232] Cette alliance est circonstancielle, selon nous, pour les deux protagonistes. La Chine ne renoncera jamais à l'idée de récupérer un jour ou l'autre des territoires dont elle estime qu'ils doivent être placés sous sa souveraineté.

[233] La Chine fait subir au Japon des représailles économiques permanentes en limitant le volume de ses importations en provenance du Japon; son organisation totalitaire lui facilite bien les choses: elle achète donc des biens d'équipement à la Corée, à l'Allemagne, et relativement peu au Japon.

[234] Jusqu'à une époque récente, la vie politique du Japon était marquée par la prédominance du LDP, le Parti Libéral Démocrate. Conséquence du développement des idées neutralistes, le parti s'est coupé en deux; son concurrent, le Parti Démocrate Populaire, avec l'apport de transfuges du LDP, a pu gagner les dernières élections, sur la base notamment d'un relâchement des liens avec les Etats-Unis. « La période de l'alignement systématique du Japon derrière l'Amérique me semble bel et bien révolue » déclare M. Kissinger le 16.10.2009 (M. Kissinger est l'un des membres éminents du Lobby Chinois aux USA).

conditions, une réunification à l'amiable sous l'égide de la Chine n'est pas à exclure : on retrouverait alors le schema de la suzeraineté de l'Empereur de Chine sur la Corée !

Le Nord et l'Ouest de la Chine bénéficient du contact de l'allié Russe ou de ses amis ; la façade-est ne voisine qu'avec des pays candidats à devenir satellites de la Chine ; il ne reste donc plus qu'à regarder du côté du Sud, là où se trouve un pays très important, l'Inde, avec lequel la Chine a de nombreux différends territoriaux.

La Chine met en place un véritable « encerclement » de l'Inde. Ce pays a un grave différend territorial avec le Pakistan, pays ami de la Chine, dans les montagnes du Cachemire, près de Srinagar, où ont eu lieu de graves affrontements. Non loin de là, toujours dans le Jammu-Cachemire, la Chine occupe un territoire indien pris à l'issue d'une intervention militaire. A l'Est de l'Inde, vers la haute vallée du Brahmapoutre, la Chine revendique un territoire indien assez vaste, Arunachal-Pradesh et reproche à l'Inde les déplacements officiels que certains de ses ministres y effectuent !

Par ailleurs, on peut ajouter que le Pakistan a donné à la marine chinoise un droit d'escale dans ses ports, que la Chine finance en sous-main une guérilla « maoïste » au Népal dans le but de faire de ce pays un satellite, qu'elle entretient les meilleures relations avec la sinistre junte au pouvoir en Birmanie, et enfin qu'elle a obtenu au Sri-Lanka une base navale pour sa marine, qui est donc en mesure d'intervenir désormais dans l'océan Indien, un océan qui lui donne accès non seulement à l'Inde mais aussi à l'Afrique.

En fin de compte, tout se passe comme si les dirigeants chinois avaient parfaitement intériorisé la géopolitique de J.H. Mackinder, énoncée dans son célèbre article « *Le pivot géographique de l'histoire* » : à partir du *heartland*, le cœur du monde constitué par le centre et le nord du continent euro-asiatique, prendre le contrôle du *rimland*, l'anneau intérieur de ce continent, et dominer ainsi celui-ci dans son ensemble, et dès lors dominer le monde car « qui domine l'Eurasie domine le monde ». Dans cette perspective, l'alliance avec la Russie est tout à fait nécessaire. S'ils veulent s'y opposer, les Etats-Unis auront tout intérêt à dégager la Russie de cette alliance, laquelle est encore empreinte par la politique américaine du *containement*, que les américains ont continué à pratiquer à l'égard de la Russie malgré la chute du mur de Berlin.

A ce tableau d'une emprise croissante de la puissance chinoise sur le continent asiatique, il faut ajouter une conséquence encore peu connue de la politique démographique chinoise qui n'est pas une affaire purement intérieure ; le déficit en femmes que provoque la pratique de l'enfant unique suscite à son tour une émigration d'hommes qui vont trouver femme en Mongolie, au Kazakhstan, au Kirghizstan, au Tadjikistan, en Ouzbékistan, dans l'Extrême-Orient russe, en Sibérie orientale ; mais les enfants qui naîtront de ces unions ne seront pas Mongols, Kazakhs ou Russes, ils seront avant tout Chinois. Il existe donc, aux confins de la Chine, une très importante colonisation de peuplement, susceptible de déboucher, à long terme, sur des annexions territoriales, comme l'indiquent déjà les nombreuses cartes géographiques donnant à voir une « Grande Chine » qui sont largement diffusées actuellement dans ce pays[235].

b) Alliances politiques et chasse aux gisements de matières premières

La stratégie des alliances politiques de la Chine se double d'une stratégie concernant les approvisionnements en énergie, en matières premières, en produits alimentaires. C'est le cas avec la Russie où la Chine finance des investissements importants dans le secteur énergétique, assurée de bénéficier en retour d'approvisionnements réguliers. Au-delà de la Russie, au Moyen-Orient, les relations avec l'Iran, notamment, sont très importantes : ce pays exporte en Chine une grande part de sa production de brut mais reçoit de Chine des produits raffinés. L'Irak, les Émirats, l'Arabie Saoudite constituent des partenaires de premier ordre : non seulement parce que la Chine représente le premier client pour cette région, avant même les Etats-Unis, mais aussi et peut-être surtout parce qu'elle les encourage à payer leurs produits dans d'autres monnaies que le dollar, et à créer une monnaie régionale dans le cadre de ce qui serait censé être un monde polycentrique. Cela pourrait aboutir à la sortie de ces pays de la « zone dollar » et à la fin du dollar comme monnaie de réserve du monde, ce qui ne manquerait pas d'accroître les difficultés que rencontre actuellement l'économie américaine.

Si l'on quitte le continent asiatique, la stratégie chinoise des alliances et aussi des approvisionnements en pétrole, matières premières, biens alimentaires, concerne aussi l'Afrique, l'Amérique latine, l'Australie. En Afrique, on peut citer plus particulièrement l'Angola et ses ressources pétrolières, le Congo avec ses ressources minières et pétrolières, l'Algérie, où la Chine intervient aussi, massivement, dans le domaine du Génie civil, la Guinée pour sa bauxite, le Kenya et le Ghana pour leurs ressources pétrolières, et le Nigeria, qui vient de réaliser une opération très originale : la location à la Chine, dans le delta du Niger, d'un gisement de pétrole sur lequel opère déjà un consortium occidental qui se trouvera, de fait, sous-locataire…

---

[235] On peut consulter avec profit la traduction d'un article d'Oleg Fotchkine dans le journal *Moskovski Komsomolets* publié dans *Courrier international* (30/09/09) sous le titre *Quand Vladivostok tombera aux mains des chinois* et relatif au projet de location par la Chine, pour soixante-quinze ans... de la ville de Vladivostok. On y trouve notamment ceci: « Depuis 2008, la Chine a renoué avec un programme destiné à récupérer des terres sous juridiction russe. Les manuels scolaires parlent de territoires pris par la Russie au XIXème siècle et de dignité nationale bafouée. Les villes proches de la frontière ouvrent des musées exposant des copies de traités et d'accords, d'anciennes cartes de géographie, des chroniques historiques dont il découle que les Russes vivent sur des terres chinoises. »

Les sommets de chefs d'État Chine-Afrique qui se multiplient attestent, sur le plan politique, de l'importance que revêt désormais pour la Chine le continent africain dont elle achète souvent à bon compte les richesses pétrolières et minières, et dont elle prend en location d'immenses territoires agricoles qu'elle compte faire exploiter directement par sa propre main d'œuvre importée de Chine. Il y a dans la façon dont elle opère, une relative indifférence au régime politique des pays avec lesquels elle traite : l'abondance des capitaux dont elle dispose lui permet de consentir de très importants crédits aux gouvernements, sans les assortir d'aucune condition « politique »[236] ; les seules conditions sont des gages sur les richesses naturelles du pays en cas de défaut dans les remboursements qui permettent alors d'en devenir maître à très bon compte ; les défaillances constituent alors d'excellentes affaires ! On comprend, dès lors, la prédilection des sociétés chinoises, et par conséquent du gouvernement chinois lui-même[237] à traiter avec des régimes autoritaires, violents, mafieux, corrompus. Les crédits qui sont consentis ne sont rien d'autre que des pratiques de corruption à grande échelle permettant d'alimenter les comptes secrets, en Suisse ou ailleurs, des despotes locaux. Cela est vrai en Angola, au Congo, au Nigeria, au Soudan (notamment dans la région du Darfour) ; c'est ainsi qu'un fond chinois *China International Fund* (CIF) vient de passer un accord pour un montant de sept milliards de dollars avec le Gouvernement militaire du capitaine Moussa Dadis Camara qui fait régner la terreur en Guinée ; les apports de capitaux pour les infrastructures, les logements, les mines s'accompagnent, bien entendu, de contreparties très importantes : « the company would theoretically gain access to Guinea's plentiful deposits of bauxite [...] along with diamonds and gold. The mining minister of Guinea, Mahnoud Thiam, said the Chinese company « will be a strategic partner in all mining projects » »[238].

---

[236] Les prêts consentis par la banque Mondiale ou bien par des Gouvernements Occidentaux sont assortis, généralement, des conditions politiques concernant la bonne gouvernance du pays ; ces conditions sont destinées à faire en sorte que les crédits puissent effectivement servir au développement du pays plutôt que d'enrichir des dirigeants corrompus. Les sociétés chinoises, publiques ou privées, qui interviennent dans les pays en développement n'ont pas ce genre de scrupules.

[237] Les sociétés Chinoises, même si elles sont privées, sont toujours liées d'une manière ou d'une autre, au Gouvernement Chinois et aux institutions de l'Etat Chinois. Ainsi « China International Fund », l'un des principaux investisseurs Chinois en Afrique a des liens importants avec « Export-Import Bank of China », avec « Dayuan international development », avec les marchands d'armes du Gouvernement Chinois : « C.I.F. directors are also beleived to have ties to China's military and security forces ».

[238] L'article bien documenté de M. Christopher Bodeen dans le *International New York Herald Tribune* du 28 octobre 2009 commence ainsi : « A 7 billion mining deal between Guinea's repressive military regime and a little-known Chinese company underscores China's full-throttle rush into Africa and its willingness to deal with brutal and corrupt governments ».

Sur le continent sud-américain, la Chine bénéficie des erreurs trop longtemps accumulées par les Etats-Unis qui considéraient cette partie du monde comme une chasse gardée : elle a donc, avec sa rhétorique des « pays pauvres », une bonne image, non seulement au niveau des dirigeants les plus « anti-américains » que sont par exemple ceux de Cuba ou de Venezuela, mais également au niveau des dirigeants beaucoup plus modérés, comme ceux du Brésil ou de l'Argentine notamment. Comme en Asie, comme en Afrique, la Chine cherche à s'assurer des approvisionnements en pétrole, en minerais (par exemple le cuivre au Chili), en produits alimentaires ; elle cherche aussi à acheter ou à louer d'immenses étendues de terres, en Argentine ou sur le continent africain par exemple, sur lesquelles elle pourra organiser ultérieurement des productions agricoles grâce à une main d'œuvre chinoise importée. L'une des principales sociétés pétrolières chinoises a commencé l'exploitation d'un gisement de pétrole *off shore* dans le Golfe du Mexique, à une distance relativement minime des rivages du Texas : l'Empire américain n'est plus ce qu'il était !

Cette recherche frénétique visant à contrôler des sources d'approvisionnement à travers le monde entier s'apparente au comportement des Etats-Unis autrefois, mais à une échelle encore plus grande ; cela doit être mis en relation avec la puissance incroyable de l'économie chinoise et de la croissance qui est la sienne. A ce propos, il n'est pas inutile de savoir que 50 % environ de la production mondiale de métaux est absorbée par la seule Chine ; cette dernière n'occupe pas encore la première place pour la consommation de pétrole, ce qui ne saurait tarder, du fait de son énorme consommation annuelle de charbon (de l'ordre de 1,2 milliard de tonne, une tonne par an et par habitant) et du fait que l'automobile n'a pas encore complètement pris son essor dans le pays. Bref, la demande chinoise est très forte : il est bien normal que la Chine se préoccupe de ses approvisionnements !

On peut se demander toutefois s'il n'y aurait pas quelque autre facteur qui expliquerait cette boulimie exceptionnelle pour le contrôle de matières premières, bien plus considérable que celle des Etats-Unis. Ce facteur existe : c'est tout simplement l'énormité des excédents commerciaux accumulés, année après année, par la Chine. Il faut bien faire fructifier cet argent à l'extérieur de la Chine car sa stratégie consiste à maintenir très bas le cours de change du yuan. Il s'agit dès lors d'encourager les sorties de capitaux sous toutes formes : achats de bons du trésor et de titres assimilés (américains mais aussi britanniques et européens) mais aussi placements à caractère stratégique, qu'il s'agisse du contrôle des sources de matières premières ou de prises de participation dans de grands groupes industriels ou financiers (AREVA, EADS, EDF, Blackstone,...).

Les accords de livraisons à long terme ou le contrôle direct de gisements de matières premières concernent le monde entier : la Russie, l'Asie Centrale, l'Iran, le Moyen-Orient, l'Afrique à propos de laquelle on a pu dire

« la Chine achète l'Afrique », enfin l'Amérique latine avec notamment le Venezuela, le Chili et le Brésil avec lequel est en cours de négociation un énorme contrat pour l'exploitation d'un grand gisement de pétrole *off-shore* au large de Rio. Cette stratégie est très avancée : non seulement la Chine prend possession, d'une manière ou d'une autre, de richesses naturelles de pays qui étaient jadis situés dans l'orbite des puissances occidentales, mais elle s'aventure même dans certains des espaces des pays occidentaux ou à proximité immédiate de ceux-ci. Une exploitation *off-shore* chinoise dans le Golfe du Mexique était parfaitement inconcevable il y a seulement dix ans !

L'Australie, bien que faisant partie du système occidental, intéresse beaucoup la Chine : son territoire immense a une population très faible et des ressources minières considérables. Début 2008, la société Chinalco, spécialisée dans l'aluminium, avait aidé le groupe Rio Tinto à se défendre contre une offre publique d'achat (OPA) hostile de BHP, et en avait retiré une option forte sur le capital de Rio Trinto. Lorsque, fin 2008, la crise des matières premières fait chuter le cours des entreprises minières, la Chine, c'est-à-dire Chinalco, espère alors pouvoir obtenir à très bon compte le contrôle de ce groupe et de ses gisements. Malheureusement pour les porteurs de ce projet, le rebond du prix des matières premières intervient bien plus rapidement que prévu, entrainant avec lui à la hausse le cours des actions. La donne change considérablement, et le management de Rio Tinto fait volte-face, sans doute aiguillonné par le gouvernement australien qui n'était certainement pas enchanté de voir une partie de ses gisements passer sous le contrôle de l'Etat chinois. Le groupe préfére se libérer de l'option prise par Chinalco, en lui servant la lourde indemnité d'un milliard de dollars prévue par le contrat. En réaction, la partie chinoise envoya immédiatement un « message » destiné non seulement à Rio Tinto mais aussi et surtout à toutes les compagnies de par le monde, susceptibles de traiter les intérêts chinois avec une telle désinvolture : quatre cadres dirigeants de Rio Tinto sont immédiatement arrêtés (en septembre 2009) à Shanghaï, jetés en prison sous le prétexte fallacieux et fabriqué de toutes pièces d'une activité d'espionnage... Avis aux amateurs ! Dans le même temps, la pénétration du capital chinois se poursuit dans le pays : après l'acquisition, en février 2009, de 16 % du capital de Fortescue Metals Group, troisième entreprise de minerai de fer en Australie, cette présence est renforcée en septembre 2009 par l'octroi de financements très importants.

Certes, du fait de ses excédents commerciaux la Chine bénéficie d'une « cagnotte » inépuisable qui lui permet d'acheter tout ce qu'elle veut ; toutefois, force est de constater que son activisme concernant les matières premières se situe encore au-delà de ce qui lui serait nécessaire pour la couverture de ses besoins propres à moyen et long terme. Cet activisme trahit chez elle le désir d'obtenir une invulnérabilité totale dans ce domaine et, probablement aussi, de réunir les conditions matérielles lui permettant, à l'avenir, de provoquer si elle le souhaite une pénurie pour les pays du G7, qui constituerait alors un *leverage* supplémentaire à sa disposition[239].

Sa boulimie de matières premières, qu'il s'agisse des gisements eux-mêmes ou des sociétés qui les exploitent, tend à s'étendre de plus en plus aux grands entreprises occidentales en dehors de ce secteur. Prendre possession de technologies ou de parts de marché constitue un emploi très pertinent pour les capitaux considérables dont elle dispose. La déception qu'elle a subie après la réaction de défense des intérêts nationaux du gouvernement australien a conforté la Chine dans l'idée qu'il lui faut pouvoir désamorcer par avance ou bien contourner les réactions défensives des « gouvernements-tuteurs »[240].

Par ses interventions massives actuelles sur les ressources minérales ou pétrolières, la Chine se donne les moyens d'être en mesure, dans quelques années, de manipuler le cours de celles-ci et de pouvoir, le cas échéant, organiser une pénurie des approvisionnements des pays occidentaux.

Tout cela constitue un élément de la politique globale et très cohérente de la Chine dont l'élément clé est la sous-évaluation du yuan. En même temps, cette politique des approvisionnements et du contrôle des ressources minières et pétrolières constitue une facette de la politique de grande puissance de la Chine visant à établir son hégémonie par un système très diversifié d'alliances et de réseaux de pays clients ou dépendants. La construction de ce système constitue en même temps une tentative de démantèlement du système mis en place par les Etats-Unis ; il faut pour cela dissocier ceux-ci de leurs amis les plus proches, de leurs alliés, des nations situées dans leur mouvance et qui constituent autant de points d'appui, et également des obligés de leurs amis Européens, notamment en Afrique. La politique chinoise vise bien à un tel démantèlement. Elle s'attache tout d'abord à semer la discorde entre les Etats-Unis et leurs partenaires européens au moyen d'interventions sur le terrain des monnaies ; elle s'attache aussi à entretenir indirectement les oppositions entre l'Occident et la Russie de façon à ce que son alliance avec elle, dont nous avons vu le caractère circonstanciel, ne puisse pas être remise en cause à court ou moyen terme ; de plus, par son action, la Chine tend à neutraliser certains des alliés importants des Etats-Unis situés en Asie : Corée, Japon, Pakistan, Arabie Saoudite et Émirats ; plus tard, ce sera le tour de l'Inde. Enfin, elle essaie

---

[239] La Chine a déjà ce genre de comportement ; récemment, elle a refusé d'exporter des « terres rares » (80% des ressources de la Planète), ce qui lui vaut une plainte auprès de l'OMC.
[240] Les grandes sociétés, même si leur capital est largement internationalisé, ont en général un pays d'origine dans lequel elles sont nées et avec lequel elles entretiennent des relations particulières : parce que leurs managers sont majoritairement originaires de ce pays, parce que leurs implantations y sont nombreuses et importantes. Dès lors, elles entretiennent une relation, elle aussi particulière, avec le gouvernement de ce pays qui est à la fois leur défenseur et leur « tuteur ».

d'attirer dans sa mouvance des pays qui étaient jadis situés dans la mouvance américaine comme les pays d'Amérique latine ou ceux qui faisaient partie de la mouvance européenne, les pays d'Afrique pour l'essentiel.

c) Les achats stratégiques d'entreprises occidentales

Dans la grande partie de « monopoly » qu'elle joue à l'échelle de l'ensemble du monde, la Chine procède de plus en plus à des prises de participation dans de grandes entreprises des pays développés ; parfois elle essaie même d'en prendre le contrôle, avec ou sans succès. Nous n'en sommes toutefois qu'au début d'un processus qui pourrait être massif. Les prises de contrôle de grandes entreprises permettent d'acquérir les technologies ; en même temps, elles constituent des gages importants pris sur les économies des pays développés. Compte-tenu de ce que sont les valorisations boursières aujourd'hui, avec les excédents commerciaux actuels et prévisibles que feraient la Chine si on la laisse faire à l'avenir, celle-ci pourrait prendre en quinze ou vingt ans le contrôle de toutes les entreprises du monde cotées en bourse !

Elle vient pour cela de mettre en place un instrument nouveau qui pourrait être d'une efficacité redoutable : la cotation des entreprises occidentales ou autres qui le désirent sur le marché boursier de Shanghaï. Les entreprises qui accepteront alors d'être cotées sur cette place financière sont assurées de pouvoir bénéficier d'un fort appétit d'investisseurs Chinois, qu'il s'agisse de particuliers ou d'investisseurs institutionnels ; dés lors cela devrait susciter une hausse importante de leurs actions à la grande satisfaction de leurs managers qui recevraient alors de substantielles gratifications grâce à leurs stock-options. En contrepartie, la Chine obtiendrait, discrètement et sans tapage, une part significative du capital, parfois même suffisamment élevée pour autoriser le contrôle de l'entreprise.

En fin de compte, la cotation d'entreprises occidentales à Shanghaï pourrait permettre à terme leur « sinisation », sans pour autant émouvoir les autorités de leurs pays d'origine respectifs. La méthode utilisée est simple : jouer le management de ces entreprises, et leurs actionnaires – la montée du cours de bourse est un élément important – contre les intérêts de ces pays d'origine et, le cas échéant, contre leurs gouvernements, dans la mesure où ceux-ci pourraient s'avérer récalcitrants.

d) L'utilisation des importations à des fins politiques

L'affaiblissement économique des Etats-Unis et des pays du G7 passe aussi par une utilisation très sélective des importations : la Chine privilégie les pays amis ou ceux pour lesquels elle a un projet. Plus la Chine pèse lourd dans le PIB mondial, plus les pays tiers peuvent rêver de figurer parmi ses fournisseurs réguliers, et plus elle peut jouer sur la concurrence entre ces pays fournisseurs. Même si elle pratique une assez large décentralisation des décisions dans le domaine de l'économie, le monopole étatique du commerce extérieur permet un contrôle très strict de celui-ci ; grâce à cela, elle est en mesure de « distribuer » très sélectivement ses commandes de biens en faveur des pays dont elle peut espérer des contreparties commerciales ou politiques.

Pour cette raison Singapour, Taïwan et la Corée du Sud ont été, toutes choses égales par ailleurs bien mieux servis, début 2009, que le Japon, les Philippines ou la Thaïlande trop proches des américains. Cela explique aussi en partie pourquoi, malgré la relance intérieure chinoise, les exportations américaines vers la Chine sont restées en 2009 très décevantes.

Enfin, dans la guerre économique mondiale que mène la Chine contre le G7, une nouvelle arme a été mise au point par celle-ci pour renforcer sa présence sur les marchés tiers : il s'agit d'accords de swap de monnaies : on prête des yuans qui sont remboursables dans la monnaie du pays. Le pays bénéficiaire dispose en réalité d'un financement en yuans ; comme cette monnaie n'est pas convertible, la seule utilisation possible d'un tel prêt consiste à acheter des marchandises chinoises. Ainsi, le pays tiers qui conclut avec la Chine un tel accord de swap bénéficie-t-il de ce que l'on appelait autrefois « des financements liés ». Après avoir connu un grand succès entre 1975 et 1985 ces financements liés, qui avaient beaucoup contribué à la crise de l'Amérique du Sud au début des années 1980, ont été prohibés par les pays de l'OCDE à la suite d'un accord mutuel. On le constate, la Chine qui joue une partition qui lui est propre, n'a aucunement l'intention de se conformer à quelque règle que ce soit établie par l'OCDE. Au contraire, elle s'engouffre dans une voie qui lui confère un avantage commercial, celle du non respect de la règle OCDE ; de la sorte elle va pouvoir augmenter encore un peu plus ses parts de marché en Afrique, en Amérique latine, dans certains pays d'Asie.

e) La constitution d'un outil militaire à la mesure des ambitions du pays

La richesse économique et la population constituent la base de la puissance d'un pays qui s'exprime, notamment, sur le plan du potentiel militaire, tant il est vrai qu'il n'y a pas de puissance durable sans puissance militaire. La Chine s'est lancée, depuis longtemps mais de façon discrète, dans une politique de rattrapage de son retard par rapport au rival américain[241]. Le taux de croissance remarquable de son PIB lui permet de progresser très rapidement : il est très raisonnable de penser qu'à l'horizon 2025, qui correspond à l'objectif « Shanghaï centre de la finance mondiale », l'armée chinoise disposera de moyens supérieurs à ceux de l'armée

---

[241] L'utilisation du mot « rattrapage » est une clause de style. En réalité, la Chine entend bien rattraper dans un premier temps les Etats-Unis, puis les dépasser.

américaine, si toutefois la différence de croissance se perpétue, c'est-à-dire si l'Occident accepte par avance sa propre défaite. On l'a dit, le programme spatial est très impressionnant ; là où les soviétiques ont dû abandonner leur ultime compétition de la guerre froide avec les américains, il s'agissait du programme dit de « guerre des étoiles »[242], les Chinois qui disposent de ressources financières immenses ont pu relever le défi et expérimenter en 2007 la destruction intentionnelle d'un satellite par un missile.

Dans le domaine maritime également, l'effort réalisé par la Chine est impressionnant : le programme de sous-marins à propulsion nucléaire lanceurs de fusées équipées de têtes nucléaires est très avancé alors même que débute la construction de porte-avions. Dès maintenant, la Chine se préoccupe d'établir à travers le monde un certain nombre de bases navales indispensables pour le déploiement mondial de sa future flotte ; on a cité à ce propos les accords passés avec le Sri-Lanka pour une base dans ce pays ou avec le Pakistan : d'autres accords sont très probablement en cours de discussion ou en projet dans d'autres parties du monde[243]. L'équipement de l'armée de l'air donne lieu à une coopération avec la Russie qui fournit une partie des avions et la technologie de sorte que l'industrie aéronautique chinoise sera rapidement en mesure de produire, elle-même et à une échelle très importante, des avions de combat très performants.

La Chine opère, dans son programme militaire, à une vitesse qui devrait inciter les gouvernements occidentaux à la prudence concernant les transferts de technologies qui tendent de plus en plus à devenir la norme dans les contrats commerciaux ; elle devrait aussi les inciter à la vigilance concernant les prises de participation ou les achats purs et simples de sociétés développant des technologies de pointe.

Le développement des capacités de projection de moyens militaires à travers le monde va nécessiter du temps et l'établissement de nombreuses alliances politiques, militaires et économiques.

f) Des colonies de peuplement à l'étranger

L'établissement de populations chinoises dans de nombreux pays peut se faire selon des voies différentes et revêtir des significations différentes. Il y a d'abord les implantations spontanées dans des pays limitrophes de la Chine (Sibérie, Extrême Orient Russe, Asie Centrale) qui sont susceptibles de constituer le prélude à l'établissement d'une « Grande Chine » qui, en dépit des discours officiels de ses dirigeants, n'a nullement renoncé à ses

---

[242] La possibilité ou non de détruire les satellites est de la plus haute importance ; la nation qui peut le faire dispose d'un avantage considérable sur tout ennemi potentiel : celui d'endommager gravement le système des communications de celui-ci.
[243] Le projet de location pour soixante quinze ans de Vladivostok comporte très certainement l'utilisation de sa base navale par la marine de guerre Chinoise.

ambitions territoriales[244]. Il y a ensuite, c'est un phénomène récent qui pourrait être promis à un grand avenir, des locations à long terme de vastes territoires agricoles dans des pays tiers ; de tels territoires devraient recevoir l'apport de populations chinoises qui les mettront en valeur et qui constitueront autant de « colonies » chinoises : des groupes de pression potentiels dans des pays qui, par ailleurs, seraient dans une situation de dépendance plus ou moins marquée vis-à-vis de la Chine.

g) *L'idéologie du « développement » au service de la Chine*

Bien qu'il y ait aux Etats-Unis, en Europe, au Japon, de nombreux thuriféraires de la Chine, le régime politique de celle-ci, l'absence de libertés de sa population et, surtout, l'absence de droits sociaux qui y règnent, suscitent une réprobation très large au sein des pays dotés d'institutions démocratiques. Plutôt que d'assurer lui-même les justifications « théoriques » à usage externe de sa stratégie, le régime chinois préfère, apparemment, s'en remettre à d'autres ; tout se passe en effet comme si, conscient du fait qu'il est très « marqué » en Occident[245], il avait chargé d'autres pays, avec leurs analystes, du soin de défendre sa stratégie et de faire apparaître celle-ci comme étant « au service » des populations pauvres de la planète!

La Chine qui est, d'après les dirigeants chinois, un « pays pauvre »[246] (et dont les gouvernants seraient donc « au service des pauvres », puisqu'ils sont « communistes » !) serait donc solidaire, de par sa nature même et son mode de gouvernement, des autres pays pauvres du monde... Il revient donc à ceux-ci, dans le cadre d'une division internationale du travail idéologique bien comprise, de justifier les pratiques mercantilistes de sous-évaluation du

---

[244] Les dirigeants Chinois soulignent fréquemment que la Russie sera incapable de mettre en valeur la Sibérie. Toutefois, officiellement, il n'y a plus de différend territorial ; en réalité, ils n'ont pas oublié certains traités qui furent qualifiés d'inégaux : les cartes de la *Grande Chine* éditée en Chine de nos jours en constituent la preuve. L'alliance à moyen terme avec la Russie commande à la Chine de ne pas parler de ces choses là ... comme la France de la fin du dix-neuvième siècle à propos de l'Alsace et de la Moselle : « Ne jamais en parler mais toujours y penser » !

[245] Non seulement la Chine est un pays totalitaire mais, de plus, près de la moitié de sa main d'œuvre, en situation « illégale », est privée de tous droits sociaux, exploitée qu'elle est dans des conditions aux limites de l'esclavage. Sur le plan politique, après la « révolution culturelle », le régime s'est distingué pour son soutien à Pol Pot et la guerre faite au Vietnam, ses relations troubles avec la Corée du Nord, la répression du Tibet, le massacre de Tiananmen, etc...

[246] La Chine comme « pays pauvre » est une double escroquerie; 1) sa population est d'environ 20% de la population mondiale, son PIB (en « Parité de pouvoir d'achat ») est aussi de l'ordre de 20% du PIB mondial, de sorte que le PIB par habitant se situe dans la moyenne mondiale; 2) une moyenne qui toutefois ne signifie pas grande chose tellement grandes sont les inégalités; pour faire image, on pourrait dire qu'il y a deux pays distincts: l'un qui exploite l'autre, qui est riche (12 à 15% du PIB mondial) dont la population est de l'ordre de 250 millions d'habitants, l'autre dont la population misérable dépasserait un milliard d'habitants.

taux de change en montrant qu'elles peuvent permettre de résoudre les problèmes du développement dans le monde. De la sorte, de nombreuses personnalités humanistes, des « belles âmes » des pays développés, seront enrôlées, sur le plan des idées et sans même qu'elles s'en rendent compte, au service de la diffusion des idées soutenant les pratiques chinoises.

Un livre récent d'un auteur Brésilien[247], ancien ministre du gouvernement de son pays, illustre bien cela. Il peut se lire, nous dit R. Boyer, « comme un plaidoyer en faveur du rôle déterminant du taux de change comme variable – tant macroéconomique que microéconomique – centrale », ajoutant que « la sous-estimation de la monnaie nationale a joué un rôle déterminant dans nombre de pays asiatiques, dont bien entendu le Japon et plus récemment la Chine ». Il s'agit là, effectivement, d'idées parfaitement justes que nous développons par ailleurs... Deux « piliers » doivent assurer le développement nous dit-on : l'épargne nationale et « le choix d'un régime de change favorisant la croissance », c'est-à-dire, d'une manière ou d'une autre, un taux de change sous-évalué. C'est là, très exactement, la théorie mercantiliste ! Dans son commentaire, R. Boyer enfonce le clou : « On le sait, la croissance chinoise viole la plupart des principes du défunt "consensus de Washington" : imbrication du politique et de l'économique, choix d'un régime de change et contrôle des capitaux courts, politique explicite de rattrapage à travers une configuration institutionnelle originale. Certains analystes ont ainsi cru percevoir un nouveau "consensus de Pékin". Luiz Carlos Bresser-Pereira interprète la croissance chinoise à la lumière de sa construction théorique... et la distance n'est pas si grande avec ce qu'on pourrait qualifier de "consensus de São Paulo" ».[248]

La construction de L.C. Bresser-Pereira justifiant un dispositif institutionnel destiné à faire en sorte que le taux de change soit sous-évalué est basée sur une interprétation quelque peu abusive d'un poncif de la littérature économique, la « maladie hollandaise » ; à la suite de la découverte d'importants gisements de gaz en Hollande, dans les années 1960, donnant lieu à de fortes exportations, s'était opéré, du fait de l'appréciation du florin, une désindustrialisation du pays[249].

Prenant argument de cela, notre auteur souligne que, pour les pays qui exportent des matières premières, il y a une tendance à la réduction de la compétitivité des biens « échangeables » de sorte, dit-il, qu'il faut « se préoccuper non pas d'un mais de deux taux de change, liés à deux

---

[247] Luiz Carloz Bresser-Pereira, *Mondialisation et compétition* (Pourquoi certains pays émergents réussissent et d'autres non). Préface de Robert Boyer. La Découverte, Paris, 2009.
[248] Robert Boyer, *Mondialisation et compétition*, op. cit., page 12.
[249] Cette « malédiction » a un cadre bien particulier: un petit pays, une ressource naturelle donnant lieu à de très importantes exportations, un change flexible. Les exportations déterminent une appréciation du florin de sorte que certaines industries perdent toute compétitivité à l'exportation et qu'une partie de la demande domestique se reporte sur des biens importés et sur des biens et services non exportables.

équilibres : l'équilibre « courant », qui solde de manière intertemporelle les transactions courantes, et l'équilibre « industriel », qui rend économiquement viables les secteurs exposés utilisant la meilleure technologie disponible »[250].

Bref, en un mot comme en cent, il faut que le taux de change des pays « en voie de développement » soit sous-évalué[251]. L'auteur ne parle pas des pays développés, ce n'est pas le problème du Brésil qui doit mettre en œuvre une politique de « rattrapage », caractérisée par une croissance tirée par les exportations, par opposition à ce qui serait la politique des pays développés, une croissance « tirée par l'innovation ». Toute cette construction est sympathique ; malheureusement elle a un défaut, un gros défaut : elle n'envisage pas la compatibilité du « modèle » à l'échelle mondiale. Si les pays en développement ont un commerce excédentaire, il en résulte nécessairement que les pays développés doivent avoir un commerce déficitaire qui, comme on l'a vu, constitue un handicap très important pour leur croissance, quelles que puissent être les géniales innovations qu'ils produisent.

La croissance économique combinant des déficits extérieurs récurrents, le développement des innovations et une croissance minimum de l'emploi[252] apparaît comme un objectif bien difficile à atteindre. Mais, une fois de plus, il faut le souligner : l'exposé du « modèle Brésilien » contribue à légitimer, notamment en Occident au sein de certaines couches, la stratégie qui est celle de la Chine et à laquelle le Brésil apporte sa validation et qui ne peut que conduire à la ruine des pays développés et au chômage d'une partie croissante de leurs populations actives. Les « belles âmes » tiers-mondistes devraient peut-être penser davantage aux coûts sociaux et aux drâmes humains que représentent les licenciements et le chômage.

h) Un nouveau « despotisme oriental » ?

En fin de compte, à l'aide de moyens principalement économiques mais aussi à l'aide d'autres moyens mis en œuvre à travers le monde entier, la Chine poursuit de façon méthodique l'objectif consistant à imposer au monde son hégémonie. Après avoir connu successivement l'impérialisme britannique et son hégémonie, puis l'impérialisme américain, les nations du monde pourraient tout à fait s'accommoder de ce passage d'une hégémonie à

---

[250] « Mondialisation et compétition », op. cit., page 117.
[251] Bresser-Pereira relève les vues erronées des économistes qui, généralement « ignorent le rôle central du taux de change et des exportations dans le développement économique. Celles-ci sont essentielles en toute circonstance pour les pays en développement, et il n'y a aucune contradiction entre le développement du marché intérieur et une stratégie de croissance tirée par les exportations » (page 110). Sur ce point, il a parfaitement raison.
[252] Une croissance « minimum » de l'emploi : il s'agit ici d'une croissance de l'emploi permettant d'éviter une augmentation du chômage et même de conduire à une résorption au moins partielle de celui-ci.

l'autre ; ce passage éventuel fait néanmoins problème. Quels que soient les reproches, et ils sont nombreux, que l'on peut adresser après coup aux nations qui furent les porteurs des pratiques historiques d'hégémonie depuis deux ou trois siècles, il faut souligner que leurs dominations respectives, très dures parfois, contribuèrent en fin de compte, à la diffusion de valeurs « démocratiques ». Le modèle de capitalisme totalitaire que porte la Chine est bien plus inquiétant : un retour au « despotisme oriental » ?[253]

Mais pourquoi donc une telle passivité, de par le monde, face à une telle entreprise ?

---

[253] Karl August Wittvogel, *Oriental despotism, a comparative study of total power*, Yale University press, 1957.

Chapitre 9

L'ÉTRANGE PASSIVITÉ DES PAYS DÉVELOPPÉS FACE À LA CHINE

« Ah, les cons, s'ils savaient ! »
Edouard Daladier,
Président du Conseil des ministres de la France
Le Bourget, 30 septembre 1938, retour de Munich.

La situation des pays développés n'est pas brillante en cette fin d'année 2010 ; la crise est toujours là ; non pas une crise mondiale – la croissance mondiale est de 4 ou 4.5% par an – mais une crise des seuls pays développés à laquelle les peuples, avec fatalisme, s'habituent ; on commence à envisager une dépression qui pourrait être longue ! En dépit du fait que leurs importations ont été mécaniquement réduites du fait de la diminution de leur croissance, les déficits extérieurs se perpétuent ; les écarts de croissance se sont encore accrus : de l'ordre de 5% l'an avec les pays émergents[254], de 8 à 10% avec la Chine.

Les nations occidentales, dont la puissance relative est déclinante, se trouvent désormais dans une situation de grande vulnérabilité : du fait de leur endettement croissant vis-à-vis des pays créanciers, du fait du processus de désindustrialisation qui affecte désormais de plus en plus leurs activités de recherche-développement, et du fait, par conséquent, de la montée du chômage et de la déflation salariale qui rongent leur cohésion sociale. La cause en est identifiée dans ce qui précède : elle réside dans le formidable déséquilibre des échanges commerciaux mondiaux, qui tient aux politiques de protectionnisme monétaire mises en œuvre par la Chine pour l'essentiel.

Face à ce déséquilibre, qui ne date pas d'aujourd'hui, deux attitudes sont possibles pour les Etats-Unis et les autres pays victimes comme eux de ces pratiques protectionnistes : faire front, refuser un commerce international « à sens unique » et prendre des décisions susceptibles de rétablir alors l'équilibre des échanges[255], ou bien, au contraire, continuer à subir des

---

[254] La Chine n'est pas un « vrai » pays émergent en ce sens qu'elle maîtrise désormais les technologies les plus élaborées : c'est un pays qui a déjà émergé.

[255] Les « décisions » auxquelles on songe ici ne sont pas des « vœux pieux » du type « accroître la compétitivité de nos entreprises » ou bien « créer des pôles de compétitivité » qui, remarquons-le au passage, procèdent d'une « logique de l'offre », mais des décisions concrètes visant à s'opposer effectivement au protectionnisme de change de la Chine et à rétablir l'équilibre des échanges.

déficits extérieurs répétés, et hypothéquer alors gravement l'avenir, du fait des expédients mis en œuvre pour gérer les conséquences de ces déficits.

1. L'Aveuglement des pays développés

C'est la seconde voie qui a été suivie jusqu'à aujourd'hui ; elle consiste à ne pas voir ce qui, pourtant, est de plus en plus visible : même si Cassandre a raison, on ne l'écoute pas !

On comprend bien que le taux de change actuel de la Chine sert les intérêts du premier distributeur du monde, Wal-Mart, qui s'approvisionne très largement dans ce pays. De la même façon, on comprend l'intérêt que les industriels occidentaux tirent de leurs opérations de sous-traitance en Chine. On comprend aussi que les analystes des grandes firmes qui produisent des biens d'équipement susceptibles d'être exportés en Chine ne disent pas un mot qui pourrait nuire à la conclusion de futurs contrats.

Comment expliquer, au-delà de ces firmes, ce silence des « experts » sur la Chine et sur le traficotage des statistiques utilisées pour décrire son économie ? Cela fait penser, toutes choses égales par ailleurs, à la complaisance dont faisaient preuve les élites européennes vis-à-vis du régime tsariste au temps de Nicolas Ier, qui fut dénoncée en son temps par Jules Michelet[256].

Le déni de la réalité met en œuvre parfois des méthodes sophistiquées ; la croissance du produit intérieur brut est très faible : qu'à cela ne tienne, à la suite de Joseph Stiglitz,[257] on va utiliser d'autres indicateurs qui prendront enfin en compte « l'individu », le développement durable, l'environnement ! De la sorte, nul ne doute que la situation des pays occidentaux puisse apparaître comme bien meilleure que ne le laisseraient supposer les données relatives aux PIB[258] ; cela évitera surtout de parler de ce qui pourrait fâcher : du commerce extérieur, du taux de change de la monnaie chinoise.

En focalisant l'attention sur des questions qui touchent à l'environnement et au développement durable, on fait en sorte de ne pas prêter attention, non seulement à la gravité des déséquilibres commerciaux du monde mais aussi et surtout à la nature même du projet fondamentalement impérialiste dont la Chine est porteuse.

---

[256] Jules Michelet, *Légendes démocratiques du Nord*.
[257] Joseph Stiglitz, prix Nobel d'économie, ancien chef économiste de la Banque mondiale, a été conseiller du Gouvernement Chinois, de M. Clinton et aujourd'hui de M. Sarkozy.
[258] En septembre 2009, quelques jours avant le sommet du G20 à Pittsburg, la « Commission Stiglitz » propose de prendre en compte de nouveaux indicateurs statistiques; immédiatement, le Président Sarkozy déclare que « la France se battra pour que toutes les organisations internationales modifient leurs systèmes statistiques »; des membres du Gouvernement Français, se réjouissent: « il faut penser l'après-PIB » dit l'un, alors qu'un autre déclare très sérieusement : « c'est la première fois qu'on dit que les chiffres mentent ».

Cela ressemble un peu à la « politique d'apaisement » des démocraties française et anglaise de la fin des années 1930 face aux violations de plus en plus fréquentes de l'ordre international par les puissances totalitaires impérialistes qu'étaient l'Allemagne, l'Italie et le Japon. La convergence, dans les années 1990 et le début des années 2000, entre l'oligarchie américaine des affaires et une partie de la mouvance politique du parti démocrate, celle liée au couple Clinton par exemple, rappelle par certains côtés la convergence, dans la France de 1938, entre une droite affairiste, celle, pour faire image, du Comité des forges et des « deux cents familles », pour laquelle « mieux [valait] Hitler que Staline », et une partie de la gauche portant les idées « pacifistes ». Les thèmes écologiques et du développement durable d'aujourd'hui jouent une fonction analogue au pacifisme de jadis ; cette fonction porte un nom : le renoncement.

On peut se demander pourquoi cet aveuglement reste si répandu, malgré de nombreux indicateurs statistiques qui rendent compte d'une dynamique économique et sociale très angoissante dans les pays développés. De quoi résulte-t-il ? Pourquoi Tim Geithner, le secrétaire d'État américain au Trésor, qui avait déclaré peu de temps après l'élection de M. Obama que la Chine manipulait son taux de change, a-t-il été désavoué ? Pourquoi les pays occidentaux acceptent-ils de ne pas inscrire la question du taux de change de la Chine à l'ordre du jour des différents sommets, notamment du G20 ?

Une première réponse à cette question est évidente : la Chine conditionne sa participation à ce genre de réunion à l'exclusion du taux de change de l'ordre du jour à laquelle les dirigeants occidentaux se résignent, considérant que la coopération de la Chine est primordiale et indispensable, même s'ils reconnaissent parfois que ce partenaire économique est peu commode.

Mais pourquoi donc ces dirigeants s'obstinent-ils à croire que la Chine joue un jeu coopératif alors que de très nombreux faits montrent qu'il n'en est rien ? Ces faits montrent que l'oligarchie chinoise des affaires et du Parti poursuit un objectif de puissance auquel sont assujetties les décisions économiques qui sont les siennes : il s'agit pour elle de donner à la Chine les moyens d'exercer à terme l'hégémonie mondiale et d'affaiblir pour cela les Etats-Unis et leurs alliés. Jusqu'à présent, ceux-ci ne veulent pas le voir, ne veulent pas le croire.

2. Une réalité virtuelle : le consensus des pays développés

Les milieux dirigeants de ces pays ont, petit à petit, élaboré un ensemble de représentations concernant la croissance, le commerce international, la finance, la crise, la Chine, qui constituent une croyance collective largement répandue et acceptée, un « consensus ». On peut résumer cela par les quatre points suivants :

1. Le commerce extérieur est bon pour tous les pays ; il ne faut surtout pas revenir au protectionnisme (dont on feint de croire qu'il n'existe pas, alors même que la Chine pratique un protectionnisme monétaire éhonté) ; la mondialisation est un fait acquis : tout retour en arrière serait mauvais pour notre niveau de vie mais, heureusement nous dit-on, une telle régression est impossible !

2. Certes, les déficits extérieurs sont préoccupants mais les pays développés, en se mobilisant, en développant des innovations, peuvent gagner la bataille de la compétitivité et rétablir les équilibres commerciaux ; il faut toutefois pour cela faire des économies sur notre train de vie et, surtout, sur celui de l'Etat !

3. La Chine est une puissance comme les autres ; mieux même : elle est pacifique et pleine de vertus économiques, même si son organisation sociale est un peu éloignée des critères qui sont habituellement les nôtres ; elle épargne beaucoup et, grâce à cela, connaît une croissance économique forte. Enfin, c'est une puissance « responsable » qui ne vit pas au-dessus de ses moyens...

4. Elle est même tellement « responsable » que, grâce à ses crédits extérieurs d'une part, à sa relance intérieure d'autre part, elle va « sauver le monde » en lui permettant de sortir de la crise !

On a déjà vu précédemment que les idées à la base de ce consensus reposent sur un ensemble de croyances complètement fausses car :

1. Le commerce international, dans ses modalités actuelles, est ruineux pour l'Europe et les Etats-Unis ;

2. Sa poursuite, dans les conditions actuelles, accélérera nécessairement la désindustrialisation ; les innovations et les gains de productivité, malgré tous les efforts publics et privés qui pourraient être consentis, ne seront jamais en mesure de contrebalancer ce mouvement. De ce fait, le chômage s'aggravera encore ;

3. La Chine n'est pas une puissance capitaliste comme une autre : c'est une puissance capitaliste totalitaire ayant un objectif de domination du monde[259];

4. Elle ne se sent d'ailleurs aucunement responsable du devenir de celui-ci : elle ne cherche nullement à aider les Etats-Unis mais bien plutôt à précipiter leur chute, sur le plan économique d'abord, puis sur le plan politique, diplomatique et militaire ; son épargne forte s'articule avec la sous-évaluation du yuan ; elle n'est nullement une

---

[259] Un indice très clair de cette volonté d'hégémonie mondiale est constitué par la stratégie d'expansion territoriale qui commence à être mise en œuvre par la Chine: migrations forcées de populations (une tradition historique Chinoise) à « l'intérieur » (Tibet, Sinkiang), diaspora chinoise organisée dans certains pays (Mongolie, Kazakhstan, Russie), cartes géographiques chinoises faisant apparaître la Mongolie et une grande partie de la Sibérie et de l'extrême Orient Russe comme partie intégrante de la Chine.

« vertu » mais bien plutôt un élément indispensable dans sa stratégie de guerre économique.

Les croyances qui constituent cette « pensée unique » sont tellement contraires à la réalité mise en lumière précédemment qu'on aurait pu croire que, la crise aidant, allait se produire une sorte de « basculement » dans les représentations, le passage d'un paradigme à un autre. Cela n'a toujours pas eu lieu : il faut donc prendre acte de la solidité de cette « pensée unique ».

Certes, les porteurs de mauvaises nouvelles sont rarement appréciés : on préfère l'image rassurante de la « mondialisation heureuse » dans laquelle nos soucis ne sont que passagers pourvu que nous fassions un effort pour nous adapter ! Toutefois, la désindustrialisation et la montée du chômage à des niveaux toujours plus élevés devraient donner à réfléchir à nos dirigeants et bousculer quelque peu leurs croyances « optimistes ». Pourtant l'édifice que constituent celles-ci résiste et se maintient : à l'évidence, il y a des intérêts économiques puissants, au sein des économies développées, qui produisent et reproduisent ces croyances. On a parlé de la grande distribution et des grandes firmes industrielles, on a parlé aussi de la bourse et de la finance : retenons que c'est le monde de la finance, pris dans un sens très large, qui tout à la fois détermine cet « aveuglement » et les politiques qui sont mises en œuvre.

3. La prudence des firmes et des Gouvernements face au totalitarisme chinois

Les firmes occidentales qui font des affaires avec la Chine, qu'elles vendent à la Chine ou qu'elles y achètent, qu'elles y produisent directement ou qu'elles y sous-traitent des productions, sont extrêmement prudentes car elles savent bien que des représailles fortes et rapides pourraient compromettre leurs activités.

On sait par exemple que la Chine produit approximativement 80% des jouets du monde ; le principal importateur américain de jouets chinois eut la malencontreuse idée de critiquer la qualité des marchandises livrées par les PME chinoises avec lesquelles il était en affaire : il dût alors, face à une cessation de ses approvisionnements, faire des excuses publiques et, très probablement, consentir à des suppléments de prix d'achat substantiels pour « réparer » le tort fait à ces pauvres producteurs de la région de Canton !

En 2008, la France recevait le Dalaï-lama, et Paris fut le théâtre de manifestations en faveur du Tibet au moment de passage de la flamme Olympique ; immédiatement après, une grande émotion s'empara de la population chinoise, des manifestations « spontanées » eurent lieu dans le pays pour protester contre cette « campagne antichinoise » ; les ventes de billets d'avion et de réservations d'hôtels pour la France ont chuté de moitié sans qu'il y ait eu, bien entendu, la moindre directive ; de même, les magasins Carrefour de Chine ont vu leur chiffre d'affaire diminuer sensiblement alors que, par ailleurs, les dossiers pour de nouveaux investissements français (des « IDE ») tombaient mystérieusement en panne. Les intérêts français en Chine étaient touchés : c'était là une « leçon » non seulement pour la France mais aussi pour les autres nations occidentales[260].

Plus près de nous, peu après l'élection de M. Obama, la déclaration du secrétaire au Trésor américain, Tim Geithner, indiquant que la Chine manipulait son taux de change qui était très largement sous-évalué, a suscité l'ire des autorités chinoises. Immédiatement, le vice-président américain l'a désavoué : il se serait « mal exprimé » ! A l'évidence, le taux de change de la Chine est un sujet tabou qu'il vaut mieux ne pas aborder !

Encore plus près de nous, après la reprise annoncée du géant minier australien Rio Tinto par le chinois Chinalco, la soudaine volte-face (avec le paiement d'une indemnité de un milliard de dollars pour le dédit) de Rio Tinto provoqua une grande irritation en Chine ; immédiatement, les quatre dirigeants de Rio Tinto en poste à Shanghaï furent jetés en prison sous l'accusation d'espionnage économique, puis jugés au cours d'un procès où ils plaidèrent « coupables », espérant sans doute la clémence du tribunal, et au terme duquel ils écopèrent de quatorze ans de prison[261] !

A travers ces différentes affaires, on perçoit l'énorme puissance de la Chine en tant qu'un ensemble qui réagit comme un bloc à toute stimulation externe, économique ou politique. La Chine est non seulement puissante parce qu'elle est grande et qu'elle « pèse » 20 % du PIB mondial : elle est aussi puissante du fait de son organisation totalitaire.

Dans ces conditions, les grandes firmes internationales sont extrêmement prudentes dans leurs actes et dans leurs déclarations vis-à-vis de la Chine. Il en va de même des banques qui leur sont associées. Peut-on envisager que le service économique d'une grande banque occidentale présente une analyse du genre de la nôtre au terme de laquelle il apparaîtrait que la Chine est, en quelque sorte, le « fauteur de crise » ? Même si une telle banque n'avait pas d'intérêts directs en Chine, le gouvernement chinois répliquerait en sanctionnant les principaux clients industriels et commerciaux de celle-ci qui, sachant cela, quitteraient le navire pour échapper à de telles sanctions ; la banque, qui n'a aucun avantage à perdre de gros clients, va donc proposer et diffuser des analyses qui ne risquent pas d'indisposer le géant chinois. De proche en proche, on voit que tous les milieux d'affaires des pays avancés ont intérêt à ne pas indisposer la Chine.

---

[260] De même que, pour l'affaire des jouets, une « repentance » allait être nécessaire : M. Raffarin était alors chargé de cette besogne.
[261] Cela fait penser aux tristement célèbre procès de Moscou des années 1930.

4. Le lobby chinois

Le volume du commerce extérieur chinois est énorme ; les firmes des pays développés font des achats en Chine dont l'importance est considérable pour leurs profits ; il en va de même pour les exportations vers la Chine, puisque celle-ci représente souvent une part très importante du marché mondial.

Outre le fait que la Chine sait parfaitement jouer sur les rivalités entre l'Europe, les Etats-Unis et le Japon, elle peut à une échelle plus fine, jouer sur les rivalités entre pays et entreprises européennes. Les heureux élus du business avec la Chine doivent toutefois passer par certains canaux. Un industriel qui désire développer des affaires avec la Chine doit faire appel à un « consultant » bien introduit en Chine, ayant de bonnes connexions, beaucoup d'amis haut placés dans le Parti, l'appareil d'État, le monde des affaires et de la finance ; des connexions avec l'oligarchie. Ces consultants ne sont pas les premiers venus : s'ils ont des connexions à très haut niveau en Chine, c'est qu'eux-mêmes sont très importants dans leur pays.

Ils utilisent la notoriété qui est la leur pour diffuser dans leurs pays respectifs une image positive et rassurante de la Chine : un pays paisible, non agressif, travailleur, sérieux ; certes, disent-ils, les chinois n'ont pas les mêmes conceptions politiques que les nôtres (on évite de rappeler que le Parti Communiste y exerce une dictature) mais leur civilisation est tellement différente de la nôtre, il ne faut pas tomber dans le travers de l'ethnocentrisme, il faut comprendre plutôt que stigmatiser ! On ajoute encore, pour faire bonne mesure, combien sont impressionnants les progrès réalisés en seulement quelques décennies, notamment grâce à l'ordre, la paix sociale, l'absence de grèves !

Ces consultants sont reconnus par le gouvernement chinois comme des « amis de la Chine » et, en effet, en toutes circonstances, ils en disent du bien, de sa politique comme de ses dirigeants. Ainsi, le lendemain même du massacre de la Place Tiananmen, Henry Kissinger qui était à cette époque l'un des piliers du « lobby chinois » aux Etats-Unis, décrit-il Deng Xiaoping comme « one of the great reformers in Chinese history (...) who choose a more humane and less chaotic course for China » : on ne peut pas mieux dire ! Un autre ancien secrétaire d'état américain joua un rôle important dans le lobby chinois, Alexander Haig ; plus près de nous, en France, c'est un ancien premier ministre, J.-P. Raffarin, qui est le spécialiste des missions informelles avec la Chine.

Les grandes entreprises qui désirent traiter avec la Chine font ainsi appel à de tels conseillers, qu'elles rémunèrent : selon l'importance des affaires à traiter, ceux-ci auront des contacts avec le maire d'une grande ville, avec un ministre ou même un vice-premier-ministre ; ils s'arrangent alors toujours pour faire dans les médias des déclarations favorables à la Chine. C'est là une condition, certes non formulée mais bien réelle, du succès de leur mission, et donc de la conclusion d'accords économiques avec la Chine. De nombreuses entreprises et, surtout, de très puissantes entreprises, font partie du lobby chinois, en Europe comme en Amérique. Leurs dirigeants peuvent parfois rencontrer de hauts dirigeants chinois : ainsi Bill Gates est-il reçu par Jiang Zemin en avril 1994. Le lobby est constitué, non seulement par des entreprises et des « conseillers », mais aussi par des intellectuels, des universitaires, et surtout des organisations qui fédèrent les entreprises et les constituent en groupes de pression puissants. De telles organisations, telle que *The United-States China Business Council*, diffusent des « informations » et des analyses mettant en valeur l'intérêt partagé des relations économiques avec la Chine et l'absence de danger de ces relations ; ainsi trouve-t-on des argumentaires minimisant l'importance du déficit commercial entre Chine et Etats-Unis : il y a des « erreurs statistiques », dit-on, et de toutes façons, ce déficit va se résorber avec l'accroissement des revenus et de la consommation en Chine... ce que les faits démentent régulièrement !

Évidemment, le lobby chinois et ses organisations sont très attachés à la liberté : celle du commerce bien sûr ! On décrit ceux qui parlent du commerce déloyal de la Chine, de son taux de change sous-évalué, de ses protections non tarifaires comme des esprits « doctrinaires » et passéistes qui ne souhaitent, en somme, que le retour du protectionnisme ! Mieux même, on ajoute perfidement parfois, qu'en Occident aussi on développe des pratiques commerciales déloyales...

Et puis, il y a les journalistes, artistes, intellectuels, écrivains, cinéastes, universitaires auxquels on donne un statut d'« amis » de la Chine ; ils écrivent des articles ou des livres, font des déclarations, des conférences, des films sur la Chine ; on facilite pour cela l'obtention de leurs visas, leurs déplacements à l'intérieur du pays, les contacts avec des officiels Chinois. Bien qu'il n'y ait pas de condition explicite à ce statut d'ami et aux facilités auxquelles il donne lieu, il est nécessaire que les écrits, les conférences, les films de ces amis soient « amicaux », c'est-à-dire conformes à ce qu'attendent les responsables Chinois[262]. Il s'agit, en quelque sorte, d'une instrumentalisation à des fins de propagande qui n'est pas sans rappeler ce qu'étaient jadis les méthodes de l'Union soviétique.

Dans certains cas ces « amis » peuvent avoir un statut de « conseiller » du Gouvernement chinois ou d'une institution importante comme la Banque centrale de Chine ; de tels conseillers sont utilisés bien davantage pour les écrits et déclarations favorables à la Chine qu'ils font dans leurs pays respectifs que pour les conseils qu'ils donnent, aussi éclairés soient-ils.

---

[262] Si les écrits, conférences, films, etc., ne sont pas conformes aux attentes, la personne concernée perd son statut d'ami et, généralement, la possibilité d'obtenir un visa d'entrée sur le territoire chinois; en quelque sorte, l'« amitié » a été trahie...

Ces conseillers reçoivent alors non seulement la gratification usuelle des amis de la Chine qui est constituée par le capital relationnel et symbolique que ceux-ci peuvent ainsi acquérir, mais, de plus, une gratification monétaire[263]. Ces conseillers sont souvent des économistes des grands pays développés avec lesquels la Chine commerce : Etats-Unis, Grande-Bretagne, Allemagne, Japon, France... Certains d'entre eux ont, comme J. Stiglitz, obtenu le prix Nobel, d'autres pas ; toutefois, les uns et les autres sont choisis en raison de leur forte production éditoriale, notamment lorsqu'il s'agit d'analyses concernant l'économie mondiale, la finance internationale, le commerce international, la politique économique ; ils sont choisis aussi, de façon plus large, en raison du « rayonnement » qu'ils peuvent avoir dans les médias et de leurs connexions avec les milieux dirigeants des entreprises, de la finance, de l'Etat.

On l'a dit, le lobby chinois comprend des organisations, des dirigeants d'entreprises, des intellectuels, des politiques ; il est très développé aux Etats-Unis mais il ne l'est pas moins, toutes choses égales par ailleurs dans un pays comme la France. Dans le lobby chinois de ce pays on trouve de grands patrons de l'industrie et de la finance, de nombreux économistes, des hommes politiques comme l'ancien premier ministre Raffarin, et aussi, une originalité française, un parti politique qui a noué en 2009[264] des liens de « confiance réciproque » avec le Parti Communiste chinois et que n'est rien moins que le principal parti de droite, au pouvoir actuellement, l'UMP ; le texte signé fait référence au « respect mutuel et de non-ingérence dans les affaires intérieures d'autrui » et constitue donc un engagement implicite de ce parti à ne plus parler du Tibet : une bonne opération pour le PCC !

Les idées et analyses que, d'une façon générale, doivent diffuser les membres d'un lobby chinois doivent être en accord avec le « main stream » de la pensée l'économique et avec les attentes des dirigeants chinois ; on peut citer les thèmes suivants :
    – le libre échange ne doit pas être remis en cause : le retour du protectionnisme serait synonyme de régression sociale et d'appauvrissement, surtout en Occident ;

---

[263] Staline invitait des « intellectuels » en Russie de telle sorte que ceux-ci puissent nouer des liens avec leurs collègues Soviétiques et répandre ensuite, en Occident, des opinions et analyses favorables à l'Union Soviétique. Dans les années précédant la guerre, Hitler et Mussolini allaient plus loin en faisant payer des journalistes importants des pays démocratiques, Grande Bretagne et France principalement, afin que ceux-ci produisent des articles favorables à l'Allemagne nazie ou à l'Italie fasciste. Les « conseillers » actuels de la Chine ont un rôle analogue à celui de ces journalistes.

[264] Le 22 octobre 2009, M. Xavier Bertrand, à la tête d'une délégation de l'UMP, a signé en Chine une déclaration commune avec le PCC qui précise notamment : « Les deux parties sont d'avis que, sur la base des principes d'indépendance et d'autonomie, d'égalité complète, de respect mutuel et de non-ingérence dans les affaires intérieures d'autrui, le PCC et l'UMP développeront activement des échanges afin d'améliorer la connaissance mutuelle, élargir le consensus, renforcer la confiance réciproque, etc. »

- la Chine est un pays pauvre, en transition, aux prises à de grandes difficultés : elle ne peut donc pas libéraliser rapidement ses échanges extérieurs, notamment les flux de capitaux et sa finance ;
- la fixation de son taux de change est un élément de l'exercice de sa souveraineté ;
- ce taux de change est un peu sous-évalué... mais pas beaucoup, et cela va s'estomper dans l'avenir ;
- il ne faut pas « brusquer les choses » : affronter la Chine sur la question de son taux de change serait contre-productif, il faut au contraire savoir être patient de façon à ce que les évolutions qui doivent se faire puissent se faire effectivement[265] ;
- la crise économique en cours est une crise américaine pour l'essentiel : les Etats-Unis ont beaucoup trop fait appel à l'endettement, leur épargne était notablement insuffisante ;
- enfin, cerise sur le gâteau pourrions-nous dire, la Chine joue un rôle stabilisateur par ses crédits au monde (spécialement au Trésor américain) et par sa relance intérieure qui va sauver le monde de la crise !

Ces idées qui sont généralement présentées avec un certain talent sont en complète contradiction avec les thèses que nous développons par ailleurs. Pour nous, est-il besoin de le rappeler, les bas salaires chinois combinés à un taux de change largement sous-évalué conduisent à une perte de compétitivité pour de nombreuses productions des pays développés et à un déséquilibre commercial persistant en leur défaveur. La nécessité de compenser ce déséquilibre par un recours excessif à l'endettement a conduit à la crise. Ce n'est pas le problème insoluble de la poule et de l'œuf : il y a une cause première à la crise, et cette cause se trouve en Asie. Il y a aussi, c'est vrai, l'étrange passivité des pays occidentaux face à l'agression mercantiliste qui trouve son origine dans le fait que de nombreuses grandes entreprises de ces pays y trouvent leur compte. Les crédits *subprime*, la prise de risque du système financier américain dans son ensemble, doivent être mis à leur juste place : celle d'une cause déclenchante, pas plus. Toutefois une question demeure : pourquoi le « consensus des économistes » est-il à ce point conforme aux idées du lobby chinois ? La réponse passe par la finance.

---

[265] Sur le thème de la parité du renminbi dont il ne faut pas parler car « Ce n'est pas un très bon dossier » (P. Artus), on consultera éventuellement l'ouvrage *La Chine* édité aux PUF (2008) (*Les Cahiers du Cercle des économistes*) sous la direction de P. Artus, notamment les articles :
- de P. Artus : *L'objectif central de politique économique de la Chine: croître le plus vite possible* (pages 19 à 26).
- de M. Aglietta : *La rivalité monétaire sino-américaine et le régime de change de la Chine* (pages 35 à 54) qui constitue un vrai morceau d'anthologie.

5. La finance et le lobby chinois

Le déséquilibre commercial considérable des pays occidentaux, spécialement des Etats-Unis, s'est accompagné, pour les grandes firmes industrielles cotées en bourse, de la possibilité de réaliser des taux de profits remarquables, de l'ordre de 15 %, grâce à leurs activités asiatiques. La nécessité pour les États d'assurer une croissance minimum malgré le déficit commercial a conduit à la mise en place de politiques de stimulation de l'endettement domestique et, par conséquent, à un essor, remarquable lui aussi, du secteur de la banque et de la finance ainsi que de celui des services immobiliers ; ces secteurs représentent aux Etats-Unis, plus de 20 % de la valeur ajoutée du pays.

Les « innovations financières » de toutes sortes, avec les taux d'intérêt très bas, permirent tout à la fois l'essor de la finance et, surtout, l'essor de ses profits (les fameux « 15 % ») ainsi que celui des rémunérations d'une partie des personnels qu'il employait. Les économistes, jeunes ou vieux, étaient parfaitement ravis de la place ainsi prise par le secteur de la finance, aussi bien pour l'importance de ses débouchés que pour le niveau de ses gratifications. Fournir des emplois très bien rémunérés : voilà un stimulant puissant pour la production de représentations économiques dans lesquelles la finance, telle la statue de la liberté à New-York, éclaire le monde ! On entend ainsi des professeurs de nos grandes écoles de commerce déclarer doctement à la radio ou à la télévision que les agents économiques, qui sont « aveugles », peuvent faire des choix économiques efficaces grâce à la finance qui les éclaire ! Bref, les marchés sont « efficients »[266].

Il faut bien voir que le secteur de finance jouit de nos jours d'une reconnaissance sociale exceptionnelle dans les pays occidentaux : il est censé avoir une utilité « indiscutable » pour la croissance. En effet, on a vu que dans l'explication usuelle qui est donnée de celle-ci (par l'OCDE par exemple) et avec laquelle nous sommes en désaccord[267], le taux de croissance résultait d'une moyenne des taux de croissance de la dépense intérieure et du solde du commerce extérieur respectivement pondérés par la place de ces agrégats dans le PIB, de sorte que le commerce extérieur y apparait comme ayant toujours une importance négligeable ; la croissance dit-on aux Etats-Unis, en France, en Angleterre, est « tirée » par la dépense intérieure, donc par ce qui la stimule, le crédit, donc par le système de la banque et de la finance ; et cette dernière assertion est vraie ! Même si cette représentation occulte la véritable place du commerce extérieur, les pays qui

---

[266] A la fin du mois de septembre 2009, le Président Sarkozy déclarait devant la presse : « si les marchés étaient efficients, cela se verrait ! ». Cette phrase aurait pu être l'indice d'un revirement dans les représentations économiques des milieux dirigeants en France : ce ne fut pas le cas.
[267] cf. sur ce point ce qui est dit au chapitre 3.

connaissent un déficit ressentent néanmoins le besoin, pour compenser le handicap que ce déficit constitue, de développer l'endettement à outrance, ce qui s'exprime par le gonflement des effectifs de leur système financier et bancaire.

Voilà donc un secteur d'activité, la finance, reconnu comme socialement très utile, qui distribue de bons salaires et absorbe de fait, les meilleurs diplômés des filières économiques des établissements d'enseignement supérieur ; ces heureux élus ne vont tout de même pas développer des modèles de pensée susceptibles de remettre en question ce qui leur assure une vie confortable, alors même qu'ils ont à leur disposition tous les outils « théoriques » nécessaires à la légitimation de leurs fonctions ! Ces outils, l'efficience des marchés, ainsi que le faible impact supposé du commerce extérieur sur la croissance justifient amplement la croissance du secteur de la finance, et par conséquent son hypertrophie...

Si on s'intéresse maintenant non plus aux individus mais aux entreprises du secteur de la finance, on doit s'interroger sur l'origine de leur prospérité qui leur confère une si grande place au sein des activités économiques. Une bonne partie de leurs bénéfices leur vient des bonnes affaires que réalisent en Asie, principalement en Chine, leurs clients importants que sont les grandes entreprises industrielles ; de ce fait, il ne saurait être question de mettre en cause les modalités du commerce international, notamment les taux de change, puisque ce sont ces éléments mêmes qui permettent la réussite de ces clients. Leur prospérité tient aussi à la très forte stimulation de la dépense intérieure qu'elles permettent par le développement du crédit et qui est nécessitée par l'existence de forts déficits extérieurs. Bref, le secteur de la banque et de la finance profite « par les deux bouts » du mode de fonctionnement actuel de l'économie occidentale qu'il contribue à reproduire dans le temps bien qu'il ait abouti à la crise que nous subissons.

6. L'aveuglement du monde académique

Et les « experts » ? Les économistes des organisations internationales, ceux qui conseillent les gouvernements, enfin les universitaires réputés très « indépendants », dévoués qu'ils sont à la qualité de la « science » ? Ce petit milieu est, dans une large mesure, structuré par le monde de la finance[268] : celui-ci offre en effet des débouchés de qualité aux meilleurs diplômés des universités en même temps que des opportunités de *consulting*, ou même d'emploi, pour certains universitaires. Il en résulte une influence notable de ce secteur de la finance sur les experts s'exprimant notamment par une

---

[268] Le « monde de la finance » est pris ici dans une acception large : les banques et établissements financiers mais aussi les banques centrales et certaines organisations internationales.

certaine « normalisation » des recherches et des représentations économiques caractéristiques du consensus dont il a été question précédemment.

Ceux qui contrôlent les professions académiques exercent eux-mêmes très souvent une activité de conseil, auprès d'organismes d'État, de grandes firmes, de banques. Cette reconnaissance externe, en même temps que celle des médias, est importante pour eux, pécuniairement, et plus encore symboliquement : elle constitue une sorte de couronnement. Plus soucieux de leur carrière que de la « Science » et, bien qu'ils s'en défendent, pas très regardant sur la qualité de leur déontologie, ils produisent de la « connaissance » bien en rapport avec les attentes des organisations[269] dont ils sont les conseils. Comme ils contrôlent le monde académique, notamment les revues scientifiques dont il est doté et les recrutements, les productions de ce milieu académique ne sauraient contredire les analyses « scientifiques » qui sont les leurs et qu'ils diffusent largement. Dans leur activité de « verrouillage » de ce milieu, leur credo pourrait être : si vous voulez faire carrière, faites de la science, des modèles ésotériques, tout ce que vous voudrez, mais ne touchez pas au « consensus » des économistes, notamment au dogme du « non retour au protectionnisme » ![270]

A cet égard, l'organisation du Congrès mondial des économistes à San-Francisco début janvier 2009 est très révélatrice : on pouvait y entendre, dans la salle principale, des communications sur « la crise » (qui, comme chacun sait, est une crise « américaine ») et, en parallèle, au même moment, dans une autre salle, un atelier sur « l'économie de la Chine ». Avec un tel dispositif, aucun danger de voir apparaitre des communications sur « la Chine et la crise » ! Ce fut par conséquent un congrès « politiquement correct » de ce point de vue... Tout comme ne pouvaient manquer de l'être les « Rencontres d'Aix » organisées par le Cercle des économistes[271].

Les nécessités du moment conduisent les économistes du « main stream » à développer leurs tendances schizophréniques ; ils acceptèrent en effet sans broncher, en 2008 et 2009, les politiques de soutien de la demande par des facilités étonnantes faites aux secteurs de la finance, y compris la création monétaire par du « quantitative easing » dans le cas des Etats-Unis et de la Grande-Bretagne, caractéristiques d'une sorte d'hyper keynésianisme qui

---

[269] Dans certains cas, cela vaut aussi bien aux États-Unis qu'en Europe ; l'État chinois intervient directement en faisant appel à des experts qu'il rémunère ; le cas le plus connu est celui de Joseph Stiglitz, mais il y a en a bien d'autres. A certains égards, cela rappelle les années 1930 au cours desquelles certains journalistes français recevaient de l'argent de l'Allemagne nazie ou de l'Italie fasciste pour produire des articles favorables à ces pays.

[270] Olivier Pastré, *Gouvernance : attention à la menace protectionniste*, Enjeux-Les Échos, juillet 2009.

[271] « Comme tous les ans, Enjeux s'est associé à cette manifestation ensoleillée, musicale (concomitante avec le Festival d'Aix), qui marie le monde académique et le monde de l'économie réelle, celui des entreprises et des institutions (...). Aix a ses fidèles, comme Christine Lagarde, Jean-Claude Trichet, Pascal Lamy, une très longue liste de PDG... », *Enjeux-Les Echos*, juillet 2009.

devrait révulser ces beaux esprits dont la vision de l'économie est centrée sur l'Offre. La crise des finances publiques et les mesures de restrictions des dépenses pour y faire face qui commencent à être mises en place en 2010 leur permettent sans doute de retrouver leurs croyances usuelles. Leur « grand écart » théorique continue toutefois à s'exprimer à propos du commerce mondial ; alors qu'ils acceptent le mode de présentation de la croissance par une somme pondérée des taux de croissance de la dépense intérieure et du solde extérieur, ce qui revient à négliger celui-ci, ils défendent par ailleurs bec et ongle le libre-échange, la mondialisation contre tout « retour au protectionnisme », ce qui est la preuve qu'ils attachent malgré tout de l'importance au commerce extérieur.

En tout état de cause, ils apportent leur modeste contribution à l'entreprise de consolidation du consensus des pays développés pour alerter l'opinion publique des dangers d'un possible « retour du protectionnisme », pour éviter de parler du taux de change de la Chine comme d'un problème central, pour orienter au contraire les discours sur de fausses pistes comme les nouvelles technologies ou l'environnement[272].

7. La passivité des Etats débouche sur l'aventurisme

Le terme de « passivité » peut sembler peu approprié pour parler des États développés, à la fin de 2010. En effet, on peut constater que leur attitude est souvent interventionniste. Ils ne se montrent donc pas « passifs » mais actifs. Leur activité consiste à se résigner au rôle que leur assignent les pays mercantilistes, principalement la Chine.

Une voie possible, la seule qui soit viable, serait de refuser tout net le déséquilibre actuel des échanges mondiaux : ils obligeraient les pays qui manipulent leur taux de change (sous-évalué) à cesser ce genre de pratiques et, s'ils s'y refusaient, à les punir par des mesures concertées de protection en sorte d'assurer cet équilibre.

Au lieu de cela, la voie qui a été choisie jusqu'à maintenant a été celle de l'endettement ; après un endettement excessif des ménages ou des entreprises, on est passé à un endettement, excessif lui aussi, des Etats souverains. On ne peut pas continuer indéfiniment dans cette voie, quoiqu'en dise James Kenneth Galbraith[273], et comme le montrent les politiques de désendettement que mettent en place aujourd'hui les Etats européens.

---

[272] Il s'agit de fausses pistes (et non de faux problèmes), en ce sens que des mesures prises dans ces domaines ne pourront pas constituer de véritables solutions pour rétablir l'équilibre du commerce mondial.

[273] A la question de savoir si la « Fed » peut continuer à monétiser la dette, J.K. Galbraith répond : « Tout à fait : la banqueroute est une solution au surendettement des parties privées, qui n'a aucune application aux affaires de l'Etat. Et si les étrangers ne voulaient plus détenir la dette américaine, ce serait une question de dévaluation du dollar et – un peu – d'inflation intérieure, mais pas de financement de l'Etat. » (journal *Le Monde*, 13 octobre 2009).

On l'a dit, les Etats-Unis ont eu une politique de fuite en avant qui s'appuyait sur un large consensus ; leurs grandes entreprises étaient prospères et déclaraient qu'il fallait continuer à développer le commerce mondial et que le taux de change de la Chine n'était pas un problème ; les banques assuraient que leurs clients, spécialement les grandes entreprises, étaient satisfaits, qu'il fallait continuer à développer le crédit, que la situation économique était saine ; le Trésor américain, qui plaçait ses bons auprès de fonds chinois à des taux faibles était très satisfait et ses experts considéraient la mondialisation comme une bonne chose, préconisaient le développement du crédit et des efforts en matière de compétitivité. Seuls, quelques sénateurs prétendaient, à l'inverse, que la situation n'était pas bonne, insistant sur la montée du chômage et la frénésie des délocalisations de productions en Chine[274] ; ils essayaient de se faire entendre mais on ne les écoutait pas : le monde quasi unanime des entreprises, de la finance et des experts avait bien plus de crédibilité !

On préférait et on préfère toujours au moins en Europe les discours lénifiants des oracles de la « mondialisation heureuse » disant que les difficultés seront surmontées grâce à une gestion sérieuse de nos finances et à une « politique de l'Offre » conséquente visant à faire baisser nos coûts de production par des baisses des salaires et par l'obtention de gains de productivité permis par les innovations industrielles résultant des efforts réalisés en matière de recherche-développement.

Face aux difficultés du présent, au mouvement de désindustrialisation amorcé depuis longtemps[275] dans les pays occidentaux, et à la puissance de négociation de la Chine qui permet à celle-ci d'acquérir une à une les principales technologies, comment peut-on imaginer un scenario de développement du monde dans lequel la Chine aurait pour tâche de produire les biens matériels pour le monde entier alors que l'Europe et l'Amérique seraient spécialisées dans l'immatériel et la recherche-développement ? Il faut le dire et le répéter : la « politique de l'Offre » ne peut pas marcher ; on aura beau mobiliser des crédits publics considérables pour financer la recherche-développement, stimuler les gains de productivité afin d'améliorer la compétitivité des entreprises, cela ne résoudra en rien le problème du chômage ; les innovations industrielles faites en Occident trouveront leurs applications en Asie ; dans un deuxième temps, même ces innovations seront faites là-bas : l'Inde et la Chine produisent annuellement bien plus d'ingénieurs que l'ensemble des pays développés !

---

[274] Ces « délocalisations » ne sont pas du tout nécessairement des transferts d'établissements ; le processus est plus insidieux et sur une échelle bien plus vaste : ce sont, tout simplement, les investissements nouveaux qui se font en Chine et non plus dans les établissements du pays d'origine.
[275] Ce mouvement de désindustrialisation est bien décrit, pour les États-Unis, par Emmanuel Todd dans son livre *Après l'Empire, essai sur la décomposition du système américain*.

Pour que le scénario de la division internationale du travail évoqué dans ce qui précède puisse marcher, il faudrait qu'au préalable soit cassée la dynamique actuelle de l'économie mondiale fondée sur le mercantilisme de la Chine et qui implique aujourd'hui la désindustrialisation et demain, de la même façon, le transfert des activités de recherche vers la Chine.

Le rôle qui serait alors dévolu aux pays occidentaux, dans un scenario beaucoup moins « optimiste » que ceux des économistes du *main stream*, serait de constituer un espace touristique et culturel ; c'était exactement le rôle prévu pour la France dans les projets géopolitiques de Hitler ! Cela induirait, certes, une forte croissance des emplois de garçons de café, mais surtout le déclin inexorable de l'emploi global et l'émigration forcée d'un nombre croissant de jeunes pour trouver un emploi, rémunéré sur la base du niveau des salaires des pays concernés : on ne manquera pas de se souvenir de « l'affaire Moulinex » en France ![276]

Dans le même ordre d'idée, la société « SEB » vient d'ouvrir un quatrième site industriel en Chine... Cela illustre le fait que, bien souvent, les établissements industriels voient leurs effectifs diminuer du fait que les investissements nouveaux sont effectués en Asie alors même que, précisément, les entreprises correspondantes sont de ce fait dans une situation florissante. Tel n'est pas le cas pour d'autres entreprises qui sont de plus en plus exsangues, victimes qu'elles sont de la concurrence impitoyable des pays mercantilistes, Chine en tête ; l'industrie automobile américaine en constitue un bon exemple[277].

Il y a ainsi en Amérique, mais aussi en Europe, une opposition de plus en plus évidente d'intérêts. On trouve, d'un côté, la majeure partie du monde du travail, les « classes moyennes », ainsi qu'une part croissante de celui des entreprises du fait de leur situation de plus en plus difficile, et, d'un autre côté, le monde de la finance et celui des grandes entreprises, ou même d'autres qui sont des PME, qui sont prospères et liées à l'oligarchie chinoise. Jusqu'en 2008, les politiques mises en œuvre par les Etats ont plutôt penché en faveur de cet ensemble qui, dans un univers de guerre économique, peut être identifié à une sorte d'« ennemi intérieur » sur lequel les dirigeants chinois savent pouvoir s'appuyer.

---

[276] Il faut rappeler à ce sujet que la fermeture des activités de Moulinex en France, au profit d'implantations situées en Asie du Sud-Est, donna lieu à une déclaration de la direction de cette entreprise particulièrement appréciée par les syndicats : en substance, « nous nous engageons, à reprendre en Malaisie tous les employés licenciés qui le souhaitent, dans les conditions salariales de ce pays ! ».

[277] Les firmes concurrentes sont, dans ce cas, coréennes ou japonaises ; leur concurrence est d'autant plus redoutable qu'elles peuvent faire appel largement, et ne s'en privent pas, à des sous-traitants chinois...

8. La peur

Il y aurait ainsi, pour certaines grandes firmes mondiales, un phénomène d'autonomisation croissante par rapport à la « maison-mère », par rapport au pays d'origine, illustrant ainsi le mot de Karl Marx « le capital n'a pas de patrie »[278], alors même que d'autres firmes, souvent plus petites et certainement bien plus nombreuses, restent attachées à leur substrat territorial et sociétal. Avec le poids croissant des classes moyennes, ces dernières devraient peser de plus en plus sur la politique des États : l'élection de B. Obama constitue de ce point de vue un indice important.

Face à des difficultés économiques et sociales de plus en plus profondes, les dirigeants des pays développés sauront-ils trouver le courage d'affronter la Chine ? Il convient ici de souligner un facteur de faiblesse spécifique des nations démocratiques. Celles-ci, précisément parce qu'elles sont « démocratiques » et que leurs dirigeants sont contraints à intervalles réguliers, de subir l'épreuve d'élections, sont relativement pusillanimes ; leurs gouvernants, qui cherchent à conserver leurs fonctions, ont tendance à privilégier les solutions de court terme, à chercher des « accommodements » comme jadis l'Angleterre et la France face à l'Allemagne nazie. A l'inverse, un pays totalitaire possède un avantage énorme[279] : ses dirigeants, n'ayant pas de soucis électoraux, peuvent mettre en œuvre une stratégie de long terme, et s'y tenir.

Or, une rupture vis-à-vis de la Chine conduirait inévitablement à des mesures de rétorsions et de représailles, à des événements imprévisibles, à des bouleversements plus ou moins importants ; une période pleine d'incertitudes s'ouvrirait alors, au cours de laquelle les marchés risqueraient fort de plonger parce qu'ils n'aiment pas l'incertitude. C'est pourtant la seule voie raisonnable à long terme. Cependant, on peut comprendre qu'un homme politique craigne de la prendre, compte tenu des implications à court terme que cela suppose.

La Chine fait peur à un grand nombre d'entreprises, à la classe politique, à la finance... Elle fait peur aussi au « petit épargnant ». En effet, une politique courageuse vis-à-vis de la Chine ne manquerait pas de provoquer une forte baisse des valeurs boursières !

---

[278] La délocalisation de la direction de la première banque du monde, HSBC, de Londres à Hong-Kong, annoncée à l'occasion du G20 de septembre 2009, illustre ce point de vue ; dans ce cas, le capital britannique a tellement pactisé avec le capital Chinois qu'il se retrouve probablement désormais minoritaire au sein du CA de l'entreprise.

[279] Nous nous inscrivons ici en faux contre les fadaises idéologiques que développent la plupart des organisations internationales (Banque mondiale, Fonds monétaire international, Commission Européenne, etc.) selon lesquelles la démocratie constituerait un facteur de force et un facteur favorable à la croissance économique ; nous pensons plutôt le contraire, ce qui ne signifie nullement que nous ayons le moindre penchant pour les dictatures ou pour les régimes totalitaires !

Une telle baisse aurait une signification, et montrerait de façon très claire que les patrimoines, ceux notamment de la classe moyenne, sont surévalués, qu'ils ne valent que la moitié de la valeur qu'on leur attribue... Même s'ils s'en doutent, les gens ne souhaitent pas être confrontés à cette épreuve de vérité, ils en ont peur !

Les dirigeants, les classes moyennes ont peur ; ils ont donc peur qu'apparaisse de façon patente le bienfondé de leurs craintes et ils redoutent les analystes qui établissent celui-ci et qui, dès lors, doivent être disqualifiés.

Jean-Luc Gréau pointe cela avec justesse : « Notre plus grand sujet d'étonnement, chaque fois que la question du protectionnisme est évoquée, est de voir cette option économique traitée comme la manifestation d'une pathologie de l'esprit fondée sur la peur. Le protectionnisme ne peut être introduit dans le débat économique dès lors que tout individu qui en avance le principe est supposé parler sous l'empire de la crainte d'un avenir dont il ne perçoit pas les opportunités favorables. Certains l'auront remarqué. Tout le débat virtuel qui pourrait s'ouvrir sur le sujet est inévitablement rejeté par des interrogations déclinées sur le mode de l'exorcisme : "qui a peur de la mondialisation?", "qui a peur de la Chine ?" [...]. »[280]

---

[280] Gréau, Jean-Luc, *La trahison des économistes*, Gallimard, Paris, 2008, pages 61 et 62.

Chapitre 10

FAIRE ÉCHEC À LA CHINE

Il est encore possible de faire échec à la Chine et de restaurer la croissance économique dans la plupart des pays du monde ; il faut pour cela des changements profonds dans les modalités des relations économiques internationales. La première des choses pour cela est qu'il faut que les dirigeants des pays développés les plus puissants prennent conscience qu'ils ne doivent pas esquiver un affrontement économique avec la Chine, sous peine d'assister impuissants à la destruction de leurs économies. Il faudra aussi, au moins provisoirement, des mesures de protection douanières pour se protéger de l'agression que constitue le dumping de change chinois. Enfin, il faudra quitter l'OMC qui est devenue, dans les faits, une organisation au service de la Chine et créer une nouvelle organisation internationale ayant comme objectif le développement d'un commerce mondial équilibré, conformément à ce qu'était la préoccupation de J.M. Keynes à Bretton-Woods.

1. Les pays développés n'échapperont pas à un affrontement avec la Chine

La plupart des économistes keynésiens se trompent de combat et d'adversaire ; leur sous-estimation systématique de l'importance du commerce extérieur dans la croissance[281] les empêche de discerner aujourd'hui le rôle déstabilisateur de la Chine dans les échanges mondiaux. Dès lors, ils ont du mal à comprendre le virage à 180 degrés pris en 2010 par les politiques mises en œuvre dans les pays développés. Ceux-ci viennent de se heurter à un mur : non pas le « mur de l'argent » comme au temps des années 1930 et des deux cent familles mais bel et bien un mur encore plus résistant, la « grande muraille » … de Chine !

La crise de la dette souveraine en Europe, révélée par les marchés obligataires, a permis de constater qu'il était illusoire de compter sur une

---

[281] A la fin de sa vie, Keynes, à la différence de la plupart de ses disciples avait compris que le commerce extérieur est un élément décisif de la croissance et que les déséquilibres du commerce mondial sont le principal fléau des relations internationales.

quelconque bienveillance de la Chine ; aux pays fortement endettés la Chine dit en substance : vous êtes enfermés dans une nasse dont nous ne vous aiderons pas à sortir puisque c'est nous qui vous y avons conduits !

Désormais, il ne s'agit donc plus du tout d'un simple débat académique entre économistes pour définir la meilleure solution macroéconomique à une crise qui serait identifiée comme résultant d'un processus endogène aux pays développés : il s'agit au contraire de prendre acte de ce que, depuis 1989 - 1994[282], la Chine a choisi la voie d'un affrontement géopolitique avec les pays occidentaux, qui s'est accentué de façon décisive à partir de 2007 et qui se joue désormais sur les terrains commercial, économique, budgétaire, monétaire et financier.

Dans ce contexte d'affrontement, plutôt que de se débattre maladroitement par des mesures qui aggravent leur situation, les pays développés devraient s'attacher à abolir le privilège commercial dont s'est arrogé la Chine ; défaisant ainsi le « nœud coulant » qui asphyxie leurs économies, ils renverseraient enfin le cours des choses et briseraient la montée en puissance de la Chine qui se poursuit au détriment du reste du monde depuis 2001.

C'est par l'offensive qu'il faut répondre à l'agression chinoise. Il devient urgent de mettre fin au privilège que les pays occidentaux ont eu l'immense tort de donner à la Chine en 2001 en lui permettant d'entrer à l'OMC sans aucune condition sur son taux de change.

De ce point de vue, la prise en compte des grandes crises antérieures, celle de 1875 et celle de 1929, nous indique la voie à suivre.

2. La leçon des crises

L'analyse des grandes crises « récentes » qui commencent respectivement en 1875 et en 1929 permet de voir que, dans l'un et l'autre cas, ce furent des mesures de protectionnisme « défensif », douanières ou monétaires, qui permirent réellement la sortie de crise.

a) La grande crise de 1875-1895 et son issue

Une première très grande crise a affligé le monde européen entre 1875 et 1895. Dans un monde où, même en Europe, la valeur ajoutée du secteur agricole représentait encore plus de 50% de la valeur ajoutée totale, les agriculteurs européens, britanniques et continentaux, perdirent soudainement toute compétitivité par rapport à leurs concurrents des pays neufs (Etats-Unis, Canada, Australie, Argentine, Brésil, Russie). Ces derniers n'avaient

---

[282] En 1994, un document interne du PCC mentionne pour la première fois que les Etats-Unis constituent « l'ennemi principal ». Toutefois, la mise en route de la politique de dumping de change remonte à l'année 1989 : de la fin 1989 au début de 1994, la Chine procède à une série de dévaluations aboutissant à une sous-évaluation considérable du yuan.

alors aucune intention particulière de nuire aux pays européens ; les Etats-Unis notamment n'avaient pas encore le projet de ravir l'hégémonie mondiale à l'Empire Britannique. Ils venaient seulement d' « inventer » l'agriculture et l'élevage extensifs qui étaient beaucoup plus productifs que l'agriculture et l'élevage intensifs pratiqués en Europe. Combinés à des progrès simultanés dans les transports (chemins de fer, frigorifiques, marine marchande à vapeur), les produits agricoles des pays neufs rendus dans les ports européens étaient bien moins chers que ceux des agriculteurs européens.

Pendant de longues années, il se trouva en Europe beaucoup trop d'esprits dogmatiques pour justifier et imposer le laisser-faire et l'absence de droits de douane au nom de l'avantage théorique supposé du libre-échange. Après une crise très longue et très grave, caractérisée par un chômage, certes caché mais énorme, dans les zones rurales, le bon sens finit pourtant par l'emporter sur le dogme. Après que la loi Méline en France et des textes analogues dans d'autres pays européens eurent enfin rétabli des protections douanières sur les produits agricoles, la crise prit fin en Europe et l'économie renoua alors avec une grande prospérité jusqu'en 1914.

b) La grande crise de 1929 et son issue

Une deuxième très grande crise a affligé à la fois les Etats-Unis, l'Europe et le Japon, la crise de 1929. Il y avait en réalité deux épicentres à cette crise : l'un aux Etats-Unis, l'autre en Europe.

- Aux Etats-Unis, la prospérité liée notamment aux excédents commerciaux extérieurs provoqua chez eux un mouvement d'euphorie qui engendra, comme au Japon de 1985 à 1989, une redoutable séquence « Bulle + Krach » sur Wall Street avec le même type de conséquences que celles postérieures au krach immobilier et boursier de 2007.

- De leur côté, les pays européens, après la première guerre mondiale, étaient déstabilisés par les déficits commerciaux qu'ils subissaient à répétition à l'égard des Etats-Unis ; ceux-ci étaient alors excédentaires pour toutes sortes de matières premières : charbon, pétrole, minerai de fer, minerai de cuivre, blé, maïs, coton, sucre…et pour avoir découvert avant l'Europe la production à la chaîne, ils étaient aussi excédentaires en produits manufacturés. Les pays européens accumulaient déjà une dette publique qui était détenue pour beaucoup entre les mains du grand Etat créancier du monde, les Etats-Unis. Ils auraient eu alors besoin d'une réévaluation du dollar contre sterling, contre franc et contre mark. Elle leur fut refusée et les Etats-Unis pratiquèrent même une dévaluation du dollar en 1933, ce qui leur permit, à partir de 1940, de ravir l'hégémonie mondiale à l'Empire Britannique.

Comment l'Europe est-elle sortie de la crise de 1929 ? Il est trop simple de donner pour seule réponse le basculement dans la deuxième guerre mondiale, sans même en préciser les enchaînements.

Une des réponses constructives à la crise de 1929 fut, en 1948, la décision américaine d'opérer une énorme réévaluation du dollar par rapport au yen et aux monnaies européennes. Il fallait alors rétablir rapidement une prospérité économique chez les alliés, anciens ou nouveaux (Japon, Royaume-Uni, France, Allemagne), pour éviter qu'ils ne basculent dans les bras de l'URSS. Cette décision a joué un rôle considérable et permis d'amorcer les trente années de grande prospérité de l'Europe (les « trente glorieuses ») ainsi que du Japon

3. Une réévaluation significative du yuan souhaitable mais peu probable

a) Il faudrait pouvoir dévaluer l'ensemble des monnaies occidentales contre yuan

Comme on vient de le voir, dans les deux très grandes crises antérieures, la sortie de crise a été permise par l'interruption d'un déséquilibre cumulatif dans le commerce mondial qui en était la source. C'est un tel déséquilibre que la Chine a délibérément créé à partir de 1989 et accentué à partir de 2001. Elle entend le maintenir pour mieux prolonger la crise des pays occidentaux et peut-être même la transformer en une crise systémique qui serait une crise de confiance dans leurs monnaies et dans la signature de leurs Etats.

En 2010 comme déjà en 1948 ou en 1895, il s'agit de mettre fin au déséquilibre des échanges internationaux : il est en effet franchement insupportable que ce soient toujours les mêmes pays qui restent déficitaires et toujours les mêmes pays qui restent excédentaires et que les pays excédentaires, devenus fortement créanciers, imposent alors une récession prolongée aux pays déficitaires devenus fortement débiteurs, sans que ceux-ci aient la possibilité de trouver les moyens de se redresser jamais. En refusant de réévaluer le yuan, la Chine sait bien qu'elle empêche les pays occidentaux de gagner des excédents commerciaux significatifs sur elle, excédents qui, seuls, leur permettraient de se désendetter à son égard.

Le paradoxe, c'est que les dirigeants occidentaux ont successivement utilisé, en vain, tous les outils macro économiques pour tenter d'enclencher une reprise significative. Tous les outils sauf un, qui est pourtant indispensable au redressement de leur commerce extérieur et à la dynamisation de l'activité qui en résulterait mais qu'ils ne maîtrisent pas : la dévaluation de leurs monnaies par rapport, précisément, à la monnaie chinoise.

Certes, objectera-t-on, depuis mi-2007 les mouvements de yoyo n'ont pas manqué entre l'euro et le dollar, entre le dollar et le yen…. Comme il était prévisible, ces mouvements n'ont en rien amélioré la situation globale de l'ensemble du G7 : il s'agit d'un jeu à somme nulle entre ces pays ; un euro à 1,60 $ favorise le commerce extérieur des Etats-Unis au détriment de la zone euro ; un euro à 1,20 $ favorise le commerce extérieur de la zone euro mais approfondit encore le déficit extérieur des Etats-Unis.

Quand nous parlons de dévaluation des monnaies du G7, il s'agit d'une dévaluation significative et simultanée de l'ensemble des monnaies du G7 contre la monnaie de la Chine, le yuan.

Le cours de change le plus pertinent, est celui entre le dollar et le yuan. Entre juillet 2008 et juillet 2010, le cours du dollar/yuan est resté fixé à 6.83 yuan[283] pour 1 $, ce qui s'est accompagné d'une fluctuation de l'euro autour d'un axe fixe de 9,50 yuan pour 1€ (entre 8 et 11 yuan pour 1€, à mesure que l'euro fluctuait contre dollar autour de 1,40$).

Pour donner de l'oxygène à leurs économies de plus en plus asphyxiées, les pays développés auraient besoin que la parité dollar/yuan passe rapidement à une nouvelle parité, de l'ordre de 3.40 yuan pour un dollar[284], ce qui, indirectement, ferait fluctuer l'euro autour de 4.75 yuan plutôt qu'autour de 9.50 actuellement. Le problème ? L'organisation politico-économique du monde est telle qu'il n'est pas possible d'arracher à la Chine ce qu'elle refuse de donner.

b) La Chine a prouvé qu'elle ne céderait pas sur le yuan

Comme nous l'avons expliqué précédemment, la Chine a construit un régime de change (inconvertibilité du yuan, contrôle des changes draconien et interventions quotidiennes massives par l'Etat chinois) qui lui assure la maîtrise totale du cours dollar/yuan et qui rend impossible aux pays occidentaux de lui imposer une réévaluation du yuan qu'elle n'aurait pas souhaité. De ce fait, pour obtenir la réévaluation du yuan dont ils ont besoin, les pays occidentaux sont tributaires du bon vouloir de la Chine. Peuvent-ils nourrir quelque espoir dans ce domaine ?

La Chine sait très bien que sa stratégie agressive de « guerre économique éclair » repose sur un pilier central : la parité dollar/yuan fixée unilatéralement par l'Etat chinois à un niveau de combat. De ce fait, il n'est pas raisonnable pour les pays occidentaux d'espérer que la Chine puisse accepter de se priver de ce qui constitue pour elle une arme absolue. Ce

---

[283] Depuis juillet 2010, le yuan s'est apprécié de façon homéopathique ; il était, fin novembre 2010, à 6.63.
[284] Cette parité de 3.40 yuan pour un euro correspond implicitement aux calculs des « parités de pouvoir d'achat » des grands organismes internationaux ; seule l'expérience permettra de trouver la parité qui puisse assurer l'équilibre. Il s'agit donc ici d'avancer un ordre de grandeur.

serait lui demander de renoncer à la stratégie offensive qu'elle déroule méthodiquement depuis 1989 - 1994. Penser que la Chine puisse consentir à un tel abandon de toute sa stratégie, c'est un peu comme si, en 1934, l'Angleterre et la France avaient espéré qu'à leur simple demande, Hitler accepte de renoncer au réarmement de l'Allemagne alors même que ce réarmement était alors le pilier central de la stratégie allemande d'invasion militaire et de vassalisation du reste de l'Europe. Au reste, le comportement agressif diplomatique et militaire manifesté par la Chine depuis mi-2007 vient encore confirmer que celle-ci ne cédera jamais sur sa politique de change.

4. La nécessité de protections douanières et l'obstacle de l'OMC

a) *Des protections douanières pour se protéger d'un protectionnisme monétaire agressif*

Le dumping de change que la Chine impose au monde constitue un protectionnisme monétaire particulièrement agressif et dévastateur. Lorsque la Chine maintient le cours de sa monnaie à un niveau deux fois moindre que celui qui devrait être le sien, c'est comme si elle accordait une subvention à l'exportation égale à 50% de la valeur du produit exporté et comme si elle taxait les produits importés à hauteur de 100% de leur valeur. A l'évidence les autorités chinoises trichent : elles pratiquent délibérément un protectionnisme monétaire éhonté qui est parfaitement équivalent à un protectionnisme douanier extrêmement fort. Toutefois, c'est important de la souligner, ce protectionnisme là n'est pas sanctionné par l'Organisation Mondiale du Commerce, ce qui montre bien le vice fondamental à la base de cette organisation.

Sachant qu'ils n'ont pas le pouvoir de contraindre la Chine à renoncer à la parité actuelle de sa monnaie, que peuvent faire et que doivent faire les pays occidentaux s'ils veulent éviter que se poursuive l'épouvantable processus de déstabilisation de leurs économies et de leurs sociétés ? Au protectionnisme monétaire offensif de la Chine il faudrait répondre par un protectionnisme douanier défensif[285] des pays occidentaux.

---

[285] Le mot « protectionnisme » a très mauvaise presse : ceux qui se réclament du protectionnisme parfois sont identifiés à des esprits passéistes allant à l'opposé de ce qu'il faudrait faire ; soulignons ici que « protectionnisme » a la même racine que « protection » ; le « vrai » protectionnisme est donc défensif. Toutefois, le monde est confronté à une pratique protectionniste non plus défensive mais offensive : celle du dumping monétaire de la Chine. On peut faire remarquer aux économistes qui craignent un « retour du protectionnisme » qu'ils ne se rendent pas compte d'une chose : il n'y a aucun risque que le monde « retourne » au protectionnisme puisqu'il est justement complètement englué dans le protectionnisme, celui de la Chine, dans sa variante « monétaire/agressive ».

b) L'OMC est devenue, de facto, un gendarme au service de la Chine

Le grand problème réside dans l'OMC dont la tâche essentielle consiste à combattre les protections douanières, qu'il s'agisse de droits de douane ou de subventions à l'exportation. L'OMC est un gendarme international très réactif et très puissant, préposé à punir le protectionnisme douanier, et seulement le protectionnisme douanier. L'OMC ne reconnaît pas la notion de protectionnisme monétaire. Même si M. Lamy, son actuel directeur, reconnaissait publiquement que la parité du yuan devrait se situer à 3,40 yuan pour 1$ plutôt qu'à 6,80, il ne pourrait en tirer argument ni pour punir la Chine ni même pour être indulgent à l'égard des pays qui se protègent de la Chine. Pourquoi ? Parce que le seul mandat qui, depuis l'origine, a été donné par ses pays-membres à l'OMC est de s'opposer au protectionnisme douanier.

Jusqu'en 1973, il y avait un second gendarme international, le FMI, qui s'employait, parallèlement à l'OMC, à punir le protectionnisme monétaire. Quand, sous l'impulsion des Etats-Unis, les pays occidentaux abandonnèrent (sans l'interdire) le régime de changes fixes pour un régime de changes flottants entre leurs monnaies, ils dessaisirent le FMI de ses fonctions de gendarme du protectionnisme monétaire.

Trente ans plus tard, quand la Chine s'engagea dans sa stratégie de conquête du monde par la voie monétaire, elle s'inscrivit dans un régime de changes fixes, ce qui ne lui était pas interdit, et elle put fixer le cours de change fixe du yuan à un niveau monstrueusement avantageux pour elle : il n'y avait plus de « gendarme international » préposé à interdire et empêcher le protectionnisme monétaire. En fin de compte, comme un gendarme primaire et simpliste, l'OMC vient donc punir sans délai tout pays qui essaie de se protéger par des mesures douanières du protectionnisme monétaire que maintient la Chine. Et quand les pays punis protestent de leur bonne foi, l'OMC leur fait en substance la réponse : « Protectionnisme monétaire ? Connais pas ». Dans les faits, l'OMC fonctionne désormais comme un gendarme au service de la Chine !

c) La Chine a les moyens diplomatiques de paralyser la réforme de l'OMC qui serait nécessaire

Arrivés à ce stade, de bons apôtres, pacifistes et œcuméniques, vont venir nous proposer la longue voie diplomatique d'une réforme de l'OMC. Pourquoi nous, diront-ils, ne pas proposer aux pays membres de l'OMC une réforme profonde en sorte que l'OMC punisse aussi bien le protectionnisme monétaire le protectionnisme douanier ? Cette voie est celle de l'embourbement assuré : elle n'est donc pas praticable.

La Chine, menacée par une telle réforme, disposera immédiatement toutes sortes d'entraves et de contre-feux afin qu'elle n'aboutisse pas. Elle mettra en état d'alerte son réseau de pays alliés et son réseau de pays vassalisés pour que la majorité qualifiée nécessaire à une telle réforme ne puisse jamais être atteinte.

Les pays occidentaux gaspilleront leur énergie diplomatique et, surtout, gaspilleront un précieux temps supplémentaire : il faut se souvenir que, au printemps 2004, le Congrès américain a officiellement exigé de la Chine une réévaluation très significative du yuan, il y a déjà six ans !

C'est justement parce qu'alors, le Congrès avait très sérieusement menacé la Chine de sanctions douanières, que la Chine fit la concession de ramener entre mi-2005 et mi-2008 le cours du yuan de 8,28 à 6,80 yuan pour 1 dollar, un mouvement presque dérisoire quand on sait qu'il était nécessaire de passer de 8,28 à 3,40. La menace du Congrès a fonctionné une fois, elle ne fonctionnera pas deux fois : la Chine sait qu'une décision douanière unilatérale des Etats-Unis contre la Chine est punissable de sanctions lourdes et immédiates de la part de l'OMC.

Quand on fait le bilan, six années de diplomatie, utilisant notamment le recours à la menace de sanctions douanières, n'auront abouti en fin de compte qu'à une réévaluation de 21% du yuan. En l'espace de 6 ans, c'est peu, surtout quand on sait que la valeur du yuan aujourd'hui n'est, au mieux, égale qu'à la moitié de ce qu'elle devrait être.

5. La solution : les pays développés quittent l'OMC pour créer une « OMC Bis »

Dans la situation très grave qui est la leur, les pays développés ne peuvent maintenant plus se permettre le luxe de perdre des années supplémentaires dans un projet de réforme de l'OMC dont l'issue favorable est très loin d'être assurée. Il y a urgence, une urgence absolue[286].

La seule issue raisonnable est que les pays développés, après s'être concertés, conviennent de sortir simultanément de l'OMC pour, immédiatement, former une « OMC Bis » qui serait le décalque de l'OMC actuelle avec seulement deux modifications statutaires essentielles :
- Seuls font partie de l'OMC Bis les pays dont la monnaie reste librement convertible ;
- Les pays-membres de l'OMC Bis acceptent que des sanctions graves, pouvant aller jusqu'à l'exclusion définitive en cas de récidive,

---

[286] Un lecteur non averti pourrait objecter ici que ce n'est pas le cas de l'Allemagne ou du Japon ; deux réponses peuvent être faites à cela :
1) L'Allemagne, qui a une croissance faible, est incluse dans la zone euro qui, elle, est déficitaire dans son ensemble.
2) Le Japon a un solde extérieur certes légèrement positif mais une croissance faible : il est directement intéressé, via son commerce extérieur, à la reprise de la croissance dans les pays occidentaux.

viennent punir une pratique de protectionnisme monétaire dès lors qu'elle est établie par le collectif dirigeant de l'organisation.

Ainsi, les dirigeants du Parti Communiste Chinois seraient enfin mis au pied du mur, obligés de choisir entre une adhésion, ou, au contraire, un refus d'adhésion à cette nouvelle organisation.

- Ou bien la Chine fait la démarche d'adhérer à l'OMC Bis. Toutefois, en pareil cas, il lui faudrait au préalable réévaluer enfin le yuan de 100%, renoncer à son contrôle des changes et à l'inconvertibilité qui en résulte, mettre fin à ses interventions de change. De la sorte, il serait mis fin à son privilège de change : la Chine perdrait enfin sa compétitivité-change excessive et ne pourrait plus s'emparer aussi facilement de nouvelles parts du marché mondial ; elle redeviendrait « normalement compétitive » comme le sont aujourd'hui de grands pays comme l'Inde, le Brésil ou la Turquie.
- Ou bien la Chine refuse d'adhérer à l'OMC Bis et entreprend alors de maintenir une « OMC maintenue » et entrainant avec elle un nombre significatif de pays émergents. En pareil cas, les pays développés auraient enfin la possibilité de taxer lourdement les produits « made in China » ainsi que ceux des pays émergents qui opteraient pour cette OMC maintenue. Gageons que, confrontés à ce choix cornélien, quelques grands pays émergents comme l'Inde, la Corée, le Brésil, le Mexique ou la Turquie opteraient pour quitter l'OMC maintenue et rejoindre l'OMC Bis ; ils trouveraient en effet eux-mêmes avantage à reprendre, comme les pays occidentaux, de la compétitivité face à une Chine qui cherche à tout accaparer, depuis les gisements de matières premières jusqu'à la production mondiale.

Cette proposition est efficace ; elle présente trois avantages majeurs.

1) Elle refuse que la gouvernance du monde continue à rester enfermée dans le dogme du libre-échange. C'est bien poser un dogme que d'affirmer que le libre-échange serait la règle du jeu « optimale » pour tous les pays-joueurs, quelle que soit la configuration en présence. Lorsqu'un joueur majeur comme la Chine entreprend de tricher en pratiquant seul un protectionnisme monétaire éhonté tout en interdisant les protections douanières à ses partenaires grâce à l'OMC, le libre-échange apparaît clairement comme une règle du jeu inacceptable. Qui pourrait démontrer le contraire[287] ? En retrouvant enfin une compétitivité perdue depuis trop longtemps, on pourrait voir réapparaître l'esprit d'entreprise *à l'intérieur* des pays occidentaux, suscitant à nouveau des projets industriels, rentables et

---

[287] Il y a une confusion que font beaucoup de commentateurs, sur la notion d'optimum, en relation avec la question du libre échange ; ce point est expliqué de façon détaillé et très pertinente par Maurice Allais dans son livre de 1999 *La mondialisation, la destruction des emplois et de la croissance, l'évidence empirique*.

non subventionnés, se matérialisant *à l'intérieur* même des frontières de ces pays ; on pourrait revoir des entreprises, grandes ou petites, prendre de l'essor *à l'intérieur* des pays développés sans que celles-ci ne soient obligées de délocaliser des établissements ou de « outsourcer » des ressources humaines ; on pourrait voir se recréer des emplois industriels et un savoir-faire industriel *à l'intérieur* des pays développés ; tout cela restaurerait durablement la confiance des ménages et le dynamisme des entreprises.

2) Cette proposition est la seule qui soit praticable ; elle réclame, certes, de la part des dirigeants occidentaux beaucoup de détermination et de cohésion. Mais accepter le statu quo sur le yuan les conduirait à la catastrophe bien avant 2020. Implorer la Chine n'a servi à rien et ne servira à rien. Quant à une réforme de l'OMC, elle serait bloquée très facilement par la Chine, il ne faut pas y penser.

3) Enfin, cette proposition isolerait la Chine ; elle maintient un cadre de libre-échange mais celui-ci est réservé aux pays qui acceptent de jouer un jeu loyal en matière de change. Des pays comme la Corée, l'Inde, l'Indonésie, le Mexique, le Brésil ou la Turquie devraient y être sensibles. Ces pays auraient en effet le choix entre adhérer à l'OMC Bis et conserver l'accès au marché que représentent les pays occidentaux ou adhérer à une « OMC maintenue » et coexister avec une Chine qui continuera à leur fermer son marché tout en pillant leurs marchés intérieurs : le bon sens devrait les conduire à privilégier la première solution.

A ce stade, le lecteur attentif devrait pouvoir partager les analyses qui ont été présentées. La Chine est doublement dangereuse : parce qu'elle a une visée hégémonique et parce qu'elle est dotée d'un régime totalitaire dont elle n'est probablement pas prête de se débarrasser. Sa botte secrète, depuis plus de quinze ans, est son régime de change spécifique grâce auquel elle n'a cessé de marquer des points très importants dans tous les domaines, à la fois face aux pays développés et face aux grands pays émergents. Cela a beaucoup trop duré. Ce qui, désormais, est en jeu, n'est autre que la possibilité du maintien de la stabilité économique, sociale et politique des pays développés et, au-delà, de l'ensemble du monde ; ce qui est désormais menacé, n'est autre que la survie de la démocratie sur cette planète.

Si les dirigeants des pays développés et leurs alliés, par faiblesse, préféraient continuer à s'enfermer, plusieurs années encore, dans le statu quo sur le yuan, ils prendraient, de fait, la lourde responsabilité de mener les peuples qu'ils dirigent à s'enfoncer toujours davantage « dans une crise profonde les menant à l'abime » selon l'expression d'Allais et, ajoutons-nous, les menant à la servitude.

TABLE DES MATIÈRES

Sommaire 7

Introduction 9

Chapitre 1 :
La Chine, une superpuissance capitaliste et totalitaire 17
1. La Chine, égale des Etats-Unis 18
2. La Chine, totalitaire et capitaliste 25
3. L'efficacité du cocktail « capitalisme + totalitarisme » 33
4. La cannibalisation des économies développées 34

Chapitre 2 :
Comment l'Angleterre puis les Etats-Unis devinrent hégémoniques 39
1. Le « modèle mercantiliste » et sa contestation par les auteurs
   « classiques » 41
2. La stratégie par laquelle l'Angleterre a bâti son hégémonie 46
3. Le siècle d'or de l'Empire Britannique (1815-1918) 46
4. La montée des prétendants : Allemagne et Etats-Unis 52
5. Le surgissement des Etats-Unis au travers des crises 55
6. Le fléau du mercantilisme et les leçons de l'histoire 59

Chapitre 3 :
La Stratégie mercantiliste des excédents extérieurs et ses avantages 63
1. Le mercantilisme ou la « nécessité » des excédents extérieurs 63
2. La croissance, la dépense intérieure et le solde extérieur 64
3. Deux obstacles à la croissance 66
4. Pays mercantilistes et pays déficitaires : être créancier ou débiteur ? 67
5. La stratégie de l'endettement 68
6. La stratégie mercantiliste 70
7. La supériorité de la stratégie mercantiliste 71

Chapitre 4 :
Le Japon, modèle de la Chine 73
1 La « nouvelle ère » (Meiji) et l'impérialisme japonais (1854–1920) 73
2 La montée du militarisme et l'épisode totalitaire (1920–1945) 75
3 Le secret de la forte croissance de l'après-guerre 76
4 Le Japon indispose les Etats-Unis (1965–1985) 80
5 Le conflit Etats-Unis Japon (1985–1995) 82
6 Concurrents ou sous-traitants : la différence entre le Japon et la Chine ! ..84

Chapitre 5 :
La stratégie mercantiliste de la Chine 87
1. La confirmation du totalitarisme et ses implications 87
2. L'adoption du « modèle japonais » et le développement des activités de sous-traitance 89
3. Coût salarial chinois « record du monde ». 91
4. Contrôle des changes, interventions et dissimulations. 95
5. Un capitalisme totalitaire « patriotique » 101
6. Transferts de technologie et puissance commerciale 102
7. Le rapprochement Chine – Etats-Unis au détriment du Japon (1972–1995) 104
8. Un exemple du lien entre les affaires et la politique : les pressions à propos de Taïwan 106
9. Un système de sanctions gratifications des firmes au service de la politique chinoise 109

Chapitre 6 :
L'excédent commercial chinois déstabilise le monde 111
1. La fin de Bretton-Woods et le concurrence japonaise 112
2. L'émergence de la Chine et la désindustrialisation américaine 112
3. Complaisance à l'égard de la Chine et dureté avec le Japon 115
4. L'exigence d'un rendement de 15% dans le tertiaire et la fuite en avant des pays développés 116
5. « Une des plus grandes puissances de la planète détruit l'industrie des autres pays » 120
6. Scénario catastrophe ; le salut est-il à Châteauroux ? 122
7. La crise est en préparation à partir de 2001 124
8. La Chine est responsable de la crise 129
9. Faut-il continuer à jouer le jeu de la Chine ? 133

Chapitre 7 :
Une guerre économique non dissimulée 135
1. Les leçons stratégiques que la Chine a retirées des échecs de l'URSS et du Japon 135
2. Une stratégie de guerre économique visant à déstabiliser les pays occidentaux 136
3. Le monde devrait trembler, mais il vit dans l'inconscience 140
4. Les pays occidentaux ont l'exclusivité d'une crise grave et prolongée 140
5. La coopération supposée « Chinamérica » n'est en réalité que « Chimerica » 141
6. Un nœud coulant autour des économies du G7 pour les asphyxier ..144
7. Une première réaction : relance budgétaire puis immobilière (2001–2008) 146
8. Une deuxième réaction : relances budgétaires massives et simultanées (2009–2010) 148
9. Troisième réaction en 2010 : des restrictions budgétaires en Europe, fuite en avant aux Etats-Unis 151

Chapitre 8 :
L'affrontement devient désormais généralisé 155
1. Les objectif et moyens économiques 156
2. Les objectifs et moyens « géopolitiques » 161

Chapitre 9 :
L'étrange passivité des pays développés face à la Chine 177
1. L'aveuglement des pays développés 178
2. Une réalité virtuelle : le consensus des pays développés 179
3. La prudence des firmes et des Gouvernements face au totalitarisme
   chinois 181
4. Le lobby chinois 183
5. La finance et le lobby chinois 187
6. L'aveuglement du monde académique 188
7. La passivité des Etats débouche sur l'aventurisme. 190
8. La peur 193

Chapitre 10 :
Faire échec à la Chine 195
1. Les pays développés n'échapperont pas à un affrontement avec
   la Chine 195
2. La leçon des crises 196
3. Une réévaluation significative du yuan souhaitable mais peu probable 198
4. La nécessité de protections douanières et l'obstacle de l'OMC 200
5. La solution : les pays développés quittent l'OMC pour créer
   une « OMC Bis » 202

L'HARMATTAN, ITALIA
Via Degli Artisti 15 ; 10124 Torino

L'HARMATTAN HONGRIE
Könyvesbolt ; Kossuth L. u. 14-16
1053 Budapest

L'HARMATTAN BURKINA FASO
Rue 15.167 Route du Pô Patte d'oie
12 BP 226 Ouagadougou 12
(00226) 76 59 79 86

ESPACE L'HARMATTAN KINSHASA
Faculté des Sciences Sociales,
Politiques et Administratives
BP243, KIN XI ; Université de Kinshasa

L'HARMATTAN GUINEE
Almamya Rue KA 028 en face du restaurant le cèdre
OKB agency BP 3470 Conakry
(00224) 60 20 85 08
harmattanguinee@yahoo.fr

L'HARMATTAN COTE D'IVOIRE
M. Etien N'dah Ahmon
Résidence Karl / cité des arts
Abidjan-Cocody 03 BP 1588 Abidjan 03
(00225) 05 77 87 31

L'HARMATTAN MAURITANIE
Espace El Kettab du livre francophone
N° 472 avenue Palais des Congrès
BP 316 Nouakchott
(00222) 63 25 980

L'HARMATTAN CAMEROUN
Immeuble Olympia face à la Camair
BP 11486 Yaoundé
(237) 458.67.00/976.61.66
harmattancam@yahoo.fr

L'HARMATTAN SÉNÉGAL
« Villa Rose », rue de Diourbel X G, Point E
BP 45034 Dakar FANN
(00221) 33 825 98 58 / 77 242 25 08
senharmattan@gmail.com

586540 - Novembre 2014
Achevé d'imprimer par